Katharina Nocun
Die Daten, die ich rief

Katharina Nocun

DIE DATEN, DIE ICH RIEF

Wie wir unsere Freiheit an Großkonzerne verkaufen

Lübbe

Dieser Titel ist auch als E-Book erschienen

Originalausgabe

Copyright © 2018 by Bastei Lübbe AG, Köln

Lektorat: Anne Büntig
Umschlaggestaltung: Uıberlin / Patrizia Di Stefano
unter Verwendung einer Illustration von © Lee Woodgate/getty-images
Satz: hanseatenSatz-bremen, Bremen
Druck und Verarbeitung: Druckerei C. H. Beck, Nördlingen

Printed in Germany
ISBN 978-3-7857-2620-4

7   6   5   4   3

Sie finden uns im Internet unter: www.luebbe.de
Bitte beachten Sie auch: www.lesejury.de

Ein verlagsneues Buch kostet in Deutschland und Österreich jeweils überall
dasselbe.
Damit die kulturelle Vielfalt erhalten und für die Leser bezahlbar
bleibt, gibt es die gesetzliche Buchpreisbindung. Ob im Internet, in der
Großbuchhandlung, beim lokalen Buchhändler, im Dorf oder in der
Großstadt – überall bekommen Sie Ihre verlagsneuen Bücher zum selben
Preis.

»Das Argument, dass Ihnen das Recht auf Privatsphäre egal sei, weil Sie nichts zu verbergen hätten, ist nichts anderes als zu behaupten, Ihnen sei das Recht auf freie Meinungsäußerung egal, weil Sie nichts zu sagen hätten. Eine freie Presse nützt nicht nur denjenigen, die Zeitung lesen.«

Edward Snowden

Für meine Familie

Inhalt

Vorwort

Was Daten angeht, könnte man mich für die reinste Datenschleuder halten. Bei Twitter, Facebook und Instagram poste ich so gut wie täglich. Dinge des alltäglichen Gebrauchs kaufe ich fast nur noch online. Ohne Smartphone gehe ich selten aus dem Haus. Die Navigations-App rettet regelmäßig mein Leben. Keine Frage, ich trauere nicht der guten alten Zeit hinterher, in der man den Busfahrplan noch auswendig kennen musste.

Trotz der gewaltigen Vorteile, die mir mein vollkommen durchtechnisiertes Leben beschert, beschleicht mich immer öfter ein ungutes Gefühl. Irgendwo verstreut über diesen Globus liegen unzählige große und kleine Mosaiksteine meiner selbst. Zusammengesetzt zeichnen sie ein sehr vollständiges Bild davon, wie ich ticke. In Datenbanken auf der ganzen Welt horten Konzerne meine Gedanken und Handlungen, als wären sie eine Kapitalanlage. Doch von den Zinsen werde sicherlich nicht ich profitieren, sondern andere. Ausgerechnet die Unternehmen, die am meisten über mich wissen wollen, geben am wenigsten über sich preis. Oder wissen Sie etwa, was Google und Facebook über sie gespeichert hat? Statt einer gerechteren Wirtschaft schafft Digitalisierung so neue Gräben in unserer Gesellschaft. Und mittendrin sind wir, die gläsernen Nutzer. So wirklich fair fühlt sich diese schöne neue Welt nicht an. Ich fühle mich betrogen. Technik sollte unser Leben besser machen. Doch statt Kontrollgewinn erlebe ich immer öfter Kontrollverlust. So habe ich mir die Zukunft nicht vorgestellt.

Einst wurde uns gesagt, mit der Digitalisierung komme mehr Wettbewerb. Doch selten haben Monopolisten ihre Interessen rücksichtsloser durchgesetzt, als im digitalen Raum. Gigantische Konzerne wie Facebook, Google und Amazon teilen die Welt unter sich auf. Auf den neuen Märkten gedeihen Monopole besser als in der alten analogen Wirtschaft. Ein echter Wettbewerb findet in vielen Bereichen faktisch nicht mehr statt. Es gilt das Prinzip »The winner takes it all«. Wir Nutzer sollen informierte Entscheidungen treffen, haben aber faktisch in vielen Bereichen keine echte Wahl mehr. Die Marktführer haben das längst begriffen und zwingen uns Geschäftsbedingungen und Datenschutzübergriffe nach Gutsherrenart auf. Jede unserer Handlungen wird zwecks Gewinnmaximierung vermessen, dokumentiert und ausgewertet. Ich fühle mich verraten, verdatet und verkauft.

Diese Entwicklung kommt keineswegs überraschend, sondern folgt einer inneren Logik. Aus dem gläsernen Bürger lässt sich hervorragend Profit schlagen. Und gar zu bereitwillig schlucken wir den Köder, der unsere Freiheit vergiftet. Für Bonuspunkte im Wert von wenigen Cent verraten wir Konzernen, dass wir am liebsten »gefühlsechte« Kondome kaufen und wann wir zum Stressesser werden. Der US-Konzern Facebook weiß mehr über uns als unsere engsten Freunde. Egal ob Scheidung, Krankheit oder politische Einstellung – unsere Suchanfragen verraten Google mehr, als wir jemals einem Menschen anvertrauen würden. Konzerne wissen, wann wir uns wo zum Schäferstündchen aufhalten und wessen Selfies und intime Bilder wir abspeichern. Einige wenige Privatunternehmen sind durch das rastlose Horten unserer privaten Daten still und heimlich zu den Beichtvätern der vernetzten Welt aufgestiegen. Nur schlagen echte Seelsorger keinen Gewinn aus den ihnen anvertrauten Geheimnissen. Hier wächst eine neue Form des Kapitalismus heran, in der kein Bereich unseres Lebens mehr heilig ist vor der ökonomischen Verwertungslogik. Mir geht das zu weit.

Auch in der »alten« Wirtschaft nutzen Chefs neue Technologien, um ihre Mitarbeiter zu gängeln. Der Einzelne wird mehr und mehr zum überwachten Rädchen im Konzerngetriebe. Was bleibt, ist ein Wirtschaftssystem, das den digitalen Umbruch nutzt, um den Gewinn über die Grenze des sozial Verträglichen hinaus zu maximieren. Wir verkaufen längst nicht mehr lediglich unsere Arbeitskraft – unser gesamtes Sein wird nach ökonomisch verwertbaren Informationen durchleuchtet. Mir ist, als würde ich Schritt für Schritt vom mündigen Bürger zum willigen Datengeber degradiert. Und ich habe es so satt, darauf reduziert zu werden. Dabei macht ständige Kontrolle und Überwachung nachweislich schlichtweg krank. Diese Entwicklung kann nicht gesund sein für unsere Gesellschaft.

Das Schlimmste ist: Der Staat sieht bei alldem nicht tatenlos zu. Seit Snowden wissen wir, dass Geheimdienste kräftig daran mitarbeiten, unsere Privatsphäre auszuhöhlen. Der US-Geheimdienst NSA ist längst ein Staat im Staat. Statt zielgerichtet Verbrecher zu suchen, setzen Behörden auf der ganzen Welt heute lieber auf Massenüberwachung der gesamten Bevölkerung. Grundrechte sind in einer Demokratie stets auch Abwehrrechte des Bürgers gegen den Staat. Sie sollen Sicherheit vor Willkür und Machtmissbrauch gewährleisten. Im Krieg gegen den Terror wurden jedoch Grundrechte und allen voran das Recht auf informationelle Selbstbestimmung nach und nach zum Kollateralschaden erklärt. Ausgerechnet in jenen Bereichen, die am stärksten durch die technologische Revolution beeinflusst werden, gilt unser Recht auf Privatsphäre plötzlich als weniger schützenswert. In mir reift eine bittere Erkenntnis: Meine Kinder werden in einer Welt aufwachsen, in der Geheimdienste ganz selbstverständlich Zugriff auf ihre intimsten Daten nehmen können. Doch wenn wir Bürger derart gläsern werden, wird auch die Demokratie zerbrechlich. Das macht mir schlichtweg Angst.

»Wissen ist Macht« – digitale Technologien erlauben es, Menschen stärker als bisher zu steuern und zu gängeln. Nicht nur Staaten, sondern auch Unternehmen haben das längst begriffen. Die neuen Kontrollsysteme kommen mancherorts noch freundlich daher. Wer sich von seiner Krankenkasse einen Fitnesstracker verpassen lässt, dem winken tolle Sonderprämien. Autofahrer, die ihre Geschwindigkeit überwachen lassen, zahlen weniger für die Kfz-Versicherung. Denkt man diese Systeme weiter, wird schnell klar, wohin die Reise geht. Es heißt, die Tarife seien freiwillig. Niemand werde gezwungen, sich für einen günstigeren Tarif durchleuchten zu lassen. Doch gerade wenn es ums Geld geht, ist die Grenze zwischen Anreiz und Zwang fließend. In den USA bietet ein Anbieter bereits Prämien an, wenn die elektronische Zahnbürste das Putzverhalten an die Zahnzusatzversicherung überträgt. Jede Abweichung von der Norm wird plötzlich sanktionierbar. Der Einzelfall verschwindet in einer großen Datenbank. Doch wie frei kann die Entscheidung für einen solchen Überwachungstarif sein, etwa in einem Land wie den USA, wo Millionen aus Geldnot ohne Krankenversicherung leben? Überwachung wird immer zunächst an denen ausprobiert, die sich nicht wehren können. Datenschutz droht in der Praxis vom Menschenrecht zum Luxusgut zu werden, das sich Milliarden schlichtweg nicht leisten können. Das ist das Gegenteil von gerecht.

Man sagt, Technik sei die Magie unserer Zeit. Doch wie den Zauberlehrling in Goethes berühmtem Gedicht beschleicht mich heute das Gefühl, dass etwas aus dem Ruder gelaufen ist. Unsere eigene Schöpfung ist uns entglitten. Sie hat sich verselbstständigt. Nur ist kein Hexenmeister in Sicht, der uns rettet. Die Daten, die ich rief, werde ich heute nicht mehr los. Wo Internetpioniere uns einst ein Biotop aus Vielfalt versprachen, herrscht heute die Monokultur der Monopole. Es sollte uns nachdenklich stimmen, wenn Koryphäen wie Tim Berners-Lee, Erfinder des Internetprotokolls, heute vor der Datengier von Facebook & Co. warnen. Die Internetpioniere der ersten Stunde begreifen, warum wir Technik brauchen, die in erster Linie den Menschen und nicht den Interessen der Wirtschaft oder den Geheimdiensten dient. Sie begreifen, warum wir dem Griff von Konzernen und Staaten nach unseren privaten Daten, den Kronjuwelen unserer Persönlichkeit, Einhalt gebieten müssen. Es gibt gute Gründe, auf sie zu hören.

Ich bin froh, dass Sie dieses Buch zur Hand genommen haben. Denn worum es im Folgenden gehen soll, ist mir wirklich ein Herzensanliegen. Es geht um nichts weniger als die Frage, in was für einem Staat, in was für einer Wirtschaft wir leben wollen. Datenschutz stellt in einer vernetzten Welt eine der zentralen Machtfragen. Auch wenn es auf den ersten Blick nicht so erscheinen mag. Zugegeben, das Wort »Datenschutz« verströmt den Charme eines Einwohnermeldeamtes. Es klingt nach Bürokratie und eilig durchgewunkenen Geschäftsbedingungen, deren erster Absatz einen dank feinstem Juristendeutsch bereits zu Tode langweilt. Das bekomme ich bei Diskussionen häufig zu spüren. Während das ehrenamtliche Engagement für Umweltschutz von den meisten Leuten als wichtiger gesellschaftlicher Beitrag angesehen wird, leitet das Thema Datenschutz meist eine mehr oder minder turbulente Grundsatzdiskussion ein. Vielleicht kennen Sie das ja auch. Immer häufiger begegnet mir dabei die Haltung *»Ich habe nichts zu verbergen«* oder *»Da kann man eh' nichts machen«*. Auf Datenschützer bezogen heißt das wohl: *»Du verschwendest deine Zeit.«* Es scheint ganz so, als würde das Schrumpfen des überwachungsfreien Raumes von vielen Menschen als Lauf der Dinge hingenommen werden, als einzig mögliche logische Folge der Digitalisierung: Mehr Technik bedeutet unweigerlich mehr Datenreichtum. Damit einher geht der schleichende Kontrollverlust, den viele erleben. Datenschützer werden dieser Logik folgend nicht selten als Technikfeinde und Fortschrittsverweigerer wahrgenommen, als die Maschinenstürmer unserer Zeit. Doch ich kann Sie beruhigen: Das Gegenteil ist der Fall.

Technikfeind – kaum eine Beschreibung wäre wohl unzutreffender für mich. Ich bin mit Computern aufgewachsen. Meine Eltern arbeiteten viele Jahre als Programmierer und Datenbankexperten. In meinem Kinderzimmer stand schon früh ein eigener Rechner. Für mich war der erste Besuch im Internet Liebe auf den ersten Blick. Ein Tor zu einer neuen aufregenden Welt war aufgestoßen worden. Technik ist für mich keine Katastrophe, kein Unglück, das über die Menschheit hereingebrochen ist, sondern in erster Linie ein Geschenk. Das Problem daran ist nur, dass wir auf dem besten Wege sind, die historische Chance der Digitalisierung grandios und ohne Not in den Sand zu setzen. Tatsächlich gibt es nicht die eine Digitalisierung, sondern viele. Wer sagt denn, dass die digitalen Dienste, die heute viele Leben bestimmen, die bestmöglichen sind? Wer sagt, dass keine andere Welt möglich ist? Indem wir Konzernen und Geheimdiensten erlauben, den Code der vernetzten Welt nach ihrer Agenda zu gestalten, lassen wir uns die Zügel aus der Hand nehmen. Es ist höchste Zeit, sie uns zurückzuholen.

»Man muss reisen, um zu lernen«, schrieb einst der Schriftsteller Mark Twain. Jede Theorie muss sich an der Praxis messen lassen. Ich will wissen, was uns die Zukunft bringt. Deshalb habe ich beschlossen, mich auf eine Reise zu begeben, um meinen ganz persönlichen Datenschatten zu erkunden. Diese Reise führt mich in einen Spa-Tempel für Freikörperkultur. Zu meinem Hausarzt. Und durch die Techno-Szene von Berlin. Ich werde meine Gesundheitsdaten erkunden, mein Klickverhalten analysieren und mich durch viele Angebote der schönen neuen Digitalwelt klicken. Dabei will ich Antworten finden: Was wird über mich gespeichert? Können diese Daten benutzt werden, um mein Verhalten zu beeinflussen? Bin ich am Ende gar nicht so frei in meinen Entscheidungen, wie ich immer dachte? Was für Technologien und Geschäftsmodelle kommen in den nächsten Jahren auf uns zu? Und wie können wir uns vor Überwachung und Manipulation durch Wirtschaft und Staat schützen?

Mit dem Herz einer Datenschützerin, der analytischen Brille einer Ökonomin und dem Nutzerverhalten eines Durchschnittsmenschen werde ich mir Klarheit verschaffen: Gilt das alte Versprechen des besseren Lebens durch Digitalisierung noch? Oder haben wir wie Goethes Zauberlehrling bereits unwiederbringlich die Kontrolle verloren? Ich freue mich sehr, dass Sie mich bei dieser Reise begleiten werden.

Vor nackte Tatsachen gestellt

So paradox es klingen mag: Die deutsche Kultur des textilfreien Saunierens ist auch ein Grund, warum ich dieses
Buch schreibe.

In Berlin gibt es viele dekadente Saunen, einige stechen jedoch heraus. Vor nicht allzu langer Zeit war ich in einem
dieser Entspannungstempel zu Gast. Der Eingang ist einer balinesischen Pagode nachgebildet. Im Innenraum der
Saunalandschaft sind allerlei Kunstwerke aus fernen Ländern ausgestellt. Rund ein Dutzend Saunen laden dazu ein,
sich den Stress aus den Poren zu schwitzen. Danach bringt
ein kühler Wellness-Drink an der Bar oder der Sprung in
den großen Außenpool Abkühlung. Statt in Marken-Bade-
sachen entspannen sich die Berliner hier im Adamskostüm
vor einem Palmen-Ambiente. Das ist für einige Menschen
mehr als gewöhnungsbedürftig.

Aus US-amerikanischer Sicht spinnen die Deutschen, so
viel steht fest. Wie können Menschen, die kein Problem damit haben, ihre intimsten Körperteile vor Wildfremden zu
entblößen, sich trotzdem beklagen, wenn Facebook und
Google ihre Privatsphäre verletzen? Dabei ist dieses am
Sauna-Beispiel vom US-Blogger Jeff Jarvis skizzierte »German Privacy Paradox« auf vielerlei Ebenen ein Trugschluss.

Die Frage, ob jemand in der Sauna erste Cellulite-Dellen
an meinem Hintern entdeckt, lässt mich persönlich kalt.
Spätestens mit Ende der Pubertät nimmt die Faszination

nackter Körper stark ab. Anstelle dessen tritt eine Erkenntnis: Viele Dinge, die wir an unserem eigenen Körper für schrecklich besonders halten, sind es tatsächlich überhaupt nicht. Frauen haben Brüste, Männer einen Penis. Einige sind größer. Einige sind kleiner. Ab einem bestimmten Alter macht die Erdanziehungskraft sich an einigen Körperregionen bemerkbar. Die meisten Körper sind nicht perfekt. Für manch einen Sauna-Besucher ist es tatsächlich beruhigend zu sehen, dass nicht nur er selbst nicht dem gephotoshoppten Schönheitsideal der Werbung entspricht, sondern dieses Schicksal mit der überragenden Mehrheit der Bevölkerung teilt. Daraus zu schließen, dass FKK-Fans nichts zu verbergen hätten, wäre trotzdem absurd. Nacktheit mit dem höchsten Grad der Privatheit gleichzusetzen, wäre mehr als oberflächlich. Man lernt das Innerste eines Menschen schließlich nicht kennen, weil man ihn nackt sieht. Für manch einen Sauna-Besucher sind seine in die Google-Suche eingetippten Krankheitsängste viel intimer. Es macht einen Unterschied, ob man seine körperliche Hülle oder seine Gedankengänge entblößt. Und in welchem Kontext. Dass jemand in der Sauna auf meinen nackten Hintern schauen kann, beruht schließlich auf Gegenseitigkeit. Es gelten die gleichen Regeln für alle. Jeder ist nackt. Beim gefühlten Nacktheitsgrad zwischen Nutzern und Konzernen ist das anders. Facebook weiß, wann Millionen Nutzer Liebeskummer haben. Wie es um die Ehe von Unternehmensgründer Mark Zuckerberg bestellt ist, bekommt im Gegenzug keiner mitgeteilt. Facebook will meine Kontakte aus dem Adressbuch importieren, doch die Kontaktlisten seiner Lobbyisten bleiben geheim. Wenn die Schufa Informationen zu meinen Finanzdaten speichert, bekomme ich dadurch noch lange keine exklusiven

Informationen über die Geschäftstätigkeiten der Kredit-auskunftei. Online geht es zwischen uns und Unternehmen also keineswegs zu wie in der Sauna. Es ist eher so, als würden wir regelmäßig nackt zu einem Kundengespräch antreten müssen, bei dem uns unser vollständig bekleidetes Gegenüber mit prüfendem Blick taxieren darf. Verhandlungen auf Augenhöhe sind da unmöglich.

Hinzu kommt ein weiterer wichtiger Punkt. Der eine oder andere mag es bedauern, aber der nackte Anblick in der Sauna ist eine vergängliche Angelegenheit. Nur weil jemand in der Sauna nackt ist, heißt das schließlich noch lange nicht, dass er im Alltag ein Exhibitionist ist. Oder dass jemand Fotos oder Videos intimer Körperteile machen darf. Deshalb ist jede textilfreie Sauna »Privacy by Design«, Datenschutz gehört zum Konzept: Es herrscht absolutes Handy- und Fotoverbot. Für meine Nacktheit gilt die Zweckbindung des Moments. Von einer derartigen Datensparsamkeit kann man bei vielen Online-Diensten jedoch nur träumen. Private Daten können von Konzernen nicht nur gespeichert und mit anderen Daten angereichert, sondern auch an andere Unternehmen weitergegeben werden. Von Löschfristen kann man vielerorts nur träumen. Besonders bitter ist, dass viele Konzerne sogar die Informationen darüber, welche Daten sie von ihren Nutzern wie verarbeiten, wie ein Staatsgeheimnis hüten.

Für mich ist es kein Widerspruch, als Datenschützer in die textilfreie Sauna zu gehen. Das Beispiel Sauna zeigt vielmehr, warum besondere Räume besonders starke Datenschutzregeln brauchen. Menschen, die in der Sauna nackt neben mir schwitzen, tun das vor allem freiwillig. Wie frei hingegen unsere Wahl bei wichtigen Online-Diensten wie sozialen Netzwerken im Nachhinein gewesen sein mag, ist im Gegensatz dazu gar nicht so klar. Natürlich kann ich mich entscheiden, nicht bei Facebook und WhatsApp zu sein. Aber der soziale Druck ist nicht von der Hand zu weisen. Vor allem dann, wenn die Freunde auf alternativen Plattformen nun einmal nicht anzutreffen sind. Oder wenn man beruflich darauf angewiesen ist.

Einer Sauna mit Rundum-Überwachung würden die Kunden zu Recht fernbleiben. Um seine intimsten Körperteile nicht aus drei Blickwinkeln abfilmen lassen zu wollen, muss man nicht einmal überzeugter Datenschützer sein. Selbst so manchem Datenschutzkritiker wäre das zu viel des Guten. Mir ist das nur leider letztens widerfahren. Die Hinweisschilder zur Videoüberwachung im Umkleidebereich meiner dekadenten, textilfreien Sauna habe ich erst beim Hinausgehen bemerkt. Ich war fassungslos. Wer rechnet schließlich schon damit, in einer Umkleide Videoüberwachung ausgesetzt zu sein? Ich habe kein Problem damit, als Datenschützerin nackt in die Sauna zu gehen. Aber wenn man im Nachhinein erfährt, dass man ungewollt aus drei Blickwinkeln nackt abgefilmt worden ist, fühlt sich das sehr schäbig an. Man fühlt sich ausgeliefert. Und irgendwie auch hilflos. Es ist der ultimative Kontrollverlust. Nachdem ich das Erlebte erst einmal habe sacken lassen, ließ mich der Gedanke um diesen Vorfall nicht mehr los. Sind wir schon so tief gesunken, dass wir uns das gefallen lassen? Und so merkwürdig es für so manchen US-Amerikaner anmuten mag, dass eine Deutsche, die kein Problem hat, nackt in der Sauna zu sitzen, sich wegen Videoüberwachung in der Umkleide beschwert: Ich habe es trotzdem getan.

Ein erstes Telefongespräch mit dem Sauna-Betreiber verlief wenig erfreulich. Selbstverständlich beteuerte man, die Aufnahmen würden nach wenigen Stunden gelöscht und nur abgerufen, wenn es zu einer Straftat gekommen sei. Die Frage, ob bei einem einfachen Handtaschendiebstahl dann ein Haufen Polizisten sich Nacktbilder von mir ansehen dürfe, musste der Mann am Telefon dann trotzdem mit »Ja« beantworten. Wie viele Mitarbeiter Zugriff auf die Aufnahmen haben und ob es Kontrollen gibt, damit sich niemand die Filme als Abendunterhaltung kopieren kann, fragte ich dann gar nicht mehr. Denn bereits nach meinem Hinweis, dass es schwerlich mit dem Jugendschutzrecht vereinbar sei, sogar Minderjährige nackt abzufilmen, wurde mein Gegenüber recht ungehalten. Der Sauna-Betreiber erklärte mir, die Überwachung sei nun einmal wegen der großen Zahl aufgebrochener Schließfächer notwendig. Auf meine Nachfrage hin, wie viele Einbrüche es in der Filiale denn vor Einbau der Kameras gegeben hätte, wurde er jedoch einsilbig. Das könne man gar nicht so genau sagen, sagte er. Schließlich seien die Kameras vom ersten Tag an da gewesen.

Das Gespräch ließ mich ratlos und auch schockiert zurück. Dann fasste ich einen Entschluss. Ich beschloss, wegen der Videoüberwachung in den Umkleiden, Beschwerde bei der Datenschutzbeauftragten von Berlin einzureichen. Nachdem eine Berliner Zeitung meine Beschwerde aufgegriffen und darüber berichtet hat, sprechen mich viele Freunde auf den Fall an. Schnell zeigt sich: Ich war nicht das einzige Opfer unfreiwilliger Überwachung. Auch sie waren in den letzten Monaten bei der Sauna zu Gast gewesen. Nicht nur die Frauen zeigten sich schockiert darüber, unwissentlich nackt abgefilmt worden zu sein. Den Männern war es ebenfalls sichtlich unangenehm. Es beruhigte mich zu hören, dass ich mit meiner Empörung nicht allein war. Wir alle haben etwas zu verbergen, man nennt es Privatsphäre.

Der Fall ließ mich nicht mehr los. Wenn wir die Grenze für Überwachung nicht an einer Sauna-Umkleide ziehen, schoss es mir durch den Kopf, gibt es offensichtlich keine Grenzen mehr. Sind wir schon so weit, dass der Wunsch, nicht nackt abgefilmt zu werden, als sonderbar und querulantisch wahrgenommen wird? Wird Vandalismus auf öffentlichen Toiletten demnächst ähnlich bekämpft? Werden meine Kinder sich gar eines Tages in videoüberwachten Schulumkleiden umziehen müssen? Mit meinem Verständnis von Anstand und Privatheit wäre all das unvereinbar. Doch ich kann nicht leugnen, dass der Fall symptomatisch ist für eine erschreckende Entwicklung. Nicht nur in der Sauna-Umkleide werden wir heutzutage ganz selbstverständlich überwacht. Dort rechnen wir nur eben am wenigsten damit.

Es gibt einen guten Grund, warum der Sauna-Betreiber mit Unverständnis auf meine Empörung reagierte: Videoüberwachung gehört inzwischen zum Alltag. In vielen Bussen sollen Kameras Jugendliche von Vandalismus abschrecken. Dabei wäre kostenloses WLAN vielleicht viel effektiver. In einem Kiosk stieß ich auf eine Kamera, die nicht etwa die Kasse, sondern ein Süßigkeiten-Regal überwachte. Schulkinder, die sich dort Bonbons zum Stückpreis von 10 Cent aussuchen, werden ganz selbstverständlich abgefilmt. Als ich an der polnischen Ostsee Urlaub machte, sah ich mitten im Wald ein Schild: »Achtung, Videoüberwachung!«

Nicht einmal in der freien Natur kann man sich heute mehr sicher sein, nicht beobachtet zu werden.

Unsere Privatsphäre wirkt zerbrechlicher als jemals zuvor. Aber wir haben uns daran gewöhnt. Schleichend werden wir unseres Menschenrechts auf Privatsphäre beraubt. Das gilt nicht nur für die analoge Welt. Denn ehrlich gesagt werde ich jeden Tag online stärker durchleuchtet als bei meinem Sauna-Besuch. Wie gesagt: Die Verletzung der Privat- und Intimsphäre muss nichts mit Nacktheit zu tun haben. Auf Schritt und Klick wird unser Verhalten erfasst und ausgewertet. Digital und analog. Mein Sauna-Erlebnis ist vor diesem Hintergrund nur die Spitze des Eisberges. Für mich war es der Tropfen, der das Fass zum Überlaufen gebracht hat. Ohne es zu merken, habe ich zugelassen, dass ein Unternehmen Nacktaufnahmen von mir gemacht hat. Für mich bedeutet das, es ist höchste Zeit sich zu fragen: Gibt es da noch mehr, das ich wissen müsste?

1. Kapitel: **Mein Datenschatten**

Ich kann es nicht leiden, wenn fremde Menschen mich berühren. Die Anzahl der Personen und Situationen, bei denen mir das nichts ausmacht, ist überschaubar. Große Ansammlungen und ritualisierte Gesten gehen gerade noch. Beiläufige Berührungen lassen sich ausblenden. Aber wenn aufdringliche Gesprächspartner mir gezielt auf die Schulter klopfen oder gar die Hand tätscheln, bin ich schnell auf 180. Innerlich fängt dann bei mir eine Uhr an zu ticken. Irgendwann kann ich nicht mehr an mich halten. *»Können Sie bitte Ihre Hand da wegnehmen, ich mag es nicht, wenn man mich ungefragt anfasst«,* beendet sehr zuverlässig jeden Small Talk. Je nach Situation kommt mir das nicht ungelegen.

So empfindlich ich in Bezug auf Fremde bin, so sehr bin ich im Alltag wie die meisten anderen Menschen: Ich könnte nicht sagen, wie oft ich meinen Lebensgefährten anfasse. Oder eine gute Freundin. Bei meinem engsten Begleiter weiß ich es jetzt: 64 Mal entsperre ich im Schnitt pro Tag mein Smartphone. Fast zwei Stunden verbringe ich täglich damit, aufs Display zu starren. Hochgerechnet tippe ich pro Jahr 23.360 Mal meine PIN ein, und das Display meines ramponierten Touchscreens spiegelt sich 730 Stunden lang auf meiner Retina – was ohne Schlafpausen gut ein Monat wäre. Sollte ich mir Sorgen machen?

Das Bild, welches angesichts solcher Zahlen vor Ihrem inneren Auge entstehen mag, stelle ich mir wenig verlockend vor. Mir kommt dabei die Ausstellung des Künstlers Eric Pickersgill mit dem Titel »Removed« (zu Deutsch »Entfernt«) in den Sinn. Auf seinen Fotos sind stets Paare abgebildet. Nur scheinbar starren sie auf einen Gegenstand in ihrer Hand. Erst bei genauerem Hinschauen wird klar: Die Handflächen sind leer. Unser Gehirn – spezialisiert darauf Muster zu vervollständigen – weiß sofort, worauf das Kunstwerk anspielt. Es geht um Menschen, die zwar physisch gemeinsam Zeit verbringen, deren Aufmerksamkeit aber ganz dem Smartphone gilt. Auf mich trifft dieses Bild allerdings gar nicht zu. Demonstrativ am Smartphone herumzuspielen, während man Zeit mit einem anderen Menschen verbringt, empfinde ich als unhöflich. Deshalb habe ich es mir, so gut es geht, abgewöhnt. Mein Telefon ist meist auf stumm geschaltet. Wie kommt es also, dass ich trotzdem ein Zwölftel des Jahres mit meinem Smartphone beschäftigt bin?

Einen Tag lang habe ich mir über die Schulter geschaut, um herauszufinden, wie diese Zahlen zustande kommen. Das Ergebnis ist gähnender Alltag und Gewöhnlichkeit. Statt mit sperrigen Stadtplänen herumzuhantieren, lasse ich mich per App durch neues Terrain navigieren. Beim Ladenschluss-Endspurt zum Supermarkt begleitet mich Musik im Ohr. Statt meine Sitznachbarn in der S-Bahn beim Umblättern meiner Zeitung ins Visier zu nehmen, lese ich per App. Zugverspätungen und Alternativrouten entnehme ich nicht der chronisch unzuverlässigen Durchsage am Bahnsteig, sondern dem Smartphone. Zwischendurch sende ich Nachrichten an Familie und Freunde. Checke meine Arbeitsmails auch im Urlaub, obwohl Lifestyle-Magazine schreiben, das sei falsch. Der Nachrichtensprecher liest seit Neuestem Tweets von Donald Trump vor, also warum nicht gleich selbst bei Twitter nachschauen, was den US-Präsidenten heute wieder aufregt? Die Zeit vor dem Touchscreen scheint zwischen den Fingern zu zerrinnen. Verschwendet ist sie deshalb trotzdem nicht.

Auch wenn man mit dem Alter ohne Zweifel vergesslicher wird, »digital dement« fühle ich mich nicht. Ganz im Gegenteil – das Smartphone ist das Schweizer Taschenmesser der heutigen Zeit: Eine gewaltige Landkarte der ganzen Welt, die mir sogar den kürzesten Fahrradweg von Berlin bis nach Teheran weist. Ein wundersamer Walkman, der alle Songs abspielen kann, die jemals komponiert wurden. Ein magisches Buch, das aktuellere Nachrichten bietet, als alle Zeitungsläden dieser Republik. Von außen sieht es aus, als würde ich auf einen Bildschirm starren – aber vielleicht lese ich auch Dostojewski oder die »FAZ«. Wir Smartphone-Nutzer befinden uns in guter Gesellschaft: Bundeskanzlerin Angela Merkel wird nachgesagt, mit unter der Regierungsbank verschickten Textnachrichten die Geschicke ihrer Fraktion zu lenken.

In unserem Kopf haben diverse Apps bereits ihren festen Platz. Beim Denken läuft ein Browser mit. Die Eigenschaft, Werkzeuge als Kompensation für unsere körperlichen Unzulänglichkeiten zu entwickeln, war schon immer essenziell für das Überleben des Menschen. Mit der Fähigkeit, Gedanken und Geschehnisse aufzuschreiben, haben wir die Möglichkeiten unseres sterblichen und unvollkommenen Gehirns erweitert. Der Buchdruck hat dazu geführt, dass Wissen verfügbarer wurde. Mit dem Computer haben wir nun auch unseren Arbeitsspeicher, unsere Gehirn-Rechen-kapazität, entgrenzt. Aber das Internet ist mehr noch als das externe, ausgelagerte Gehirn der Menschheit. Erstmals in unserer Geschichte haben wir einen globalen Dorfplatz geschaffen, auf dem wir in Echtzeit miteinander kommunizieren können. Zumindest in der Theorie.

Neue Technologien verändern die Art und Weise, wie wir leben, kommunizieren und arbeiten. Früher war es der Oberschicht vorbehalten, einen persönlichen Assistenten zu haben. Heute tragen die meisten von uns einen in der Hosentasche. Fragt man Abgeordnete, was die wichtigsten Eigenschaften eines persönlichen Referenten sind, antworten die meisten: »Loyalität« und »Vertrauen«. Smartphones und Computer sind weit mehr als ein persönlicher Mitarbeiter. Sie sind unsere ständigen Begleiter, die uns auch außerhalb des Büros nicht verlassen. Unsere Geräte und damit verbundene Dienste wissen nicht nur, wann wir uns mit wem treffen und wo wir uns aufhalten. Wir alle vertrauen unseren technischen Assistenten sehr intime Geheimnisse an. Auf Festplatten und Speicherchips liegen auch Momentaufnahmen unserer Gefühle und Gedanken gespeichert.

Die Frage, wie die mit diesen Hilfsmitteln gesammelten Daten verarbeitet werden, ist daher keineswegs trivial. Vor allem die Frage, wer darauf Zugriff hat, sollte uns nicht gleichgültig sein. Die mit unseren Geräten vernetzten

Dienste sind nicht selten besser über unseren Gemütszustand informiert als unser bester Freund. Doch ob wir ihnen genauso vertrauen können ist fraglich. Gäbe es einen Geigerzähler, um zu messen, wie sehr wir bereits die Kontrolle über unsere Daten verloren haben, er würde bei den meisten von uns ausschlagen.

Mit meiner Abneigung gegenüber Berührungen fremder Menschen bin ich nicht allein. Nach unseren sozialen Konventionen gilt es als respektlos und aufdringlich, jemandem körperlich zu nahe zu kommen. Es wäre unverschämt, ja illegal, wenn ein Café-Betreiber die Gespräche seiner Besucher aufzeichnen oder zu Werbezwecken auswerten würde. Ungeachtet dessen ist ein derart übergriffiges Verhalten im digitalen Raum für zahlreiche Konzerne Teil des Geschäftsmodells.

Viele Menschen fragen sich: Was wissen Facebook, Twitter, Google und Amazon über mich? Was lässt sich aus dem Datenprofil meines Bonus-Programms und meines Fitness-Trackers ablesen? Dürfen Arbeitgeber und Staat mich überwachen? Und was für Auswirkungen haben Datensammlungen für mich ganz konkret, auch wenn ich »nichts zu verbergen« habe? Um das herauszufinden, wage ich den Test am eigenen Leib. Über Monate hinweg lege ich gezielt eine Datenspur. Ich will herausfinden, wer eigentlich Macht über meine Daten, über mein Leben hat. Die Dienste, die Millionen Menschen täglich nutzen, sind ein guter Startpunkt dafür.

Für eine Handvoll Bonus-Punkte

Kennen Sie beim Verlassen eines Cafés auch diesen kurzen panischen Griff an die Hosen- oder Jackentasche, um zu prüfen, ob das Handy an seinem Platz ist? Ertasten die Finger nicht die vertrauten Konturen, beginnt in Windeseile der schreckliche Gedanke des Kontrollverlusts an einem zu nagen. Ist es verloren? Wie lange ist das letzte Back-up her? In einem Moment, der sich wie eine Ewigkeit anfühlt, ziehen all die schönen Daten am inneren Auge vorbei. Kontaktlisten, Bilder der letzten Urlaubsreisen und die quälende Gewissheit, dies mit keinem Geld der Welt ersetzen zu können. Es ist, als würde ein Teil von uns abhandengekommen sein.

Ein ähnliches Gefühl hatte ich zu meiner Studienzeit, als mein Mitbewohner beim Versuch den neuen Herd anzuschließen, alle Sicherungen im Haus rausgehauen hat. Mein Laptop war noch am Netz und fuhr daraufhin nicht mehr hoch. Auf der Festplatte war eine fertige Hausarbeit, die ich in zwei Tagen abgeben musste. Und unzählige Fotos, Nachrichten und Kontaktlisten. Ich hatte Glück im Unglück, mein Mitbewohner war Informatiker. Zerknirscht über den Unfall trommelte er kurzerhand seine Kollegen zusammen, um meine Hausarbeit zu retten. Die Rettungsmission war von Erfolg gekrönt. Seitdem weiß ich, wie wichtig es ist, Sicherungskopien zu machen.

Im Angesicht des totalen Datenverlusts wären die meisten von uns sicherlich bereit, eine ganze Stange Geld auf den Tisch zu legen, um die eigenen Daten zu retten. Mittlerweile gibt es sogar Schadsoftware, die sich dies zunutze macht und wie ein Daten-Geiselnehmer vorgeht. Diese neue Art von Virus wird »Ransomware« genannt. Einmal auf dem infizierten Rechner installiert, verschlüsselt der Virus die Festplatte. Nutzer werden per Bildschirm aufgefordert, einen bestimmten Betrag zu überweisen, um den Code für die Entschlüsselung zu bekommen. Sonst sind die Daten unwiederbringlich verloren. Es ist eine Lizenz zum Gelddrucken. Im Mai 2017 infizierte eine solche Ransomware namens »WannaCry« innerhalb von wenigen Stunden IT-Systeme mit alten Windows-Installationen auf der ganzen Welt. Selbst britische Krankenhäuser und die Deutsche Bahn haben sich diesen Virus eingefangen. Ransomware macht es sich zunutze, dass uns unsere Daten keineswegs gleichgültig sind. Sie haben einen großen Wert für uns. Manch ein Opfer würde womöglich bereit sein, noch mehr zu zahlen, wenn die Drohung stattdessen lauten würde: »Sonst veröffentlichen wir deine privaten Daten im Internet.« Tatsächlich gibt es Kriminelle, die genau so vorgehen. Der neueste Trend sind Droh-Mails in denen steht, der Absender wäre im Besitz privater Daten aus den Social Media Accounts. Außerdem wird behauptet, man habe über den Zugriff auf die Webcam heimlich anzügliche Videos aufgenommen. In den meisten Fällen ist das nur eine Masche und nichts davon ist wahr. Die Täter machen sich die Unsicherheit der Opfer zu nutze. Wer kann schon ausschließen, dass sein Gerät nicht gehackt wurde?

Wie viel Wert wir den eigenen Daten zuschreiben, hängt vom Kontext ab. Wer für einen Dienst nicht zahlt, ist nicht der Kunde, sondern das Produkt, das verkauft wird. Die Kunden von Facebook sind nicht wir, sondern Werbetreibende, die für das Platzieren maßgeschneiderter Werbung bezahlen. Beim genauen Hinsehen nutzen wir kostenlose Dienste wie Facebook oder Google keineswegs ohne Gegenleistung. Wir zahlen mit unseren Daten und dem Zugang zu unserer Aufmerksamkeit. Wir zahlen damit, dass Plattformen uns auswerten und manipulieren dürfen. Doch weil wir keinen exklusiven Zugang zu unseren Daten abgeben, sondern meist nur das Recht zur Verwertung beiläufig produzierter Nutzungsdaten abtreten, tut es uns nicht weh. Doch ist das ein fairer Deal? Wenn Unternehmensvertreter versuchen würden, uns auf der Fußgängerzone mit Geschenken zu ködern, wären wir sofort misstrauisch. Wir wüssten: Da muss es einen Haken geben! Im Internet schlägt unser Instinkt für windige Angebote jedoch oft nicht an.

Beim Geschäftsmodell »Dienst gegen Daten« geht es keineswegs darum, mit ein wenig Werbung die Kosten für den Betrieb zu decken. Facebook und Google erzielen Gewinnmargen, von denen die klassische Industrie nur träumen kann. Sie beherrschen den Markt. Es ist ein Milliardengeschäft. Und es wächst beständig. Aus unseren Daten lässt sich Kapital schlagen. Das geht sogar so weit, dass bei Unternehmens-Übernahmen Datenbestände von Nutzern als eigenständige Kapitalform eingepreist werden. Neben den Internet-Giganten gibt es eine wachsende Gruppe von Unternehmen, die sich auf das Sammeln, Auswerten und Handeln von Nutzerdaten spezialisiert haben. Das Geschäftsmodell ist nicht neu. Aber durch die Digitalisierung ist es mit einem Schlag möglich geworden, Nutzungsdaten in bisher ungeahnten Dimensionen zu horten. Für den aus unseren alltäglichen Handlungen abgeschöpften Datenbeifang entstehen zugleich unzählige neue Verwertungsmöglichkeiten. Vor den Parlamentswahlen in Großbritannien im Jahr 2017 erwarb die Labour Partei Daten von über einer Million junger Mütter, Schwangeren sowie von deren Kindern über den Datenhändler Experian. Gesammelt wurden die Daten über den Elternblog »Emma's Diary«. Die Informationen wurden anschließend für die Verbreitung von auf Mütter zugeschnittener Wahlwerbung genutzt.

Nicht wenige Nutzer halten das Modell »Dienst gegen Daten« trotzdem für einen fairen Handel. Schließlich bekommen sie so Zugriff auf Dienste, die das Leben erleichtern. Das gilt nicht nur für die digitale Welt. Millionen Menschen nehmen Vergünstigungen durch Bonus-Programme dankend an. Manche sagen jedoch, wir verkaufen uns unter Wert. Wieder andere sagen, wir verkaufen gar unsere Würde. Ich will wissen, ob das stimmt. Ist das, was wir bekommen ein fairer Preis für das, was wir preisgeben? Um mehr über den Wert meiner Einkaufsdaten zu erfahren, begebe ich mich auf eine Reise. Ich setze mich auf mein Fahrrad. Und fahre zur nächsten Edeka-Filiale.

»Sammeln Sie Punkte?« Jeder kennt diese Frage an der Kasse. Mit 20 Millionen Teilnehmern ist die »Deutschland-Card« eine der am meisten verbreiteten Bonus-Karten in der Bundesrepublik Deutschland. Einige Tage vor meiner Einkaufstour habe ich mir eine Karte online bestellt. An der Kasse habe ich sie gezückt und Punkte für meinen Einkauf eingesammelt. Ich bekomme danach Rabatt-Gutscheine für eine Fernsehzeitung ausgehändigt, deren Zielgruppe meist ältere Damen sind. Ich frage mich, ob das an den Produkten liegt, die ich gekauft habe.

Wenige Tage später wähle ich mich in mein Kundenprofil auf der Webseite ein und schaue, was es mir gebracht hat. Für einen Umsatz von 53,67 Euro habe ich 26 Punkte gutgeschrieben bekommen, also einen Punkt für circa zwei Euro. Hat sich das gelohnt? Ich klicke mich durch die Webseite, um zu schauen, was ich dafür bekommen könnte. Für 899 Punkte könnte ich im Prämien-Shop beispielsweise ein Kürbis-Kochbuch erstehen. Eine kurze Online-Recherche zeigt, das Buch kostet im Handel 8,99 Euro. Ein Punkt ist in diesem Fall genau einen Cent wert. Ich habe also durch die Mitgliedschaft beim Bonus-System in meinem Fall gerade einmal 26 Cent (weniger als 0,5 Prozent) Rabatt bekommen. Das ist nicht viel.

Ich stelle eine Anfrage beim Unternehmen, um herauszufinden, was für Daten durch meinen Einkauf mit meinem Namen verknüpft wurden. Diese Daten werden den Kunden des Bonus-Programms nicht online zur Verfügung gestellt, also muss ich mich etwas gedulden. Einige Wochen später erhalte ich Post. Es ist dort festgehalten, dass ich am 22. September 2017 um 18:16 Uhr im Edeka »Herrmann« in Berlin-Charlottenburg einkaufen war. Auf der Liste meines Einkaufs stehen unter anderem folgende Waren: laktosefreier Joghurt, Brillenputztücher, Zahnpasta für Raucher, Shampoo, Vitamintabletten für die Augen und Haare, Damenbinden gegen Inkontinenz, ein Jägermeister, alkoholfreies Bier, Katzenfutter, Süßungsmittel, koffeinfreier Kaffee, Hackfleisch, Eier, Salat aus der Plastiktüte, Beruhigungstee, eine Zeitschrift und eine Mausefalle.

Selbstverständlich brauche ich keine Damenbinden gegen Inkontinenz. Seitdem ich nicht mehr auf dem Land wohne, habe ich auch keine Verwendung mehr für Mausefallen. Ich habe einfach wahllos Gegenstände in den Einkaufswagen gelegt. Doch stellen wir uns für einen Moment vor, dieser Warenkorb würde einer realen Person gehören. Was für Informationen hätte dieser Mensch mit diesem Einkauf für den Gegenwert eines 26-Cent-Gutscheins für ein Kürbis-Kochbuch von sich preisgegeben? Ich schicke die Liste an eine befreundete Psychologin und bitte sie, mit ein wenig Fantasie ein Profil dieser fiktiven Person zu erstellen. Einige Wochen später bekomme ich einen längeren Text als Antwort. Sie erklärt vorab, es sei schwierig, anhand eines einzigen Einkaufsdatums ein Profil zu erstellen. Vieles ist Spekulation. Leichter wäre es, wenn sie Daten aus einem längeren Zeitraum hätte. Trotzdem wären die Produkte doch aufschlussreich genug, um einen Versuch zu wagen, sich dieser imaginären Person zu nähern. Ich beginne gespannt zu lesen.

Die Katzen-Lady

Produkte wie Tena Lady, Tampons oder Haar-Vital-Kapseln deuten auf eine weibliche Zielperson im Alter zwischen 40 und 50 hin. Dafür sprechen auch die Ergebnisse einiger Studien, nach denen Frauen deutlich mehr Nahrungsergänzungsmittel verwenden. Es wirkt, als würde es sich um eine alleinstehende Person handeln. Das Katzenfutter weist auf eine Katze im Haushalt hin. Studien zeigen, dass Personen mit Katze introvertierter und empfindsamer sind als der Durchschnitt.

Es scheint, als könnte die Person nicht gut mit Geld umgehen oder aber als hätte sie es nicht nötig, auf Ausgaben zu achten. Was sofort auffällt, ist, dass die Person zwar insgesamt ungewöhnlich viel Geld für einzelne Produkte ausgibt, viele Nahrungsmittel aber eher dem Niedrigpreissegment zuzuordnen sind. Wir finden dort billigen Kaffee, das preiswerteste Hackfleisch und die Eier aus der Massentierhaltung, die das eigene Gewissen kaum beruhigen. Daneben finden sich allerdings einige teurere Produkte, die einen Hinweis darauf geben können, was der Einkäuferin besonders wichtig ist. Die Katze beispielsweise bekommt mit Sheba das Beste des Besten. Auch der Schnaps darf nicht billig sein. Das teure Raucherzahnweiß soll die Vergilbung der Zähne aufhalten. Darüber hinaus hat die Person vermutlich mit Inkontinenz, Stress und eventuell psychosomatischen Magenproblemen und Schlafstörungen zu kämpfen. Diese werden mit Hausmitteln wie Einschlaf-Tee angegangen. Es stellt sich vor diesem Hintergrund die Frage, ob der Alkohol ebenfalls zur Bekämpfung von Problemen genutzt wird.

Außer dem Tütensalat enthält der Warenkorb keine frischen Produkte. Die Person scheint ungesund zu leben, versucht aber durch gezielte Käufe, das eigene schlechte Gewissen zu beruhigen. Der koffeinfreie Kaffee, Tütensalat oder das natürliche Süßungsmittel Stevia können als Versuch verstanden werden, den ungesunden Lebenswandel zu kompensieren. Die Mausefalle lässt eher darauf schließen, dass es sich um eine wenig gepflegte Wohnung bzw. Person handelt. Insgesamt haben wir es hier vermutlich mit einer psychisch zumindest labilen Person zu tun, die einsam ist. Kompensiert werden die Probleme durch Alkohol, die fehlende menschliche

Nähe durch die Katze und den Kauf von gesundheitsfördernden Produkten.

Um mehr Gewinn mit dieser Person machen zu können, sollte die psychische Labilität genutzt werden. Die innere Zerrissenheit der Kundin sollte aufrechterhalten werden. Aus Selbstzweifeln in Bezug auf Gesundheit und Aussehen lässt sich bei Frauen besonders gut Profit schlagen. Dazu könnten beispielsweise Newsletter zugesendet werden mit Angeboten wie Jägermeister im Doppelpack und Produkten, die Gesundheit und Glück versprechen.

Ein Persönlichkeitsprofil anhand eines einzelnen Einkaufs zu erstellen, ist natürlich nur Gedankenspielerei. Wer weder unter Inkontinenz leidet, noch Produkte gegen Haarausfall kauft, mag sich zudem denken, er hätte nichts zu verbergen. Doch wer seine Bonus-Karte regelmäßig an der Kasse zückt, dessen Leben wird schnell nachvollziehbar. Im Kundenprofil reihen sich dann viele Momentaufnahmen aneinander und zeichnen das Bild eines ganzen Lebens nach. Zum einen lassen sich natürlich durch die Ernährungsgewohnheiten Informationen darüber ableiten, wer einen gesunden Lebensstil pflegt. Ob jemand immer wieder an seiner Diät scheitert oder Nahrungsergänzungsmittel gegen bestimmte Leiden einkauft, ist bei regelmäßigem Einsatz von Bonus-Karten klar und deutlich ablesbar. Es wundert nicht, dass Nutzer, die durch den Einsatz der DeutschlandCard erfassten und gespeicherten Details nicht in ihr Kundenprofil einsehen können. Manch einem Kunden würde der Anblick seiner Konsumgeschichte wahrscheinlich einen Schrecken einjagen.

Veränderungen im Einkaufverhalten können auch ohne unser Wissen Hinweise auf sehr einschneidende Ereignisse im Leben eines Menschen geben. Wie das geht, zeigt folgendes Beispiel aus den USA: Eines Tages wurde bei einem US-Supermarkt der Kette Target vor den Toren von Minneapolis ein Mann vorstellig und verlangte wütend, den Manager zu sprechen. Seine Tochter hatte von Target Werbung mit Rabatt-Coupons für Schwangerschaftskleidung bekommen, dabei besuchte sie noch die High-School. »Wollen Sie sie dazu ermutigen, schwanger zu werden?«, konfrontierte er den Manager. Dieser wusste zunächst nicht, wie ihm geschah. Der Manager entschuldigte sich bei dem Mann und rief sogar einige Tage später bei ihm an, um sich erneut zu entschuldigen. Am Telefon klang der wütende Besucher da jedoch plötzlich sehr zerknirscht und kleinlaut. »Ich habe mit meiner Tochter gesprochen«, sagte er. »Und es stellte sich heraus, dass hier im Haus Dinge geschehen, von denen ich keine Ahnung habe. Sie erwartet im August ein Kind. Und ich schulde Ihnen eine Entschuldigung.« Das arme Mädchen hätte sich sicherlich gewünscht, dass ihr Vater die Nachricht über den Familienzuwachs nicht durch Rabatt-Coupons erfährt.

Die US-Supermarktkette Target hat schon vor Jahren ein Verfahren entwickelt, mit dem man anhand von 25 Produkten vorhersagen können soll, ob eine Kundin schwanger ist. Es gibt einen statistischen Zusammenhang zwischen einer Schwangerschaft und dem Einkauf bestimmter Gegenstände wie beispielsweise unparfümierten Pflegeprodukten, Nahrungsergänzungsmitteln, großen Mengen von Wattepads und einer Tasche, die groß genug ist, um darin Baby-Zubehör zu verstauen. Im Einzelfall liegt die Analyse mit Sicherheit auch einmal daneben. Doch in der Masse scheint die Rechnung derart gut aufzugehen, dass die Werbeabteilung gezügelt werden musste. Damit sich Kundenbeschwerden, wie eingangs geschildert, nicht wiederholen, geht das Unternehmen heute dezenter vor. Die Rabatt-Gutscheine für Baby-Zubehör werden unter Coupons für Weingläser und andere Produkte gemischt. Die Auswahl soll dadurch zufällig wirken. Welcher Kunde will schon das Gefühl haben, überwacht zu werden?

Das Beispiel Target verdeutlicht einen wichtigen Aspekt von Datensammlungen. Große Datensätze erlauben es, mittels Statistik feinste Hinweise in unserem Konsumverhalten aufzuspüren. Für Unternehmen sind Investitionen in Analysetechnologien lukrativ. Große Veränderungen in unserem Leben verändern unsere Kaufgewohnheiten. Wir sind plötzlich bereit, etwas Neues auszuprobieren. Wenn ein Supermarkt es schafft, werdende Mütter an sich zu binden, werden diese mit höherer Wahrscheinlichkeit in den Monaten nach der Geburt zurückkehren, um dort Windeln zu kaufen und bei der Gelegenheit weitere Besorgungen zu machen.

Als die Geschichte über die werdende Mutter publik wurde, war Target wenig erfreut. Wie viele andere Unternehmen ist auch Target wenig daran interessiert, seinen Kunden mitzuteilen, welche Analysen mit ihren Datensätzen angestellt werden. Und in welche Schubladen man Kunden ohne ihr Wissen einordnet. Auch bei meiner Datenabfrage erfahre ich nicht, ob mein Kundenprofil bereits einer Kategorie zugeordnet wurde, wie etwa »alleinstehende Frau« oder »Stress-Symptome«. Wir wissen nicht, welche Analysen in Zukunft oder bereits heute mit unseren Einkaufsdaten gemacht werden.

Im Testwarenkorb meines Bonus-Einkaufs lagen auch unscheinbare Produkte wie Hackfleisch und Eier. In Europa gab es in den vergangenen Jahren zahlreiche Skandale um Verunreinigungen in Eiern, die erst viel zu spät aufgedeckt wurden. Ein Lebensmittelskandal kann aus einem harmlosen Einkaufsdatum eine ganz andere Information machen: Welche Familie mit hoher Wahrscheinlichkeit in den letzten Wochen mit dem Gift Dioxin belastete Eier verzehrt hat. Wer eingewilligt hat, dass die Daten einer Bonus-Karte auch an Werbepartner weitergegeben oder gar weiterverkauft werden können, wird es schwer haben, diese Daten anschließend wieder aus der Welt zu schaffen. Es wäre naiv anzunehmen, dass solche Informationen nur zu unserem Wohle eingesetzt werden.

Einkaufsdatensätze können verraten, ob ein Kunde ein Produkt für seine Familie in den Einkaufswagen gelegt hat, welches sich später als Gesundheitsrisiko herausstellt. Heute sind in der EU beispielsweise Schnuller und Babyflaschen mit Weichmachern im Plastik aufgrund möglicher Schäden für das Baby verboten. Im Raum steht der Verdacht, dass diese Stoffe krebserregend wirken. Aus der harmlosen Information, welche Schnuller Eltern gekauft haben, kann ein Jahrzehnt später ein Risikofaktor für Erkrankungen abgeleitet werden. Angereichert mit weiteren Einflussfaktoren könnten Daten, die wir heute als harmlos betrachten, in Zukunft vielleicht darüber entscheiden, ob wir oder unsere Kinder einen guten Krankenversicherungstarif bekommen. Oder im fortgeschrittenen Alter vom Arbeitgeber gar nicht erst zum Bewerbungsgespräch eingeladen werden. Und was ist, wenn der Bonuskarten-Anbieter eines Tages samt meiner Daten von einem anderen Konzern aufgekauft wird? Oder der Anbieter bei der Sicherheit schludert? Das Schadenspotenzial unserer Datenhypothek können wir heute kaum einschätzen. Ich persönlich würde ein solches Risiko nicht für ein paar Cent Rabatt für ein Kürbis-Kochbuch auf mich nehmen wollen.

Meine nächste Station auf der Suche nach dem gerechten Preis für meine Daten ist der Staat. Genauer gesagt, das Einwohnermeldeamt Berlin. Dort kann ich online zum Schnäppchenpreis von nur fünf Euro Daten beliebiger Bürger dieser Stadt kaufen. Allerdings mit einer Einschränkung: Wenn ich den Namen, das Geschlecht und den Geburtstag weiß, kann ich die Adresse erstehen. Wenn ich nur die Adresse, das Geschlecht und den Namen weiß, kann ich Informationen zum Geburtstag kaufen. Ich entscheide mich dafür, den Geburtstag eines Freundes nachzuprüfen, der eingewilligt hat, bei diesem Experiment mitzumachen. Ich gebe seinen Namen und seine Adresse in die Suchmaske des Online-Formulars ein. Gezahlt wird per Kreditkarte. Als Grund der Abfrage gebe ich lapidar »Neugier« ein, ohne damit zu rechnen, damit durchzukommen. Doch anscheinend läuft die Abfrage automatisch, und ich bekomme innerhalb von Sekunden sein Geburtsdatum ausgespuckt. Die Zahlen sind korrekt.

Anschließend mache ich einen weiteren Test und frage diesmal die Adresse eines Freundes ab. Während viele Menschen nichts dagegen haben, ihr Alter oder ihren Geburtstag zu veröffentlichen, gilt das nicht unbedingt für die Anschrift.

Da die meisten Menschen ihren Geburtstag öffentlich bei Facebook verkünden, ist es kein Hexenwerk, die notwendigen Daten für eine Anfrage zu recherchieren. Diesmal bin ich mutiger und gebe als Abfragegrund »Stalking« ein. Wieder bekomme ich anstandslos ein Ergebnis ausgespuckt. Die Adresse ist korrekt. Das bedeutet, jeder beliebige Stalker oder Ex-Partner könnte sich eine Anschrift legal und bequem beim Einwohnermeldeamt kaufen. Fünf Euro für diese Information ist dazu noch ein lächerlich niedriger Preis. Eigentlich eine Unverschämtheit. Okay, ich gebe zu – das »Eigentlich« kann man streichen. Es ist ein Skandal.

Sich gegen solche privaten Abfragen zu schützen, ist schwierig und mit hohem Aufwand verbunden. Da ich seit einigen Jahren Drohungen aus dem rechtsextremen Milieu bekomme und unerfreuliche Erfahrungen mit einem Stalker machen musste, sind meine Daten beim Einwohnermeldeamt gesperrt. Allerdings musste ich dafür Nachweise zu meinen Strafanzeigen wegen Belästigung und Drohungen gegen meine Person bei den Behörden vorlegen. Diese Sperre muss ich regelmäßig erneuern lassen, sonst läuft sie ohne Vorwarnung aus.

Neben Privatpersonen können auch Unternehmen gegen Geldzahlungen Meldedaten von Bürgern abfragen, soweit diese in eine solche Datenweitergabe eingewilligt haben. Kirchen können ebenfalls Adresspakete kaufen. Vor Wahlen erwerben viele Parteien Adressen von Erstwählern. Auch rechtsextreme Parteien dürfen das. Einige Meldeämter geben sogar Mengenrabatt. Dagegen kann man sich durch eine einfache Sperre schützen. Das Formular bekommt man bei seinem Einwohnermeldeamt, es ist keine

Begründung notwendig. Besser wäre allerdings, wenn der Staat aus meinen Meldedaten kein Geschäft machen würde. Aber dafür kann der einfache Mitarbeiter vor Ort nichts – da müsste die Politik ran.

Diese Datenabfragen machen eines deutlich: Die Trennlinie zwischen Daten, die wir als harmlos betrachten, und unserer Intimsphäre ist fließend. Sie verläuft von Person zu Person, von Lebenssituation zu Lebenssituation unterschiedlich. Die Art und Weise, wie wir von der Werbewirtschaft heute online durchleuchtet werden, geht weit über die hier genannten Beispiele hinaus. Die Stiftung Warentest registrierte in einem Datenexperiment im Jahr 2018, dass das Online-Verhalten ihrer Versuchsperson an einem einzigen Tag von rund 128 Online-Trackern erfasst worden war. Tracker leiteten im Hintergrund Informationen an Werbenetzwerke und Analysedienste weiter. Einige Dienste messen sogar die exakten Mausbewegungen von Besuchern auf ihrer Seite. Die Werbewirtschaft nutzt mittlerweile derart detaillierte Informationen über ihre Kunden, wie nie zuvor. Gesteigerte Absätze zeigen, dass die Strategie aufgeht. Sicherlich lassen sich Selbsthilfebücher besser an Kunden in einer Lebenskrise verkaufen. Wer sich gerade scheiden lässt, kann vielleicht schon bald einen Immobilienmakler gebrauchen. Und wer einschlägige Webseiten ansteuert, ist vielleicht für ein Seitensprung-Portal zu begeistern. Doch geht man damit nicht zu weit? Gibt es überhaupt noch einen Bereich meines Privatlebens, der für die werbewirksame Verwertung tabu ist?

Wer nun auf Krankheiten tippt, liegt falsch. Krankheitsdaten sind tatsächlich besonders wertvoll für die Werbewirtschaft. Denn wer Angst um sein Leben hat, gibt bereitwillig Geld für jedes Fünkchen Hoffnung aus. Die *Financial Times* veröffentlichte 2013 nach ausführlichen Recherchen einen Online-Rechner, mit dem man den damaligen Wert seiner Daten schätzen konnte. In den USA waren demnach Informationen zu Krankheiten wie Arthritis oder einer Depression bereits für 0,26 US-Dollar zu haben. Ist das ein fairer, ein gerechter Preis?

Aber natürlich gibt es auch in der Werbeindustrie Tabus. Der Werbedienst Google Adwords erlaubt etwa seinen Kunden nicht, Anzeigen in sensiblen Kategorien wie »Schwierigkeiten im privaten Bereich«, »Identität und Glaube« sowie »Sexuelle Interessen« zu schalten. Diese Richtlinie lässt sich allerdings nicht allein auf die Nächstenliebe von Google zurückführen. Millionen Nutzer würden gelinde gesagt verstört reagieren, wenn sie nach einer Krebs-Recherche plötzlich passende Werbung für eine alternative Chemotherapie oder ein Sterbehospiz eingeblendet bekommen würden. Google fürchtet schlichtweg darum, dass Nutzer dann nicht mehr derart bereitwillig private Details mit dem Unternehmen teilen würden. Das ist alles. Die Daten werden trotzdem erfasst.

Der große deutsche Philosoph Immanuel Kant hat einmal geschrieben: »Alles hat *entweder* einen *Preis,* oder eine *Würde.*« Nicht alles, was einen Wert hat, sollte ein Preisschild haben. Es ist längst überfällig, dass wir unser Selbstbestimmungsrecht einfordern.

Es schadet nicht, an den richtigen Stellen mit seinen Daten zu geizen. Als ich einmal eine neue Brille brauchte, ging ich

43

zum Optiker und probierte einige Modelle aus. Am Ende war ich mit der Empfehlung des Optikers sehr zufrieden, und wir saßen gemeinsam am Beratungstisch. Er füllte gerade die letzten Details im Bestellformular aus, als er mich plötzlich nach meinem Geburtstag fragte. »Ganz schön forsch«, dachte ich mir. Ich fragte, wofür er den braucht. Er sagte, die Daten würden gespeichert, um mir Angebote zu unterbreiten. Ich schaute ihn lange fragend an. Er wusste es offensichtlich selbst nicht so genau und wollte einfach nur die Vorlage ausfüllen. »Mir ist schon klar, dass Sie gerne mein Geburtsdatum wissen wollen«, sagte ich. »Aber Ihnen muss auch klar sein, dass es keinen Grund für mich gibt, Ihnen diese Information geben zu wollen.« Er schaute mir kurz in die Augen und nickte dann. Meine Bestellung ging ohne diese Information raus. Manchmal fangen große Veränderungen im Kleinen an. Als ich einige Wochen später wieder an der Supermarktkasse gefragt werde, ob ich Punkte sammle, muss ich lächeln. »Nein«, sage ich. »Zum Glück nicht.«

Mein Amazon-Warenkorb

Geldnot macht erfinderisch. Wie viele meiner Freunde habe auch ich neben dem Studium regelmäßig gearbeitet, um mir etwas dazuzuverdienen. Dadurch kam ich in den Genuss zahlreicher Aushilfstätigkeiten. Einer meiner skurrilen Jobs beinhaltete die Aufgabe, Menschen beim Betreten eines Geschäfts für Innenraumdekoration auf Schritt und Tritt zu folgen. Die Route der Kunden im Geschäft sollte von mir und den anderen Aushilfen auf einem Papiergrundriss mit Bleistift nachgezeichnet werden. Ebenfalls sollte notiert werden, wann der Kunde an welchem Regal Produkte genauer betrachtet hat. Die Daten wurden im Anschluss dafür verwendet, um die Dekoration und das Warensortiment umzustellen.

Die Aufgabe war keine leichte. Wir sollten nach Möglichkeit das Verhalten der Kunden nicht durch unsere Anwesenheit beeinflussen. Einige Kunden spürten jedoch, dass sie beobachtet wurden und reagierten gelinde gesagt verstört. Erst gegen Ende des Arbeitstages hatten wir notgedrungen eine gewisse Routine entwickelt. Wir taten so, als würden wir den Warenbestand notieren – während wir eigentlich den Weg einer jungen Mutter mit Kinderwagen auf dem Grundriss nachzeichneten. Ich habe mich in Grund und Boden geschämt.

Bevor ich den Job annahm, hatte ich mir genauso wie die anderen Aushilfen wenig Gedanken darüber gemacht, wie es sein wird, Leute zu verfolgen. Was das bedeutet, wurde uns erst während des Jobs bewusst. Der Tag ließ uns mit einem flauen Gefühl in der Magengegend zurück. Man fühlt sich ein wenig wie ein Voyeur, der ungebeten in die Welt fremder Menschen eindringt. Besonders die kleinen Dinge brannten sich ungewollt im Gedächtnis ein. Manch einer würde sich wundern, wie viele Menschen beispielsweise unappetitliche Dinge tun, wenn sie sich unbeobachtet fühlen. Ohne es zu wollen, wurde ich zudem Zeuge von Debatten über Kindererziehung und Eheproblemen. Hätte ich den selben Job in einer Drogerie gemacht, wüsste ich, wer bei Kondomen umständlich Größentabellen vergleicht und Baldrian-Tabletten in den Warenkorb legt. Wenig überraschend wollte keiner meiner Kollegen den Job noch einmal machen. Auch ich wusste: »So einen Job nehme ich nie wieder an!« Es fühlte sich einfach grundfalsch an. Es gibt eben Dinge, die möchte man nicht über seine Mitmenschen wissen. Selbst dann nicht, wenn es sich dabei um Fremde handelt.

Wie viele andere Aufgaben wird auch dieser Job sehr wahrscheinlich bald der Digitalisierung zum Opfer fallen. Videoüberwachungssysteme mit Auswertungssoftware können diese Aufgabe schon heute weitaus besser lösen. Die durch modernste Technik gesammelten Daten sind dabei weitaus umfangreicher als das, was Aushilfen auf einem Papierplan notieren können. Auf dem Markt sind bereits Systeme, die Kunden-Smartphones allein anhand ihrer aktivierten WLAN- und Bluetooth-Funktion erkennen und quer durch ein Geschäft oder Einkaufszentrum Offline-Tracking betreiben. Eine Firma bietet sogar Schaufensterpuppen mit versteckten Videokameras an, die Informationen über stehenbleibende Passanten sammeln. Auch die biometrische Gesichtserkennung macht derzeit gewaltige Fortschritte. An den Toiletten des Pekinger Himmelstempels wird portioniertes Toilettenpapier nur noch nach einem Gesichtsscan herausgegeben. So soll der Diebstahl ganzer Klopapierrollen verhindert werden. Einfache Gesichtsanalyse-Systeme können nicht nur das Alter und Geschlecht von Kunden erkennen, die vor einem Werbemonitor stehen bleiben. Auch deren Blickkontakt wird registriert. Auf dem Markt sind bereits Analyse-Tools erhältlich, die den Gesichtsausdruck von Kunden erfassen. In Österreich wurden in zwei Apotheken bereits Monitore mit Gesichtsscanner getestet, die je nach Geschlecht und Alter passende Werbung abspielen sollen. Besucher ausgewählter Filialen der Deutschen Post wurden im Jahr 2017 im Rahmen eines Testlaufs mit einem ähnlichen System analysiert. Die Einzelhandelskette Real stoppte ihr Pilotprojekt zur Gesichtserkennung von Supermarktkunden erst nach Protesten. Es scheint trotzdem nur eine Frage der Zeit, bis sich die neuen Methoden durchsetzen. Schließlich versprechen sie dem Einzelhandel, auf einfachem Wege wertvolle Informationen über ihre Kunden zu erlangen. Um den Umsatz zu steigern, ist nicht wenigen jedes Mittel recht.

Es sollte eigentlich keinen Grund geben, sich über diese Entwicklung zu beschweren. Warum sollte dem Einzelhändler von nebenan nicht zugestanden werden, was wir dem Online-Handel seit Jahren durchgehen lassen? Nirgendwo wird unser Kaufverhalten derart akribisch aufgezeichnet und ausgewertet, wie im Internet. Personalisierte Werbeflächen wie im Film *Minority Report*, die den von Tom Cruise gespielten Protagonisten auf der Straße erkennen und mit Namen ansprechen, sind heute noch weitgehend

Science-Fiction. Doch online ist zumindest die Ansprache anhand der Interessen bereits Realität. Wer einmal beim Kleidungsversandhändler Zalando ein Produkt anklickt, wird anschließend wochenlang auf zahlreichen Internetseiten durch personalisierte Werbung mit Anzeigen des betrachteten Produkts verfolgt. Das ist kein Zufall: Im Hintergrund sammeln kleine Codeschnipsel Daten der Besucher. So gut wie jede größere Webseite versucht kleine Textdateien in unserem Browser abzulegen. Ein solcher »Cookie« macht uns beim nächsten Besuch eindeutig wiedererkennbar. Cookies können einerseits praktisch sein, wenn man sich bei einer häufig besuchten Seite nicht jedes Mal neu anmelden will. Andererseits sollen viele Cookies nicht nur uns das Leben einfacher machen, sondern vor allem der Werbewirtschaft. Viele sind allein darauf ausgerichtet, unser Surf-Verhalten nachvollziehbarer zu machen. Selbst ohne angenommenen Cookie können Besucher wiedererkannt werden. Werbenetzwerke analysieren Besucher auf Internetseiten mittels eingebundener Tracker. Jeder Browser hat dank individueller Einstellungen (z. B. Speicherkapazität, Erweiterungen oder Display-Auflösung) einen individuellen digitalen Fingerabdruck, der ihn wiedererkennbar macht. Dieses Verfahren wird Fingerprinting genannt. Unser Datenschatten verfolgt uns so quer durchs Netz.

Für mich sind Shopping-Touren durch Geschäfte eher Qual als Freude. Daher bin ich ein großer Freund von Online-Shops. Das Sterben von Fußgängerzonen in Folge der Digitalisierung ist nur eine Seite der Medaille. Auch lokale Bauern vermarkten ihr Bio-Fleisch heute online. Trotzdem ist unbestreitbar, dass es einen Trend zur Zentralisierung gibt. In der Fußgängerzone sind wir an der Auslage neuer Geschäfte stehen geblieben. Wenn online neue Geschäfte eröffnen, bekommen wir das nicht mit. Wir tippen stattdessen einfach die Läden und Marken ein, die wir schon kennen. Millionen Kunden steuern auch hierzulande regelmäßig Amazon an. Da kennt man sich schließlich schon aus und hat sein Nutzerprofil bereits angelegt.

Der größte Online-Shop der Welt ging vor 20 Jahren mit einer mächtigen Idee an den Start. Amazon-Gründer Jeff Bezos wollte den Buchverkauf online revolutionieren. Wie heißt es doch so schön: »Beurteile ein Buch niemals nach seinem Umschlag!«. Der Kauf eines Buches basiert auch heute noch oft auf Empfehlungen. Sei es von Freunden, Familie – oder dem Buchhändler. Jeff Bezos wollte dieses Verfahren automatisieren. Amazon entwickelte schon sehr früh ein System, das Kunden automatisch per Algorithmus Vorschläge unterbreitet. Als Datengrundlage für Empfehlungen wertet Amazon aus, was Kunden mit ähnlichem Profil gekauft haben. Je größer und vielfältiger die Datenbasis, desto besser die Empfehlungen. Die vorgeschlagenen Bücher treffen erstaunlich oft den Geschmack der Leser. Wer gerne Bücher von Rosamunde Pilcher liest, bekommt die Autorin Inga Lindström empfohlen. Wer nach *Der alte Mann und das Meer* von Ernest Hemingway sucht, dem wird *Moby Dick* von Herman Melville ans Herz gelegt. Und wer *Naked Lunch* von William S. Burroughs gekauft hat, wird von Amazon zu Franz Kafkas *Die Verwandlung* geleitet. Das Prinzip wird heute nicht nur bei Büchern angewendet. Ich bekam kürzlich Einbruchswerkzeuge vorgeschlagen, als ich nach einer schwarzen Ski-Maske suchte. Um ein derart präzises System zu etablieren, brauchte es vor allem eines: Daten.

Wer auf der Amazon-Seite eingeloggt nach Produkten sucht, wird oft einige Tage später per E-Mail gefragt, ob er ein bestimmtes Produkt nicht doch kaufen will. Offensichtlich speichert das Unternehmen damit sehr umfassend nicht nur das Kauf-, sondern auch das Beinahe-Kaufverhalten. Das macht mich neugierig. Ich frage mich: Was weiß Amazon über mich? Um herauszufinden, welche Daten Amazon über mich speichert, stelle ich eine Anfrage an das Unternehmen. Eine solche Auskunft steht mir nach dem Gesetz zu. Per Brief teilt mir Amazon mit, man werde meine Daten auf eine passwortgeschützte CD brennen und an meine Adresse schicken. Das Passwort wird mir in einem separaten Schreiben mitgeteilt. Ein paar Tage später liegt tatsächlich eine Benachrichtigung der Post in meinem Briefkasten. Ich soll ein Einschreiben in der nächsten Filiale abholen. Voller Erwartung fahre ich zur Post. Als ich dort jedoch vorstellig werde, kann die Mitarbeiterin den Brief nicht finden. Ich versuche es am nächsten Tag noch einmal. Wieder vergeblich. Die CD ist offensichtlich verschollen. Ich spüre einen Kloß im Magen. Zum Glück war der Datensatz verschlüsselt.

Schriftlich und telefonisch melde ich den Verlust meiner Daten bei Amazon. Doch Amazon gibt an, leider keine Nachforschungen zum Verbleib der Sendung anstellen zu können. Als die Kopie der CD einige Wochen später bei mir eintrifft, bin ich nervös. Ich will nun erst recht wissen, welche persönlichen Daten auf der CD über mich gespeichert sind.

Zunächst einmal finde ich dort meine Adressen der letzten Jahre aufgelistet. Auch diejenigen, die ich längst aus meinem Profil gelöscht habe. Meine erste Bestellung habe ich offenbar am Donnerstag, dem 21. August 2008, um 2:32 Uhr nachts getätigt. Es war ein Buch eines japanischen Autors. Ich erinnere mich noch genau daran. In jener Nacht hatte ich gerade den zweiten Teil einer Trilogie gelesen und wollte unbedingt sofort den nächsten Band kaufen. Es folgt eine Liste all meiner Bestellungen seit der Registrierung. Dabei stoße ich auch auf Sachen, bei denen ich mich rückblickend frage, was mich eigentlich bei der Bestellung geritten hatte. Etwa bei dem günstigen, aber unbrauchbaren Heimtrainer, der seit seiner Lieferung im Grunde nur Platz wegnimmt. Oder beim »Einschlaf-Kissenspray«. Dass ich beruflich für Vereine tätig bin, kann man anhand großer Bestellungen für Artikel wie »Button-Maschine«, »Sprühkreide« und den großen Mengen »Spendendosen mit Plombenzange« vermuten. Hinzu kommen unzählige Bücher über Politik und Datenschutz. Außerdem scheine ich einen nostalgischen Hang zu alten Computerspielen zu haben. In der Datensammlung finde ich auch eine Übersicht von Produkten, die ich auf meiner Merkliste für spätere Einkäufe gespeichert habe. Hier finde ich auch eine ganze Menge Sachen, die ich gar nicht mehr auf dem Schirm hatte. Eine Bio-Gesichtscreme gegen die ersten Falten beispielsweise.

So informativ auch der Rückblick auf meine Einkaufsgeschichte sein mag, es ist nur ein kleiner Teil der Daten, die Amazon über mich gespeichert hat. Als ich mir kürzlich bei einer Videothek zu Testzwecken eine Spielekonsole mit Virtual-Reality-Zubehör ausleihen wollte und mich nicht entscheiden konnte, welches Spiel ich dazu nehmen sollte, habe ich mich bei Amazon durch die Rezensionen geklickt. Gekauft habe ich bei Amazon keines der Produkte. In der

E-Mail, die einige Tage später in meinem Postfach ankam, stand »Amazon.de hat neue Empfehlungen für Sie basierend auf Ihrer kürzlichen Suchanfrage in der Kategorie Actionspiele für PlayStation 4«. Amazon speichert mein Surfverhalten und nutzt es für Empfehlungen. Warum fehlen diese Daten auf der CD?

Ich beschließe, erneut bei Amazon anzufragen. Diesmal bestehe ich auf einer vollständigen Liste. Es vergehen Monate. Dann bekomme ich wieder eine verschlüsselte CD zugeschickt. In einem Dokument finde ich eine Liste meiner kürzlich angeklickten Werbeanzeigen. Dieser kann man entnehmen, dass ich sehr intensiv nach einer ganz bestimmten blauen Damenuhr gesucht habe. Aber auch eine schwarze Sturmmaske ist dort zu finden – die ich fürs Skifahren benötigte. Unter meinen 30 letzten Suchanfragen finde ich außerdem »star wars«-Küchenzubehör sowie »krebs heilmittel«. Letzteres war nur eine Test-Anfrage, um zu sehen, ob derart sensible Daten ebenfalls gespeichert werden. Diese Frage ist damit beantwortet.

Der eigentlich spannende Datensatz ist aber eine große Tabelle mit 50 Spalten und tausenden Zeilen. In einem siebenseitigen Dokument wird die Bedeutung der einzelnen Spalten erläutert. Nach und nach realisiere ich, dass ich gerade in den 15.365 Zeilen vor mir alle meine bei Amazon in dem ausgewerteten Zeitraum getätigten Klicks sehe. An einem Tag sind das mehr als hundert betrachtete Seiten mit mehr als einem Dutzend Einträge pro Minute gewesen. Zu jedem Klick finden sich bis zu 50 zusätzliche Angaben, wie etwa Uhrzeit, Warenkategorie, die Artikelnummer, die davor und danach bei Amazon angesteuerten Webseiten, ob ich etwas in den Warenkorb gelegt oder eine Suche getätigt habe, die Webadresse, von der ich auf Amazon gestoßen bin, wie viele Millisekunden mein Browser zum Laden der Seite brauchte, meine Spracheinstellungen, ob ich per PC oder mobil eingeloggt war, in welchem Land ich mich anhand meiner IP-Adresse wahrscheinlich aufgehalten habe und welchen Internetanbieter ich nutze.

Hier finden sich selbst Produkte, die ich mir bei Amazon lediglich angeschaut habe, um sie später doch irgendwo anders zu kaufen. Oder Rezensionen, die ich studiert habe. Am 08.12.2016 habe ich nach Baby-Kleidung gestöbert – es sollte ein Geschenk für eine Freundin sein. Am 02.04.2017 bin ich über einen Link bei Spiegel-Online auf das Buch *Couchsurfing in Russland* aufmerksam geworden. Am 08.02.2016 habe ich mich aus Großbritannien eingeloggt, wenig später über die »Bahamas Telecommunications Corporation«. Amazon kann also auch meinen Urlaub nachvollziehen. Am 25.10.2016 und vielen weiteren Tagen im Herbst und Winter war ich laut der IP-Adresse in Schleswig-Holstein unterwegs. Tatsächlich bin ich in dieser Zeit regelmäßig gependelt. Sogar Besuche bei meinen Eltern kann ich erkennen. Der Amazon-Datensatz ist geradezu überwältigend. Alle Recherchen der letzten Monate, Klick für Klick. Ich habe ein flaues Gefühl im Magen. Wer Amazon intensiv nutzt, dessen Konsumverhalten wird lückenlos aufgezeichnet. Egal, ob wir ein Rheuma-Kissen betrachten oder überlegen, einen Ratgeber zu einer bestimmten Krankheit zu kaufen. Alle Daten laufen in einem einzigen Profil zusammen.

Mit den rasant steigenden Umsätzen wächst auch der Datenpool von Amazon. Der Konzern setzt auf immer neue Dienstleistungen, um die Konkurrenz zu überflügeln. In Großstädten wie Berlin können sich Kunden von »Amazon Now« seit Neuestem Waren innerhalb von zwei Stunden bis an die Haustür liefern lassen. Im Warensortiment findet sich allerhand, von Baby-Windeln bis hin zu gekühltem Bier. Kunden des Filmangebots »Amazon Prime Video« können online Filme anschauen. Der Videodienst produziert längst eigene Serien. Mit »Alexa« hat Amazon sogar einen intelligenten Assistenten auf den Markt gebracht, der aufs Wort gehorcht. Es ist ein kleines Gerät, das nicht nur das Licht und die Soundanlage steuern kann, sondern auch auf Zuruf Waschmittel nachbestellt oder den Betreff von E-Mails vorliest. Die Spracheingaben der Nutzer werden an einen zentralen Server von Amazon übertragen und dort analysiert. Amazon hat sogar ein Patent angemeldet, mit dem Alexa zukünftig erkennen könnte, ob Nutzer erkältet sind – um direkt die passende Medizin vorzuschlagen. Zuletzt machte der Konzern Schlagzeilen mit der Meldung, man experimentiere mit Liefer-Drohnen. Ob ich das noch erleben werde? Die nächste Generation könnte jedenfalls mit der Selbstverständlichkeit aufwachsen, eine große Zahl von Gebrauchsgegenständen ihres Alltags nur noch bei einer Handvoll Anbietern zu kaufen. Die Zentralisierung unserer Konsumdaten ist in vollem Gange.

Aus heutiger Sicht ist es sehr passend, dass Jeff Bezos sein Unternehmen einst nach dem größten Fluss der Welt, dem Amazonas, benannt hat. Heute ist Amazon einer der größten Online-Marktplätze der Welt. Der Datenfluss des Unternehmens ist immens. Es gibt fast nichts, was man heute nicht bei Amazon kaufen kann. Statt mühsam Produkte bei vielen Einzelanbietern zu vergleichen, steuern immer mehr Menschen direkt Amazon an. Informationen, die früher über mehrere Anbieter verstreut waren, laufen nun in einem einzigen Kundenprofil zusammen. Amazon agiert außerdem als Vermittler, als Marktplatz-Betreiber, für Drittanbieter. Wie beim echten Amazonas speist sich der Strom aus unzähligen Wasserläufen, die in den großen Strom münden.

»Mit Amazon Marketing Services können Sie Erkenntnisse aus über 20 Jahren beobachteten Kaufverhalten nutzen, um die ideale Zielgruppe zu erreichen«, gibt Amazon gegenüber möglichen Werbekunden auf einer Webseite an. Mein Datenschatz, den mir Amazon zugeschickt hat, reicht gut ein Jahr zurück. Verbindliche Löschfristen werden in der Datenschutzerklärung nicht genannt. Das finde ich ehrlich gesagt befremdlich. Denn während ich es noch nachvollziehen kann, dass ein Unternehmen Belege zu Bestellungen allein aus rechtlichen Gründen eine gewisse Zeit vorhalten muss – jeden Klick zu dokumentieren, geht zu weit. Hinzu kommt: Sein Recht auf informationelle Selbstbestimmung durchzusetzen, ist in der Praxis ein mühsames Unterfangen. Wer sein Datenprofil einsehen will, muss sich auf lange Briefwechsel und viel Zeit in der Telefonwarteschleife einstellen.

Unternehmen, die neben Amazon bestehen bleiben wollen, wenden meist früher oder später ähnliche Methoden der Kundendurchleuchtung an. Sie funktionieren – keine Frage. Auch ich bin schon einmal auf personalisierte Werbung angesprungen. Das lässt sich in meinem Datenprofil nachlesen. Je mehr aber die Durchleuchtung von Kunden zur Normalität wird, desto mehr schrumpft auch der Raum, in dem wir noch unbeobachtet konsumieren können. In einer Marktwirtschaft, in der viele Dinge mit Geld geregelt werden, ist das keineswegs trivial. Von den Dingen, die wir kaufen wollen, lässt sich ableiten, ob uns Rückenschmerzen oder Eheprobleme plagen. Unser Warenkorb zeigt vielleicht nicht, wer wir sind. Unsere Beinahe-Käufe verraten oft aber sehr wohl, nach was wir uns sehnen. Vielleicht sogar, wer wir sein wollen. Das Streben von Einzelhändlern nach mehr Absatz ist nachvollziehbar. Aber ist es verhältnismäßig, dafür zu erfassen, welche Rezensionen politischer Bücher wir uns angesehen haben? Hat es einen gesellschaftlichen Mehrwert, auf ewig zu speichern, welche Selbsthilfe-Ratgeber sich Millionen von Kunden angeschaut haben? Ich denke nicht.

Verräterischer Blutdruck

Meine Krankenversicherung hat ein Bonusprogramm aufgelegt, bei dem der Kauf von Fitness-Trackern mit bis zu 100 Euro bezuschusst wird. Man hofft auf einen positiven Effekt. Die These: Wer seine eigenen Körperfunktionen misst, macht mehr Sport. Zielgruppe sind wahrscheinlich Menschen wie ich, die lieber die Rolltreppe nehmen, statt sich die Stufen hochzuquälen. Mein Fitness-Studio-Abo war vor allem für den Betreiber ein gutes Geschäft. Denn obwohl der Mitgliedsbeitrag pünktlich jeden Monat vom Konto abgebucht wird, raffe ich mich nur noch selten dazu auf, dort vorbeizuschauen. Und wenn ich es dann doch schaffe, verbringe ich nicht selten mehr Zeit in der Sauna als auf dem Laufband. Ich beschließe daher auszuprobieren, ob die Annahme meiner Krankenversicherung stimmt. Macht mich ein Fitness-Tracker zu dem sportlichen Menschen, der ich immer sein wollte?

Im Fachhandel erstehe ich eine nicht ganz günstige intelligente Armbanduhr mit allerlei Sonderfunktionen. Mithilfe einer auf dem Prinzip von Lichtreflektion basierenden Technik misst das Gerät meinen Puls. Auf der Rückseite sind kleine Lampen angebracht, die bei jeder Messung aufleuchten. Rote Blutkörperchen reflektieren Infrarotstrahlen besonders gut, während grünes Licht eher absorbiert wird. Anhand des zurückgeworfenen Lichts wird so mein Puls bestimmt. Der Schrittmesser nutzt ein mikroelektrisch-mechanisches System, auch MEMS genannt. Der winzige Sensor registriert nicht nur, ob ich mich bewege, sondern auch in welche Richtung. Je nach Bedarf bedient sich die Uhr bei den GPS-Daten meines Smartphones, um zurückgelegte Entfernungen zu bestimmen. Daraus wird der geschätzte Kalorienverbrauch errechnet. Damit aufgerüstet fühle mich ein wenig wie ein Cyborg, als ich das Geschäft verlasse. Was aber erst einmal kein schlechtes Gefühl ist.

Einige Wochen ziehen ins Land, in denen ich mit der schicken neuen Uhr am Handgelenk auf dem Fahrrad durch Berlin fahre, Treppen steige oder auch nur faul auf der Couch liege. Es heißt, Sitzen sei das neue Rauchen, wenn es um den Schaden für die Gesundheit geht. Dass ich viel zu viel Lebenszeit am Schreibtisch verbringe, hat mich schon immer gestört. Es fehlte aber der persönliche Trainer, der mich an gute Vorsätze erinnert. Mehrmals am Tag vibriert nun meine Uhr und versucht mich zu gesundheitsfördernden Aktivitäten zu überreden: Aufstehen, Laufen und Atemübungen zur Entspannung. So viel Fürsorglichkeit schmeichelt mir. Die Verhaltensänderung lässt nicht lange auf sich warten. Schnell packt mich der Ehrgeiz und ich will die »Tagesziele« möglichst übererfüllen. An manchen Tagen steige ich nun ganz bewusst aufs Fahrrad, statt den Bus zu nehmen. An langen Abenden ermahnt mich mein persönlicher Coach, das Zubettgehen nicht so spät hinauszuschieben. Ich höre nicht immer darauf, aber es hilft.

Selbst triviale Dinge live am eigenen Leib zu verfolgen, hat einen gewissen Charme. Nach dem Joggen registriere ich mit einer gewissen Befriedigung, wenn mein Puls sich schnell wieder auf dem Normalpegel einpendelt. Seitdem die Uhr den Gang zum Supermarkt als »Training« registriert, weiß ich auch: An dem Vorwurf, ich laufe zu schnell, ist vielleicht doch etwas dran. Als ich eines Abends auf einer Party zum Bier eine Zigarette rauche, beobachte ich mit großer Faszination, wie der Puls innerhalb von Sekunden in die Höhe schnellt. Der eigene Körper lügt nicht, denke ich. Das mit eigenen Augen zu sehen ist effektiver als jede Aufklärungskampagne der Bundeszentrale für gesundheitliche Aufklärung.

Ein Fitness-Tracker dokumentiert aber leider nicht nur sportliche Aktivitäten, sondern auch die Abwesenheit davon. Sich einzureden, dass man am Sonntag gar nicht so faul war, klappt nun nicht mehr ganz so gut, wenn die Statistik belegt, dass man sich gerade einmal 500 Schritte bewegt hat. Die Fitness-App entlarvt außerdem erbarmungslos, wenn der kurze Spaziergang nur den Bruchteil der Chipstüte beim abendlichen *Tatort*-Schauen neutralisiert hat. Nach der ersten euphorischen Woche muss ich schließlich klein beigeben und meine »Tagesziele« etwas herunterschrauben. Wenn viel Arbeit auf dem Tisch liegt, bleibt für Training einfach keine Zeit. Ein Fitness-Gadget ist eben kein Allheilmittel, wenn alles andere bleibt, wie es ist.

Auch wenn es mich einige Überwindung kostet, aktiviere ich für einige Tage die Funktion meiner Uhr, ausgewählte Fitness-Daten an Freunde zu übertragen. Dieses soziale Experiment ist anfänglich sehr motivierend. Vor allem, wenn ich Erfolgsmeldungen verschicke und dafür Lob per Nachricht zurückbekomme. Wenn die Erfolgsmeldungen allerdings ausbleiben oder mickriger ausfallen als angekündigt, kann der Effekt allerdings schnell ins Gegenteil umschlagen. Als eines Tages die schnippische Frage in meinen Nachrichten erscheint, ob ich heute wieder eine Abkürzung beim Joggen genommen hätte, beende ich den Datenaustausch. Das schlechte Gewissen ist kurzfristig zwar ein guter Motivator, langfristig vergällt es mir aber die Freude an der Bewegung, die so zur Pflichtübung wird. Es ist eben ein Unterschied, ob mein abschaltbarer elektronischer Coach mich nervt oder eine Freundin mich noch Tage später mit meinen überschaubaren Lauferfolgen aufzieht. Auch dann, wenn ich später selbst darüber lachen kann.

Obwohl ich einige Funktionen, wie die Eingabe meiner Ernährung, links liegen lasse, kann sich der Datensatz nach einigen Wochen sehen lassen. Ich habe nun einen sehr guten Überblick darüber, wann ich auf der faulen Haut gelegen habe. Dank der Pulsmessung im Zehn-Minuten-Takt sehe ich außerdem, wann ich gestresst war. Ein Beziehungsstreit oder eine wichtige Abgabe treibt meinen Puls dabei offensichtlich genauso zuverlässig auf die Spitze wie ein Marathon. Mein Fitness-Protokollant weiß nicht nur, wann ich bis spät in die Nacht unterwegs war, sondern auch, ob ich dort nur herumgestanden oder auch getanzt habe. Wenn ich das Gerät nicht in einschlägigen Situationen abgenommen hätte, könnte die Pulsmessung auch offenbaren, wann ich Sex hatte. Und vielleicht sogar, ob ich dabei einen Orgasmus hatte oder alles nur gespielt war.

Ich beschließe einen Arzt zu konsultieren, der in der Abteilung für Innere Medizin in einem Krankenhaus arbeitet. Er erklärt sich dazu bereit, unter dem Siegel der ärztlichen Schweigepflicht einen Blick auf meinen Datensatz zu werfen. Als Erstes sieht er sich meinen Puls an. »Wenn man gut trainiert ist, gehen die Werte nicht ganz so schnell hoch. In der Erholungsphase nach dem Training sinken die Werte sehr schnell wieder«, erklärt er mir. In Kombination mit anderen Werten zu Training, Geschwindigkeit und zurückgelegten Schritten lässt sich also erkennen, wie fit ich bin. Der Puls verrät allerdings noch weitere Details. Bei Bluthochdruckpatienten wird sichtbar, ob ein Patient mit seinen Blutdrucksenkern richtig eingestellt ist oder gar seine Tabletten nicht ordentlich nimmt. Wenn die Herzfrequenz mit ähnlicher Präzision wie bei einem Langzeit-EKG gemessen wird, können auch Herzrhythmusstörungen wie Vorhofflimmern erkannt werden. »Dann geht die Herzfrequenz zum Beispiel plötzlich hoch, bleibt eine Weile oben und geht dann wieder runter«, sagt der Arzt. Daraus lässt sich ein erhöhtes Risiko für einen Schlaganfall ableiten. Mit meiner Uhr ist das noch nicht möglich. Das Unternehmen Apple wirbt allerdings längst damit, dass seine Produkte Leben retten. Als die Apple Watch des 17-jährigen Paul Houle beim Training ungewöhnlich hohe Pulswerte meldete, schickte ihn sein Trainer ins Krankenhaus. Dort wurde eine Rhabdomyolyse als Ursache diagnostiziert. Das ist eine seltene aber schwerwiegende Komplikation, die ihn unerkannt hätte sein Leben kosten können. Die Apple Watch 4 kann per EKG Herzrhythmusstörungen erkennen. Diese Funktion wurde von der amerikanischen Aufsichtsbehörde FDA (Food and Drug Administration) geprüft und für den US-Markt zugelassen. Der ehemalige Apple-Chef Steve Jobs hatte sich zu Lebzeiten dafür eingesetzt, in Zukunft auch die Messung von Blutzuckerwerten in die Apple Watch zu integrieren. Noch sind solche Pläne Zukunftsmusik. Dafür kann das aktuelle Modell bereits bei Stürzen automatisch Hilfe rufen. Für immer mehr Menschen sind solche Geräte längst mehr als nur ein Fitness-Tool.

»Wenn ich das hier so sehe, gehst du immer nach Mitternacht ins Bett«, kommentiert der Arzt mit Blick auf meine Schlafdaten. Der Tadel lässt nicht lange auf sich warten. Meine sieben Stunden Schlaf pro Nacht sieht er allerdings als ausreichend an. Immerhin. »Es gibt Leute, die kommen mit vier bis fünf Stunden Schlaf am Tag klar. Es gibt Leute, die brauchen acht bis neun Stunden Schlaf. Das ist nicht krankhaft, jeder Mensch ist einfach unterschiedlich.« Würden der Schlafrhythmus aber plötzlich von den monatelang registrierten Durchschnittswerten abweichen, könnte man eine Stressbelastung vermuten.

Ich frage den Mediziner, was Unternehmen aus diesen Daten ableiten könnten. Ließe sich etwa das Risiko, an bestimmten Krankheiten zu erkranken, erkennen? »Allein aus den Daten die Ursache herauszulesen, ist schwierig«, gibt er zu bedenken. »Aber man kann sagen: Da ist etwas, was vorher nicht so war.« Er erinnert daran, dass man sich als Frau Gedanken machen sollte, ob nicht auch intime Informationen daraus ablesbar sind. Während der Menstruation sinkt der Ruhepuls und beim Eisprung steigt die Körpertemperatur im Schnitt um 0,2 bis 0,6 Grad an. Eine Schwangerschaft lässt den Ruhepuls und die Körpertemperatur bei vielen Frauen ansteigen. Mit einer langfristigen Datenanalyse eines guten Fitness-Trackers könnte man genug Vergleichswerte sammeln, um Hinweise auf den Zyklus und Schwangerschaften zu gewinnen.

Aus den gesammelten Daten unseres Körpers ließen sich auf jeden Fall Hinweise für ein späteres Ausbrechen von Wohlstandskrankheiten ableiten. »Dein Lebensstil oder wie du dich verhältst im Alltag, was du kaufst und was du tust, ist ja auch schon ein Prediktum für die Krankheiten, die du wahrscheinlich bekommen wirst oder eben nicht bekommen wirst«, sagt der Arzt. »Bluthochdruck, Übergewicht, erhöhte Blutfette, Diabetes, Herzinfarkte, Schlaganfall, Rückenprobleme – das sind alles Folgeerkrankungen von erfassbaren Risikofaktoren. Oft braucht es Jahrzehnte, bis diese sich so weit angehäuft haben, dass eine Krankheit ausbricht.« Ich schaue etwas niedergeschlagen auf meine Bewegungsbilanz. Wenn Sitzen das neue Rauchen ist, bin ich Kettenraucher. Mit einem Mal bin ich sehr froh, dass ich nicht auch noch meine Ernährungsdaten in die App eingegeben habe.

Trotzdem bin ich am Ende doch froh, das Experiment gewagt zu haben. Auch der Mediziner teilt meine Meinung, dass Fitness-Tracker dazu beitragen können, das Bewusstsein für den eigenen Körper zu stärken. Er erkennt aber auch ihre Grenzen. »Ich bin mit dem Sportverein aufgewachsen. Durch das viele Messen und Auf-Zahlen-fixiert-sein lernt man nicht mehr, dass Sport Spaß machen kann, sondern man schaut immer nur, dass die Zahlen stimmen.« Als ich nach dem Gespräch mit dem Arzt den Raum verlasse, habe ich das dringende Bedürfnis, mich in einem Sportverein anzumelden. Oder aber mich wieder öfter mit Freunden zum Sport zu verabreden. Nicht der Zahlen wegen, sondern einfach, weil es zusammen mehr Spaß macht.

Der Umfang der Datensammlung lässt mich nachdenklich werden. Dabei bildet das Gerät, welches mich die letzten Wochen begleitet hat, nur einen Bruchteil dessen ab, was technisch machbar wäre. Im Handel gibt es bereits Pflaster, die Vibrationen aussenden, um die Haltung zu korrigieren.

Andere Geräte messen Körpertemperatur und Aktivität der Schweißdrüsen – beides gute Indikatoren für Stress. Andere Apps fordern Nutzer dazu auf, ihre Essgewohnheiten, Stimmung und den Menstruationszyklus einzutragen. Das sind alles Daten, die ohne Frage interessant sind, wenn man mehr über seinen eigenen Körper erfahren will. Aber wie sehr können wir eigentlich darauf vertrauen, dass die Daten nicht auch für Zwecke verwendet werden, die nicht in unserem Interesse sind?

Sogar das Militär ist heutzutage gezwungen, sich genau anzuschauen, wie die von ihren Beschäftigten genutzten Fitness-Tracker die erfassten Daten verwerten. Der Fitness-App-Entwickler Strava veröffentlichte 2017 eine Karte mit drei Millionen Datenpunkten seiner Nutzer, die ganz unverfänglich die beliebtesten Routen für Jogger und Radfahrer zeigen sollte. Es zeigte sich, dass aus den Daten die Straßen von deutschen und amerikanischen Militärstützpunkten in Syrien und Afghanistan rekonstruiert werden konnten. Denn viele der Soldaten nutzen diese Fitness-App beim Joggen. Ich bin mir sehr sicher, dass meine gesammelten Daten zu Puls, Standort, Schlafverhalten und Schrittzahl so unverwechselbar sind wie mein Fingerabdruck. Allein schon, weil die Standortdaten meiner Wohnung und meines Arbeitsweges mit erfasst werden. Wer Vergleichswerte hat, kann meinen Datensatz sogar aus Millionen anderen heraus erkennen.

Die meisten Fitness-Wearables bestehen aus zwei Komponenten: einem Gerät, welches am Körper getragen wird, und einer App für das Tablet oder Smartphone. Nicht nur die Gerätehersteller bieten Apps für die Auswertung und

Analyse der gesammelten Körperdaten an. In den App-Stores tummelt sich mittlerweile auch eine große Zahl von Drittanbietern. Der Austausch zwischen Wearable und App läuft meist über eine Bluetooth-Verbindung. Die deutschen Verbraucherzentralen haben im Rahmen des Projekts »Marktwächter Digitale Welt« im April 2017 eine Studie veröffentlicht, die zwölf Wearables und vierundzwanzig Fitness-Apps vor allem in Hinblick auf Datenschutz und Datensicherheit analysiert. Ernüchternd war vor allem die Tatsache, dass zehn von zwölf Geräten eine eindeutige Kennung auch dann aussenden, wenn die Kopplung zum Smartphone nicht aktiv ist. Das ermöglicht eine ungewollte Wiedererkennung durch Dritte, wenn wir uns damit durch die Stadt bewegen. Ein Einkaufszentrum, das an mehreren Punkten Bluetooth-Signale erfasst, könnte damit ähnlich wie auch beim Smartphone erkennen, welchen Weg Kunden einschlagen. Und ob sie regelmäßig wiederkommen.

Ein weiteres Ergebnis der Untersuchung betrifft die Weitergabe von Daten. In den meisten Fällen werden unsere Gesundheitsdaten nicht nur auf unserem, mit dem Fitness-Gerät verbundenen, Smartphone gespeichert. Von den 24 in der Studie untersuchten Apps übermittelten 20 Daten an Rechenzentren des Anbieters. Je nach Dienst können diese entweder in der EU oder aber auch beispielsweise in Südkorea oder den USA stehen. Das ist für die Rechtslage nicht unerheblich, denn das Datenschutzniveau zwischen Staaten kann sich erheblich unterscheiden. Je nach Anbieter kann es auch sein, dass Nutzungsdaten wie etwa das Klickverhalten oder der Standort an Drittanbieter zum Zwecke personalisierter Werbung übertragen werden. Die Electronic Frottier Foundation (EFF) hat im Jahr 2017 ein ganze Reihe von beliebten Menstruations- und Fruchtbar-keit-Apps untersucht. Dabei wurden nicht nur massive Sicherheitslücken sondern auch schwerwiegende Daten-schutzprobleme festgestellt. Die meisten Apps sendeten unbemerkt Informationen an Drittanbieter und Analy-sedienste, wie etwa Google, Facebook und Amazon. Der IT-Sicherheitsexperte der EFF fand in einer der getesteten Apps sogar 18 derartige Tracker.

Auch bei offiziellen Apps der Krankenkassen ist Vorsicht geboten. Das MDR-Magazin Exakt deckte 2018 eine Sicher-heitslücke in der »AOK Bonus-App« auf, die es Unbefugten zwischenzeitlich erlaubt hätte auf sensible Daten zuzu-greifen. Das Problem wurde zwar behoben, aber es stellte sich außerdem heraus, dass die App Gesundheitsdaten der Versicherten in die USA überträgt. Ein Vertreter von AOK Plus gab gegenüber dem MDR an: »Es gibt leider kei-nen deutschen Schrittzähler, der an Google & Co. vorbei-führt.« Derartige Probleme sind kein Einzelfall. Kurz nach Erscheinen der App »Vivy«, einem gemeinsamen Projekt 14 gesetzlicher und zweier privater Krankenkassen, führte der IT-Sicherheitsexperte Mike Kuketz eine Überprüfung durch. Dabei stellte er fest, dass Nutzungsdaten an meh-rere Analysefirmen in den USA geschickt werden. Die IT-Sicherheitsforscher Martin Tschirsich und Thorsten Schröder von der Schweizer Firma modzero bemängelten wenig später gravierende Sicherheitslücken. Der Betreiber von Vivy besserte zwar darauf hin nach. Doch wer kann schon garantieren, dass sich solche Vorfälle nicht wieder-holen?

Ein Blick ins Kleingedruckte vor dem Download einer App ist unbedingt zu empfehlen. Selbst wenn wir die sperrigen Texte sonst gerne wegklicken – Gesundheitsdaten geben einen derart intimen Einblick in unser Leben, dass wir uns diese Investition wert sein sollten. Auch lohnt es sich, in seinem Smartphone zu überprüfen, auf welche Daten die App zugreifen will, und gegebenenfalls die Berechtigungen zurechtzustutzen. Warum sollte man schon einer Fitness-App Zugriff auf das Adressbuch erlauben? Wer auf Nummer sicher gehen will, sollte eine App wählen, die die Daten auf dem eigenen Gerät belässt und nicht mit dem Anbieter teilt. Ich sehe keinen Grund, einem kommerziellen Anbieter sensible Daten über meinen Puls zu verraten. Mein Hausarzt wird meine Gesundheitsdaten für sich behalten. Für Privatunternehmen gilt die ärztliche Schweigepflicht jedoch nicht.

Arbeit: Vertrauen ist gut, Kontrolle ist besser

In meinem Supermarkt um die Ecke befindet sich an der Wand gegenüber der Kassen ein großer Spiegel. Nur dient dieser keineswegs Dekorationszwecken. Daneben befindet sich eine Tür, über die man in den Raum des Filialleiters gelangt. Ähnlich wie in einem Polizei-Verhörzimmer erlaubt der Spiegel dem Vorgesetzten unbeobachtet einen Blick in den Verkaufsraum zu werfen. Die Kassierer können so nicht unterscheiden, ob sie gerade beobachtet werden oder nicht. Eine angenehme Arbeitsatmosphäre stelle ich mir anders vor.

Jeder Besuch eines Supermarktes mit einer ähnlichen Vorrichtung erinnert mich daran, dass es keine digitalen Technologien braucht, um ein System zu schaffen, in dem Mitarbeiter überwacht werden. Bereits in den 1990ern wurden in ausgesuchten Schlecker-Filialen Mitarbeiter gezielt überwacht. In Hohlräumen hinter Warenregalen versteckten sich Detektive, um Fehlverhalten von Mitarbeitern aufzudecken. Dass die Überwachung ausgerechnet dort ausgerollt wurde, wo ein Betriebsrat gegründet werden sollte, war sicherlich kein Zufall.

Die kostengünstige Verfügbarkeit von Überwachungswerkzeugen senkt heutzutage die Hürde für Unternehmen, bei der Arbeitnehmerüberwachung noch einen Schritt weiter zu gehen. Wie das aussehen kann, zeigt der Fall eines großen Discounters. Lidl-Vertriebsgesellschaften heuerten zwischen 2006 und 2008 externe Sicherheitsdienstleister an, um Fälle von Diebstahl in einigen hundert Filialen in ganz Deutschland aufzuklären. Die übereifrigen Detektive beschränkten sich längst nicht mehr »nur« darauf, verdeckte Mitarbeiter einzuschleusen. Auch die Videoüberwachungssysteme der Filialen wurden zweckentfremdet. Zusätzlich wurden Mini-Kameras installiert, ohne die Mitarbeiter darüber zu informieren. Sogar Spind- und Gemeinschaftsräume wurden so überwacht.

Die Einsatzberichte dieser Aktion hatten es in sich. Die Aufsichtsbehörden müssen nicht schlecht gestaunt haben, als sie später 170 Berichte einer Prüfung unterzogen. Die Datenschutzbehörde Baden-Württemberg veröffentlichte Auszüge aus den Dokumenten. Über eine Angestellte heißt es darin etwa: »Fr A erzählt mir, dass ihr Reitsattel bei Ebay versteigert wird. [...] Sie habe außerdem ein eigenes Pferd, welches alleine € 250,00 Unterhalt im Monat kosten würde plus Arztkosten in Höhe von 80,00 im Monat. [...] Es macht den Eindruck, als wenn sie über ihre finanziellen Verhältnisse leben würde.« Selbst Sympathie zweier Mitarbeiterinnen füreinander weckte den Argwohn eines Ermittlers. »Nur morgens, wenn sie alleine in den Markt kommen, kann man dies erkennen«, wurde kritisch notiert. Allein dieses Verhalten reichte aus, um als »verdächtig« vermerkt zu werden. Die Protokolle erweckten außerdem den Eindruck, dass eine Mutterschaft im Betrieb nicht gerne gesehen war: »Herr X erzählt mir, dass er Frau Y aufgrund ihrer schlechten allgemeinen Leistungen am liebsten nicht mehr beschäftigen würde. [...]. Jetzt kommt dazu, dass Frau Y eventuell schwanger sein könnte (sie hat seit 6 Wochen keine Regelblutung), dann wäre es zu spät, etwas zu unternehmen.« Egal ob Mitarbeiter in verschwitztem T-Shirt zur Arbeit erschienen, einer Affäre verdächtigt wurden oder eine Tätowierung unter der Dienstkleidung hervorblitzte – alles fand Eingang in die jeweilige Akte. Notizen zu Toilettengängen und Pausen einzelner Mitarbeiter rundeten das Bild der paranoiden Totalüberwachung ab. Die Maßnahmen gingen eindeutig über das gesetzlich Erlaubte hinaus. Für die unerlaubte Ausspähung seiner Mitarbeiter wurden die verantwortlichen 35 regionalen Lidl-Vertriebsgesellschaften 2010 zu Strafen in Höhe von insgesamt 1,46 Millionen Euro verdonnert.

Wer meint, es handle sich bei solchen Unternehmenspraktiken um einen bedauerlichen Einzelfall, irrt leider. Das Management einer Lidl-Filiale in Tschechien verbot seinen Mitarbeitern vor einigen Jahren, während der Arbeitszeit auf Toilette zu gehen. Ausgenommen waren Mitarbeiterinnen, die gerade ihre Periode hatten. Diese mussten allerdings ihre Menstruation durch ein Stirnband kenntlich machen. Erst nach schlechter Presse ruderte man zurück. Im Jahr 2009 enthüllte das Magazin »Spiegel« außerdem, dass die Krankheitsdaten von Lidl-Mitarbeitern in einigen Filialen mit einem eigens dafür erstellten Formular penibel festgehalten wurden. Die Liste enthielt Krankmeldungen wegen Grippe, Rückenschmerzen, Bluthochdrucks bis hin zu psychischen Problemen und einer künstlichen Befruchtung. Die illegale Datensammlung flog erst auf, als hunderte von internen Unterlagen im Mülleimer einer Bochumer Autowaschanlage auftauchten. Auch hier gelobten die Verantwortlichen erst Besserung, nachdem der Skandal öffentlich hochkochte.

Nun könnte man annehmen, Lidl sei eben das schwarze Schaf der Branche. Doch weit gefehlt. In den letzten Jahren ist Überwachung deutlich günstiger und damit auch massentauglich geworden. Allein im Einzelhandel gibt es derart viele »bedauerliche Einzelfälle«, dass klar sein muss: Die Zunahme von Arbeitnehmerüberwachung hat System. Auch Aldi, Penny, Netto, Norma, Rewe und Edeka sollen laut dem Magazin »Stern« heimlich per Kamera ihre Mitarbeiter überwacht haben. In einigen Aldi-Süd-Filialen waren laut Presseberichten Kameras an Feuermeldern angebracht worden. Diese und andere Fälle aus dem Einzelhandel sind nur die Spitze des Eisberges. Arbeitnehmerüberwachung findet heute in allen Branchen statt.

Selbst vermeintlich solide Unternehmen mit gutem Ruf und dem Staat als Miteigner haben in der Vergangenheit mit Arbeitnehmerüberwachung Schlagzeilen gemacht. Im Jahr 2009 kam heraus, dass 173.000 Mitarbeiter der Deutschen Bahn (damals 75 Prozent der Belegschaft) zwischen 2002 und 2005 ohne ihr Wissen von einem groß angelegten Datenabgleich betroffen waren. Das Unternehmen hatte hinter dem Rücken seiner Angestellten ihre Adress-, Bank- und Telefondaten mit Datensätzen bei rund 80.000 Geschäftspartnern abgeglichen. Außerdem überwachte die Konzernsicherheit in den Jahren 2006 und 2007 die E-Mail-Kommunikation von Mitarbeitern, die externe Anschlüsse nutzten. Hinzu kam die gezielte Ausforschung Einzelner, die sogar Familienangehörige miteinschloss.

Das Unternehmen rechtfertigte die Maßnahme mit dem Kampf gegen Korruption im Unternehmen. Datenschützer sprachen von einer privaten Rasterfahndung, die die Bahn hier veranstaltet habe. Der damalige Berliner Datenschutzbeauftragte Alexander Dix verhängte als Konsequenz das höchste Bußgeld, das eine deutsche Datenschutzaufsichtsbehörde bis dato jemals festgesetzt hatte: 1,12 Millionen Euro. Im Vergleich zu Strafzahlungen aus anderen Bereichen, wie etwa dem Wettbewerbsrecht, ist das trotzdem ein lächerlich niedriger Betrag.

Heimliche Datenabgleiche als Instrument der Arbeitnehmerkontrolle sind leider kein Einzelfall. Im Jahr 2010 wurde durch eine Recherche des TV-Magazins *Panorama* bekannt, dass der Textildiscounter KiK vierteljährlich Bonitätsabfragen zu seinen Beschäftigten getätigt hatte. Die Anfrage bei einer großen Kredit-Auskunftei geschah offensichtlich nicht ohne Hintergedanken. Ein ehemaliger Bezirksleiter gab gegenüber *Panorama* an, er habe die Vorgabe gehabt, Mitarbeiter mit hohen Schulden unter einem Vorwand zu entlassen oder einen befristeten Vertrag nicht zu verlängern. Man hätte Angst gehabt, dass verschuldete Mitarbeiter klauen. »Wenn man sich von einem Mitarbeiter trennt, nur, weil er überschuldet ist, ist das so, als würde man einem Ertrinkenden den Rettungsring wegziehen«, war das Fazit der *Panorama*-Redaktion. Yvonne T., deren Vertrag als Aushilfe trotz guter Arbeit wahrscheinlich wegen ihrer Schulden nicht verlängert wurde, äußerte sich im Interview enttäuscht: »Man versucht das Leben auf die Reihe zu kriegen, und die schmeißen Einem Steine zwischen die Beine.«

Datenabgleiche und Videoüberwachung sind nur ein kleiner Ausschnitt der Methoden, die heutzutage eingesetzt werden können, um die eigenen Mitarbeiter zu gängeln. Es ist erschreckend zu sehen, welche Macht Arbeitgeber gegenüber ihren Angestellten ausüben können, wenn der Gesetzgeber dem keinen Riegel vorschiebt. Überwachungstechnik, die einst noch der Forschung und High-Tech-Branchen vorbehalten war, hat längst Einzug in den Arbeitsalltag von Millionen genommen. Überwachung am Arbeitsplatz ist heute billig zu haben. Sie ist sogar für den Privathaushalt erschwinglich. Im US-Handel wird besorgten Eltern ein mit einer Videokamera präpariertes Spielzeug angeboten, mit dem das eigene Kindermädchen oder die Reinigungskraft überwacht werden kann. Die Routen von Lastwagen, Taxis und Lieferdiensten, ja sogar von Traktoren, können mittels GPS vom Arbeitgeber getrackt werden. In den Logistikzentren von Amazon können sogar kleinteilige Arbeitsschritte einzelner Mitarbeiter minutiös nachvollzogen werden. In Großbritannien stattete eine Supermarktkette ihre Mitarbeiter mit intelligenten Armbändern aus, um damit Informationen über die Bewegungs- und Arbeitsgewohnheiten der Angestellten zu sammeln.

Für die Zukunft ergeben sich weitere Möglichkeiten. Unternehmen bieten spezielle Brillen an, welche die Bewegungen der Pupille aufzeichnen und als Frühwarnsystem für abnehmende Konzentration dienen können. Einerseits können solche Technologien in kritischen Bereichen vielleicht eines Tages Leben retten. Andererseits kann man damit aber auch unkonzentrierte Mitarbeiter identifizieren, die einfach nur gerade andere Sorgen haben. In einem Casino in Las Vegas misst ein intelligentes Kamerasystem bereits heute, ob die Kellner ausreichend lächeln. Maßnahmen zur vermeintlichen Effizienzsteigerung von Unternehmen werden ohne Rücksicht auf die Beschäftigten durchgesetzt.

Bei einer Bewerbung zeigt sich jeder gerne von seiner Schokoladenseite. Stärken wie Teamfähigkeit oder starke Nerven sind Eigenschaften, mit denen sich so gut wie jeder gerne schmückt. Wie es in der Praxis aussieht, ist aber noch einmal eine ganz andere Frage. Große Unternehmen setzen deshalb schon seit langem bei der Besetzung wichtiger Stellen auf komplexe Auswahlprozesse mit Tests und mehrstufigen Gesprächsrunden. Es gibt sogar spezielle Schulungszentren, die versprechen, ihre Kunden perfekt auf ihren Termin im Assessment-Center vorzubereiten. Durch die Digitalisierung kann es Bewerbern heutzutage allerdings auch passieren, dass sie, ohne es zu wissen, einen Persönlichkeitstest über sich ergehen lassen. Und zwar allein anhand ihrer Datenspur. Unternehmen, die Online-Plattformen zum Hochladen von Dokumenten nutzen, können erfassen, wie lange Bewerber zum Ausfüllen eines Formulars brauchen und ob sie mehrere Anläufe gestartet haben, ehe der Prozess abgeschlossen war. Wer einwilligt, dass ein Bewerbungsgespräch per Videokamera aufgezeichnet wird, kann davon ausgehen, dass das Antwortverhalten Gegenstand detaillierter Analysen wird.

Wer sich um einen Job bewirbt, sollte sich darüber im Klaren sein, dass der potenzielle Arbeitgeber online Informationen über Bewerber einholen kann. Das Googeln von Mitarbeitern ist bei nicht wenigen Unternehmen gängige Praxis. Rechtlich ist dem kaum Einhalt zu gebieten. Im Zweifel lässt sich nämlich kaum nachweisen, wenn ein Bewerber aufgrund der so erlangten Informationen den Job nicht bekommt. Laut einer repräsentativen Befragung im Auftrag des Branchenverbands Bitkom unter 408 Personalverantwortlichen in Unternehmen ab 50 Mitarbeitern, überprüfte bereits im Jahr 2015 jedes zweite Unternehmen Bewerber in sozialen Netzwerken.

Mittlerweile gibt es eine Vielzahl von Dienstleistern, die anbieten, vorab große Datenberge nach hilfreichen Hinweisen über Bewerber zu durchforsten. In den USA dürfen solche Recherchen nicht nur öffentlich zugängliche Daten, sondern auch Daten von Auskunfteien und Datenhändlern einschließen. Damit werden mit einem Mal selbst private Details zum Gegenstand einer Bewerbung. Der blinde Zahlenglaube, der beim Einsatz solcher Systeme zum Ausdruck kommt, kann teilweise skurrile Ausmaße annehmen. So stellte ein auf Bewerberanalysen spezialisiertes Unternehmen anhand seiner Datenanalyse etwa fest, dass Bewerber, die einen aktuellen Browser benutzen, mit höherer Wahrscheinlichkeit zu den Top-Performern gehören würden. Und wer in einem oder zwei sozialen Netzwerken angemeldet ist, bleibt angeblich länger im Job als die Vergleichsgruppe mit nur einem oder keinem Account. Spezialisierte Anbieter bieten sogar an, nach Indikatoren Ausschau zu halten, die auf Kündigungsabsichten fähiger Mitarbeiter hinweisen. Ob diese Zusammenhänge nun valide sind oder nicht, so bleibt doch eines bedenklich: Alles dreht sich nur noch um die messbaren Werte. Der Mitarbeiter wird nicht mehr als Person gesehen, sondern im Vergleich zu einem statistischen Durchschnitt bewertet. Die wirklich wichtigen Fragen bleiben so womöglich unberücksichtigt. Nicht alles lässt sich schließlich in Zahlen übersetzen.

Wer meint, bei einer Bewerbung würden allein die Qualifikationen entscheiden, macht sich etwas vor. Diskriminierung bei der Job-Bewerbung hat viele Gesichter. Ob nun eine

Werbeagentur meint, eine Designerin wäre außerstande, eine Autokampagne zu entwerfen, die Personalabteilung Menschen mit Übergewicht pauschal Faulheit unterstellt oder ein Chef meint, eine Mutter mit drei Kindern sei nicht belastbar – wir werden oft nach Kriterien bewertet, die vollkommen abwegig sind. Nicht umsonst raten Wissenschaftler heute zu anonymisierten Bewerbungsverfahren, bei denen Daten wie Herkunft, Familienstand, Geschlecht, Alter und Aussehen absichtlich ausgeblendet werden.

Die Sorge vor Diskriminierung bei der Bewerbung ist berechtigt. Im Rahmen einer Forschungsarbeit der Wissenschaftlerin Doris Weichselbaumer von der Universität Linz wurden im Herbst 2016 1.500 fiktive Job-Bewerbungen auf echte Stellenangebote in Deutschland verschickt. Man wollte herausfinden, inwiefern Rassismus bei der Bewerbung eine Rolle spielt. Bei der fiktiven Bewerberin handelte sich stets um die gleiche Person, allerdings variierten die Forscher Name und Bewerbungsfoto. Das Ergebnis zeichnet ein bedrückendes Bild. »Sandra Bauer« wurde bei 18,8 Prozent ihrer Bewerbungen zum Vorstellungsgespräch eingeladen, »Meryem Öztürk« erhielt mit den exakt gleichen Unterlagen lediglich bei 13,5 Prozent der Unternehmen eine Einladung zum Gespräch. Wenn »Meryem« auf dem Bewerbungsbild zusätzlich noch ein Kopftuch trug, waren es sogar nur noch 4,2 Prozent.

Die Digitalisierung könnte hier durchaus Besserung bringen. Für den Bewerbungsprozess können Unternehmen heute spezialisierte Software zur Anonymisierung und objektiven Auswertung der Unterlagen nutzen. Solche Programme können dabei helfen, Vorurteilen weniger Raum zu geben, um den objektiv besten Kandidaten zu finden. Der Autor Christoph Drössner schildert in seinem Buch *Total berechenbar? Wenn Algorithmen für uns entscheiden* jedoch auch ein Beispiel, das deutlich macht, wie sehr es bei solcher Software auf die Auswahl der Kriterien ankommt. Zum Job zu pendeln, ist ein großer Stressfaktor für viele Beschäftigte. Unter der Annahme, dass Arbeitnehmer mit einem kurzen Arbeitsweg dem Unternehmen langfristig eher treu bleiben, wäre es nur logisch, bereits bei der Bewerberauswahl eine geringe Distanz zwischen Wohn- und Arbeitsort als Pluspunkt zu bewerten. Bei gleichen Qualifikationen würde dann der Bewerber mit einem kurzen Arbeitsweg den Vorzug bekommen. Was aber, wenn der Unternehmenssitz in einem wohlhabenden Stadtteil liegt? Bewerber, die es sich mit ihrem derzeitigen Gehalt schlichtweg nicht leisten können, näher an der City zu wohnen, wären dann im Nachteil. Bestimmte soziale Gruppen würden so systematisch diskriminiert und am beruflichen Aufstieg gehindert werden. Das Unternehmen Xerox hat, laut Drössner, aus diesem Grund das Kriterium Wohnortnähe bei der Bewertung seiner Bewerber ausgeschlossen. Auch Algorithmen können diskriminierend wirken, selbst dann, wenn es gar nicht beabsichtigt war. 2018 wurde bekannt, dass der österreichische Arbeitsmarktservice (AMS) plant, zukünftig einen Algorithmus darüber entscheiden zu lassen, wer in den Genuss einer teuren Weiterbildung kommt. Eine Software soll berechnen, wie gut oder schlecht die Chancen eines Bewerbers am Arbeitsmarkt sind. Qualifikationsmaßnahmen sollen anschließend nur denjenigen angeboten werden, die als »förderungswürdig« eingestuft werden weil sich ihre Werte im Mittelfeld bewegen. Für Aufsehen sorgte die Tatsache, dass Frauen bei gleicher

Qualifikation bei dem vorgestellten Verfahren auf einen niedrigeren Score kommen als Männer. Begründet wurde dies mit statistischen Durchschnittswerten, die zeigten, dass Frauen es im Schnitt auf dem Arbeitsmarkt schwerer haben. Beim AMS sicherte man zwar zu, dass trotzdem 50 Prozent der Mittel an Frauen vergeben werden. Doch was ist, wenn diese Zusage eines Tages nicht mehr gilt?

Wer seine Bewerber schon vor der Einstellung unter die Lupe nimmt, dem stehen nach der Einstellung noch ganz andere Möglichkeiten zur Verfügung. Durch die Digitalisierung vieler Branchen ist die Überwachung der eigenen Arbeitnehmer heute so einfach wie nie zuvor. Wer wann im Büro ein- und ausgeht, kann ebenso erfasst werden, wie die Nutzungsdaten individueller Angestellten-PCs. Dank Software ist es heute kein Problem, systematisch auszuwerten, wie viel Zeit Mitarbeiter mit E-Mails, Besprechungen oder dem Schreiben von Texten verbringen. Sogar die Information, wie oft ein Mitarbeiter beim Texten die Rücktaste zum Löschen benutzt, kann erhoben werden. Diese Information könnten Unternehmen im besten Fall dazu nutzen, um zu entscheiden, wem eine Weiterbildung zum Schreiben mit zehn Fingern angeboten werden sollte und wem nicht. Doch um welchen Preis? Wer will schon, dass der Chef einen auf Schritt und Klick verfolgen kann? Ob Beschäftigte unter einem solchen ständigen Optimierungsdruck besser arbeiten, ist mehr als fraglich.

Arbeitnehmerüberwachung ist für Dienstleister ein lukratives Geschäft. Das US-Unternehmen »TransparentBusiness« bietet eine Software an, die die Produktivität der Angestellten im Home-Office durch Kontrolle steigern soll. Laut der Internetseite nutzen bereits Unternehmenskunden in mehr als 100 Ländern dieses Angebot. Auf der Kundenliste finden sich illustre Namen wie Sony, Google und eBay. Ich beschließe, mir einen Account für einen fiktiven Mitarbeiter anzulegen und damit einen Tag lang mein eigenes Nutzungsverhalten zu überwachen. Abends wähle ich mich online bei der Plattform ein, um zu sehen, was die Datenauswertung ergeben hat. Gleich auf der Übersichtsseite erwartet mich eine ganze Reihe von Screenshots. Alle drei Minuten hat die Software eingefangen, was auf meinem Bildschirm zu sehen war. Vor mir sind Aufnahmen von E-Mails und Nachrichtenseiten, aber auch Facebook und Twitter. Und die Adresse meiner Frauenärztin, die ich zwischendurch aufgerufen habe, um einen Termin zu vereinbaren. Zusätzlich wurde für jede Stunde aus meinen Mausbewegungen und Tastaturanschlägen eine »Aktivitätsrate« errechnet. Da ich an diesem Tag viel Zeit mit dem Lesen wissenschaftlicher Beiträge verbracht habe, ist dieser Wert geradezu unterirdisch. Er hat keinerlei Aussagekraft und ist nicht viel mehr als Zahlenspielereien. Jeden Tag derart verwanzt zu arbeiten, stelle ich mir schrecklich vor.

Die Messmöglichkeiten sind längst nicht mehr auf den digitalen Raum beschränkt. Das Unternehmen »Humanyze« bietet Unternehmenskunden ein tragbares Badge an, welches Mitarbeiter am Körper tragen können. Damit können Face-to-Face-Meetings erfasst und ausgewertet werden. Zusätzlich offeriert das Unternehmen, die digitale Kommunikation zu analysieren. In einer Fallstudie mit einer Bank konnte hierdurch ermittelt werden, dass kommunikationsfreudige Abteilungen produktiver waren als Abteilungen, die nur in kleinen Gruppen untereinander kommunizierten. Die Bank entschied daraufhin, die Mitarbeiter zu mehr Austausch zu ermutigen, unter anderem durch flexible Arbeitsplätze. In einer anderen Firma zeigte die Datenanalyse, dass einige Mitarbeiter die Produktivität ihrer Kollegen überproportional steigerten. Bis zu diesem Zeitpunkt wurde ihr Beitrag kaum wertgeschätzt. Das sollte sich nun ändern. Ein weiteres Unternehmen stellte fest, dass vor allem der Austausch in den Pausenzeiten die Produktivität ansteigen ließ, und räumte daraufhin gemeinsamen Pausen einen höheren Stellenwert ein. Der Preis für diese Erkenntnisse ist allerdings der gläserne Mitarbeiter, der sogar den Plausch in der Kaffeepause erfassen lässt. Wie freiwillig die Teilnahme an solchen vom Arbeitgeber gewünschten Optimierungsprozessen sein kann, ist angesichts des Machtgefälles zwischen Chef und Angestelltem je nach Einzelfall durchaus fraglich.

Auch Geräte, die unser Verhalten in Meetings analysieren, sind ein zweischneidiges Schwert. Natürlich ließe sich das Arbeitsklima verbessern, wenn man objektiv misst, ob alle genug zu Wort kommen, Stimmen gereizt klingen oder Einzelne das Gespräch dominieren. Andererseits kann dadurch auch schnell sozialer Druck entstehen, der verursacht, dass Teilnehmer sich nur der Statistik zuliebe äußern. Die meisten Menschen haben sicher bereits die Erfahrung gemacht, wie sehr die Effizienz von Meetings darunter leiden kann, wenn zwar alles schon gesagt wurde, aber noch nicht von jedem. Auch wenn solche technischen Spielereien aus wissenschaftlicher Sicht spannend sind, um Gruppendynamiken zu erforschen – werden sie dazu missbraucht, um vermeintliche »Low Performer« auszusieben, würde dies das Arbeitsklima langfristig vergiften.

Im Zweifel würde auch ein Coaching ausreichen, um die Arbeit im Team zu verbessern. Ganz altmodisch mit Stuhlkreis und Gruppenspielen und ohne Überwachung.

Es mag nachvollziehbare Gründe geben, warum viele Unternehmen ein großes Interesse daran haben, ihre internen Informationsströme zu messen. Nicht wenige versprechen sich davon, Arbeitsklima und Arbeitsergebnisse verbessern zu können. Manch ein Mitarbeiter würde es sicherlich begrüßen, wenn das Management durch eine Auswertung der Kalenderdaten erfahren würde, wie viel Arbeitszeit in einigen Abteilungen durch unproduktive Meetings verbrannt wird. Aber es macht eben einen Unterschied, ob diese Daten in aggregierter Form gesammelt werden – und damit nur ein Durchschnittswert dem Management angezeigt wird – oder aber, ob der einzelne Mitarbeiter dadurch gläsern wird. Letzteres technisch auszuschließen ist keine triviale Aufgabe. Im Zweifel fällt es schwer, darauf vertrauen zu müssen, dass diese Daten nicht doch eines Tages zur Durchleuchtung unliebsamer Mitarbeiter benutzt werden. Was, wenn es im Unternehmen eines Tages kriselt und man sich erhofft, anhand der individuellen Arbeitnehmerdaten die perfekte Auswahl für eine Kündigungswelle zu finden? Oder ein Unternehmen um jeden Preis die Gründung eines Betriebsrats verhindern will und zu diesem Zweck Kommunikationsströme der vermeintlichen Rädelsführer analysiert? So abwegig ist diese Vorstellung nicht.

An ganz anderer Stelle tun sich bei der Arbeitnehmerüberwachung viel größere Abgründe auf. In den USA wird die Krankenversicherung meist direkt vom Arbeitgeber übernommen. Eine gute gesundheitliche Absicherung des Beschäftigten und seiner Familie ist Teil des Gesamtpakets. Der Ölkonzern BP will neue Technologien nutzen, um die Gesundheit seiner Angestellten zu verbessern. Angestellte, die von einem freiwilligen Wellness-Programm Gebrauch machen, können ihre Aktivitäten seit Neuestem mit einem Fitbit-Fitness-Tracker messen lassen. Zurückgelegte Schritte werden mit Punkten belohnt, die gegen Prämien eingetauscht werden können. Für »biometrische Screenings« winken noch einmal extra Punkte. Das Unternehmen versichert, die so gesammelten Daten würden niemals zur Bewertung der Angestellten herangezogen. Viele andere US-Unternehmen bieten ähnliche Prämien-Programme für ihre Angestellten an. Hinter solchen Maßnahmen steckt oft genug keine Fürsorge, sondern knallhartes ökonomisches Kalkül: Man will die durch Erkrankungen verursachten Kosten senken. Kunden des ähnlich aufgebauten »Vitality«-Programms in Großbritannien werden dazu angehalten, eine App ihrer Versicherung auf dem Smartphone zu installieren, die mit ihrem Fitness-Tracker verbunden wird. In der Datenschutzbestimmung heißt es, die Versicherung dürfe »Sponsoren« der Versicherung, also in einigen Fällen auch dem Arbeitgeber, Informationen darüber geben, ob ein Versicherter den »Vitality Status« Gold, Silber oder nur Bronze erreicht hat. Im Klartext bedeutet das: Der Chef weiß, ob ein Arbeitnehmer eher unsportlich veranlagt ist.

In den USA und anderen Ländern floriert der Markt für Arbeitnehmerüberwachung. Manch ein Unternehmen ist längst zum Experimentierlabor dafür geworden, was technisch möglich ist. Innerhalb der EU bleibt Arbeitnehmerüberwachung hingegen ein heikles Thema. Ein aufgedeckter Überwachungsskandal ist der Albtraum jeder Marketingabteilung. Der Konzern Lidl hat nach seinem großen Überwachungsskandal zunächst alle Kameras abgehängt und Besserung geschworen. Einige Geschäfte setzen ganz bewusst Videoüberwachungssysteme ein, bei denen zumindest die Arbeitsplätze der Kassierer oder Busfahrer geschwärzt werden. Andere schalten eine Software dazwischen, die die Gesichter der Kunden verpixelt. Viele der in diesem Kapitel geschilderten Praktiken wären hierzulande nicht ohne Weiteres zulässig. Am Ende des Tages entscheidet eben zum Glück nicht allein die technische Machbarkeit darüber, ob der gläserne Arbeitnehmer Realität wird. Trotzdem wäre es naiv anzunehmen, dass es in der EU keine Konflikte darum gäbe, was heute und in Zukunft erlaubt sein soll. Der Arbeitnehmerdatenschutz ist regelmäßig Streitthema in Politik und Betrieben.

Für Gewerkschaften gewinnt das Thema Überwachung am Arbeitsplatz mehr und mehr an Bedeutung. Vor allem, weil ihre Mitglieder dies einfordern. Flexible Arbeitszeitmodelle und Home-Office lassen bei Chefs nicht selten das Gefühl von Kontrollverlust entstehen, dem man durch Überwachung beizukommen versucht. Sogar Fließbandarbeit findet heute in einem hochtechnisierten und voll überwachten Umfeld statt. Selbst Taxi-Fahrer sehen sich mit Standort-Überwachung durch den Arbeitgeber konfrontiert. Gewerkschaften wie ver.di und der DGB setzen sich deshalb nicht nur auf politischer Ebene für einen starken Arbeitnehmerdatenschutz ein. Vor Ort in den einzelnen Betrieben werden tagtäglich Konflikte um die Privatsphäre der Beschäftigten ausgetragen. Betriebsräte können hier ein wichtiges Korrektiv sein. Viele Regelungen zur Datenverarbeitung und -auswertung werden in Betriebsvereinbarungen festgehalten. Maßnahmen, die zur Überwachung der Mitarbeiter geeignet sind, brauchen für gewöhnlich die Zustimmung des Betriebsrats.

Zu den häufigsten Konflikten im Betrieb gehört wohl das private Surfen am Arbeitsplatz. Hier schnell einen Arzttermin gemacht, eine Bestellung abgeschickt oder einen Link für den Urlaub gecheckt – die Versuchung ist groß, am Arbeitsplatz private Dinge zu erledigen. Wer ohne Sünde ist, werfe den ersten Stein. Ob man damit seinen Job riskiert, wollen viele am liebsten gar nicht wissen. Tatsächlich lohnt es sich, im Arbeitsvertrag und der Betriebsvereinbarung nachzuschauen, ob der Arbeitgeber eine private Nutzung des Internets ausschließt oder in geringfügigem Ausmaß erlaubt. Liegt ein generelles Verbot vor, gilt zumindest nach deutschem Recht: Privates Surfen ist grundsätzlich verboten. Der Arbeitgeber darf die Einhaltung dieser Regel sogar kontrollieren. Macht der Arbeitgeber dies jedoch nicht, kann sich der Angestellte jedoch später darauf berufen, dass privates Surfen in geringem Maße in der Praxis geduldet wurde. Gleiches gilt, wenn zwar alle Kollegen mit Wissen des Chefs regelmäßig private Dinge am Dienstrechner regeln, ohne dafür getadelt zu werden, und privates Surfen plötzlich als Kündigungsgrund für einen unliebsamen Mitarbeiter herhalten soll. Aber auch wenn privates Surfen erlaubt ist, sollte es nicht ausarten. Es wäre nach der aktuellen Rechtsprechung in Deutschland in Einzelfällen zulässig, bei einem konkreten Anfangsverdacht auf Arbeitszeitbetrug den Browserverlauf eines Mitarbeiters zu überprüfen. Bei der Dienst-E-Mail gilt: Der Arbeitgeber darf stichprobenartig E-Mails überprüfen oder aber gezielt auf für den Arbeitsprozess notwendige Inhalte zugreifen, solange es sich nicht um offensichtlich private Inhalte handelt. An einer E-Mail an den Partner, dass es heute wegen einer Besprechung später wird, wird kein Arbeitgeber etwas auszusetzen haben. Was für einen Eindruck langatmige private Debatten über die Dienst-E-Mailadresse machen, kann sich jedoch jeder selbst ausmalen. Eines sollten Angestellte lieber niemals vergessen: Rein technisch gesehen haben die meisten Arbeitgeber alle Zugänge ihrer Arbeitnehmer in der Hand. Wer Wert auf seine Privatsphäre legt, sollte lieber das private Smartphone während der Mittagspause für private Angelegenheiten nutzen. Oder einfach bis zum Feierabend warten.

So verständlich der Wunsch von Unternehmen auch ist, nachvollziehen zu können, was ihre Angestellten während der Arbeitszeit machen – in einigen Unternehmen hat der Kontrollwahn längst beängstigende Züge angenommen. Die Perspektive der Angestellten spielt oft genug keine oder nur eine untergeordnete Rolle. Überwachung wird mit Vorliebe an denen ausprobiert, die sich nicht oder nur schlecht wehren können. Branchen mit geringem gewerkschaftlichem Organisationsgrad und leicht ersetzbaren Mitarbeitern geben daher einen Vorgeschmack darauf, wie die maximale Durchleuchtung der Angestellten das Arbeitsklima vergiften kann. Davon können Mitarbeiter in so manchem Call-Center ein Lied singen. Bei den meisten Unternehmen wird der Telefondienst an Subunternehmer ausgelagert, sodass der Betriebsrat des Mutterkonzerns wenig zu melden hat. Nicht wenige Call-Center zeichnen jeden Mausklick und Tastendruck ihrer Mitarbeiter auf.

Wer beim Anruf einer Kundenhotline sein Einverständnis zur Aufzeichnung des Gesprächs gibt, setzt den Menschen am anderen Ende der Leitung einer denkbar unangenehmen Situation aus. Wer weiß schon, ob ein möglicher Schnitzer im Gespräch nicht später als Kündigungsgrund herhalten kann? Würden Sie gerne so arbeiten? Ich lehne eine Aufzeichnung solcher Gespräche daher grundsätzlich ab.

Für Gewerkschaften und Politik bleibt angesichts neuer technischer Möglichkeiten viel zu tun. Denn der Mensch ist keine Maschine, und Unternehmen täten gut daran, Arbeitnehmer auch entsprechend zu behandeln. Über die versteckten Kosten der Überwachung wird viel zu wenig gesprochen. Ein Experiment der Wissenschaftler Armin Falk und Michael Kosfeld legt jedenfalls nahe, dass ein Übermaß an Kontrolle sich negativ auf die Arbeitsergebnisse auswirkt. Versuchsteilnehmer, denen Misstrauen signalisiert wurde, lieferten im Rahmen der Studie systematisch schlechtere Ergebnisse ab, als jene, denen Vertrauen entgegengebracht wurde. Zahlreiche Studien belegen, dass Zufriedenheit und Selbstbestimmung die Leistungsbereitschaft der Mitarbeiter fördern. Überwachte Arbeitsstrukturen hingegen senken nicht nur die Arbeitsmoral sondern machen auch krank. Exzessive Kontrolle verursacht Stress und steigert langfristig das Risiko, an psychosomatischen Krankheiten oder gar Burn-out zu erkranken. Wer meint, die Produktivität seiner Mitarbeiter durch die Messung der Tastaturanschläge zu steigern, riskiert daher, das komplette Gegenteil zu erreichen.

Mit einem Unternehmen, das einen gängelt, will sich kein Mitarbeiter identifizieren. Wer kann, wechselt zur Konkurrenz. Wer bleibt, reicht nicht selten die innere Kündigung ein und macht nur noch Dienst nach Vorschrift. Am Ende kann Überwachung somit nicht nur den Angestellten, sondern auch dem Unternehmen schaden. Wer Angestellte allein auf ihre Produktivität und Arbeitskraft reduziert, wird ihnen nicht gerecht. Keiner will ein voll überwachtes Rädchen im Konzerngetriebe sein. Jeder will als Mensch wahrgenommen und behandelt werden. Vertrauen ist gut, wie ein gängiges Sprichwort sagt. Aber die totale Kontrolle ist eben nicht unbedingt besser.

Digital Natives und Privatsphäre

Bevor ich mich daranmache, mein Datenprofil in meinen sozialen Netzwerken auszuwerten, fühle ich mich genötigt, mit einem großen Vorurteil aufzuräumen. Ein Vorurteil, das sich beharrlich hält und gerne angeführt wird, um den Wunsch von Nutzern nach Datenschutz in sozialen Netzwerken kleinzureden. Die Sitten der Jugend sind verlottert, das hat schon Sokrates vor mehr als zweitausend Jahren festgestellt. Gerade Vertreter der älteren Generation behaupten oft, die Jugend würde keinen Wert mehr auf Privatsphäre legen, weil junge Menschen in sozialen Netzwerken so einiges über sich preisgeben. Doch der Schein trügt. Privatsphäre ist und bleibt wichtig für die Entfaltung der eigenen Persönlichkeit. Ständig bewertet zu werden, produziert Stress und Unsicherheit. Erst Privatheit erlaubt uns, neue Dinge auszuprobieren und herauszufinden, wer wir eigentlich sind und sein wollen. Das wissen Jugendliche am besten. Schließlich ist gerade die Pubertät von Unsicherheit auf der Suche nach der eigenen Identität geprägt. Geteilte Geheimnisse sind der Kitt jeder guten Freundschaft. Selbst wenn wir in unserer Jugend die Bedeutung von Privatsphäre noch nicht für alle Bereiche unseres Lebens richtig einschätzen können und später dazulernen – egal ist uns das Thema keineswegs.

Die Soziologin danah boyd[1] lehrt an der New York University und beschäftigte sich mit den Auswirkungen neuer

---

[1] Die Wissenschaftlerin hat sich bewusst für die Kleinschreibung ihres Namens entschieden: http://www.danah.org/name.html

Technologien auf unsere Gesellschaft. Ihre Forschungsergebnisse zeichnen ein erstaunliches Bild des Privatsphäre-Bewusstseins von Jugendlichen, die heute ganz selbstverständlich mit sozialen Netzwerken und Messengern aufwachsen. »Alle Teenager wollen Datenschutz. Jeder und jede von ihnen, ob sie es zugeben oder nicht, will Privatsphäre«, gibt etwa der Teenager »Waffles« für boyds Studie über Teenager und Privatsphäre zu Protokoll. Ihr Recht auf Privatsphäre fordern Jugendliche jedoch meist ausschließlich gegenüber jenen ein, die direkte Macht über sie ausüben: Lehrer, Eltern und Autoritätspersonen.

Studien belegen, dass viele Jugendliche Facebook und andere Plattformen sehr schnell als das durchschauen, was sie sind: eine Bühne. Seien wir doch einmal ehrlich: Viele Nutzer versuchen auf Facebook der Mensch zu sein, der sie gerne wären – und nicht unbedingt der, der sie sind. Viele der vermeintlich intimen Facebook-Meldungen sind zu einem guten Anteil Show und Selbstinszenierung. Jeder kennt eines dieser nach außen hin extrem harmonischen Paare mit einem Facebook-Ordner voll glücklicher Schnappschüsse, bei dem es in Wahrheit ständig kriselt. Kaum jemand schreibt, dass er sich manchmal einsam fühlt. Von einem Dutzend am Strand gemachten Fotos wird nur das online gepostet, auf dem man selbst im besten Licht erscheint. Kontrolle über das »digitale Ich« ist jedem einzelnen Nutzer wichtig. Und zwar unabhängig vom Alter. »Ich denke, Datenschutz meint die Entscheidung, was man für sich behalten möchte«, erklärt etwa die junge Alicia in der Studie von boyd. Treffender kann man informationelle Selbstbestimmung kaum beschreiben.

Soziale Netzwerke sind auch deshalb so erfolgreich, weil sie ein zutiefst menschliches Bedürfnis befriedigen. Es gibt einen einfachen Grund, warum Facebook dazu animiert »Likes« statt »Dislikes« zu verteilen. Ob wir es wollen oder nicht, wir sehnen uns nach Anerkennung – unabhängig von Herkunft, Alter oder Geschlecht. Der Mensch ist ein soziales Wesen.

»Es ist kompliziert« lautet der treffende Titel des Buches von boyd, in dem sie ihre Forschungsergebnisse zum Umgang von Jugendlichen mit sozialen Netzwerken vorstellt. Teenager übertragen boyd zufolge häufig alte Normen auf digitale Räume. Sie sehen keinen Widerspruch darin, Bilder und Kommentare öffentlich zu posten und es trotzdem als Vertrauensbruch anzusehen, wenn Lehrer oder Eltern sich durch ihre Online-Kommentare wühlen. Genauso wie Eltern jederzeit das Kinderzimmer durchsuchen können, es als Zeichen des Vertrauens aber unterlassen sollen, fordern Teenager dies auch für ihre digitalen vier Wände ein. Diese Einstellung ist gar nicht so abwegig, wenn man genauer darüber nachdenkt. Eine soziale Norm, die wir alle verinnerlicht haben, besagt etwa, dass man in einem Café nicht das Gespräch am Nachbartisch belauscht oder sich gar einmischt. Obwohl man es jederzeit könnte. Teenager üben boyd zufolge informationelle Selbstbestimmung vor allem durch die Entscheidung aus, was sie öffentlich machen und was nicht – und in welchem sozialen Kontext.

Nicht jeder freut sich über Kommentare der Eltern auf der Facebook-Seite, auch weil dies Gleichaltrige vom Kommentieren abschreckt. Unabhängig von dem Inhalt des Kommentars wird damit eine Message transportiert, die lautet: Wir lesen hier mit. Die Popularität von Alternativen zu Facebook speist sich auch aus der Tatsache, dass die meisten Eltern und Lehrer dort (noch) keinen Account haben. Neue soziale Netzwerke wie Snapchat sind nicht nur wegen der lustigen Foto- und Video-Funktionen unter Teenagern beliebt. Sondern auch, weil die Botschaften der Nutzer nach einer bestimmten Zeit automatisch gelöscht werden. Bei Diensten wie WhatsApp haben Teenager zudem einen viel genaueren Überblick darüber, wer mitliest. Selbst, wenn die Eltern dort einen Account haben, bleiben ihre Gruppen-Unterhaltungen privat.

Privatsphäre ist für viele Heranwachsende tatsächlich ein sehr wichtiges Gut, welches sie auch durch soziale Kontrolle zu verteidigen versuchen. Die 17-jährige Shamika gibt in der Studie von boyd an, regelmäßig ihre alten Facebook-Kommentare zu löschen. Zwar sei sie sich dessen bewusst, dass dies kein guter technischer Schutz ist – jemand könnte schließlich Screenshots ihrer Kommentare machen. Doch aufgrund einer sozialen Norm fühlt sie sich damit sicher. Wenn jemand in großem Stil Kopien ihrer gelöschten Kommentare machen würde, wäre das für ihre Freunde schließlich um ein Vielfaches empörender als ein noch so peinlicher alter Kommentar von Shamika selbst.

Wenn es privat wird, steigen viele Teenager auf Privatnachrichten und Messenger um. Nicht immer hilft das jedoch, um Vertraulichkeit herzustellen. Etwa dann nicht, wenn Eltern ein Passwort einfordern. In einigen Teenager-Liebesbeziehungen wird der Passwort-Tausch zudem entgegen aller Vernunft als Vertrauensbeweis gesehen. In der Studie von boyd findet sich ein beeindruckendes Beispiel dafür, wie Teenager durch Codes und Insider-Wissen selbst angesichts überwachter Accounts versteckte Botschaften übermitteln können. Die 17-jährige Carmen wollte ihre Freunde nach einer schweren Trennung wissen lassen, wie schlecht sie sich fühlt. Doch weil sie Angst hatte, die Mutter könnte in Sorge überreagieren, postete sie kommentarlos auf ihrer öffentlichen Facebook-Seite lediglich den Songtext von »Always look on the bright side of life«. Auf den ersten Blick ist es ein fröhlicher Song. In dem Monty-Phyton-Film *Das Leben des Brian* wird das Lied jedoch bei einer blutigen Kreuzigungsszene eingespielt. Ihre Freunde, mit denen sie den Film gesehen hatte, verstanden Carmens Botschaft sofort. Sie griffen zum Telefon und schickten ihr besorgte Privatnachrichten, fragten, ob alles in Ordnung sei. Carmens Mutter kommentierte den Post auf Facebook hingegen mit dem Hinweis, sie freue sich sehr, dass es ihrer Tochter gutgehe. Die Aussage, Jugendliche würden sich nicht um Privatsphäre kümmern, ist vor allem eines: ein Vorurteil. Gegenüber denjenigen, die Macht über sie ausüben, sind junge Menschen tatsächlich sehr auf Privatsphäre bedacht. Das Beispiel von Carmen zeigt: Die Codes, über die Teenager und ihre Cliquen kommunizieren, können oft weder Eltern noch die NSA entschlüsseln.

Wenn wir älter werden, sind es nicht mehr Eltern und Lehrer, die Macht über uns ausüben, sondern vielmehr Arbeitgeber, Unternehmen oder der Staat. Neben sozialen Normen verlassen wir uns beim Datenschutz mit dem Alter zunehmend auch auf Recht und Gesetz. Der Kontext, in dem wir Daten von uns preisgeben, spielt für Erwachsene ebenfalls eine große Rolle. Wir sind alle damit aufgewachsen, unterschiedliche soziale Rollen auszufüllen. Es gibt gute Gründe, warum Eltern mit ihren Kindern nicht alles teilen. Gegenüber dem Lebensgefährten verhalten wir uns anders, als gegenüber unserem besten Freund. Und unserem Arbeitgeber werden wir nicht offenbaren, was wir unserem Arzt anvertrauen. Es ist für uns selbstverständlich, dass wir die Kontrolle darüber haben wollen, wer was über uns weiß. Auch weil es keinen Grund gibt, warum jemand alles über uns wissen muss. Der amerikanische Autor Mark Twain schrieb einst: »Jeder ist ein Mond und hat eine dunkle Seite, die er niemandem zeigt.«

Früher mussten sich nur Prominente um die Dynamik und Regeln öffentlicher Aussagen Gedanken machen, heute stellen sich solche komplexen Fragen bereits Heranwachsenden. Wir leben in einer Zeit des Umbruchs, in der etablierte soziale Normen auf neue Technologien prallen. Konflikte sind hier vorprogrammiert. Der Fall der 25-jährigen, alleinerziehenden Stacy Snyder ging 2006 um die Welt. Ihre Universität bestellte sie eines Tages ein, um ihr mitzuteilen, dass sie ihren Abschluss nicht bekommen werde. Sie würde nicht Lehrerin werden können. Stacy Snyder hatte in einem sozialen Netzwerk ein Foto von sich gepostet mit dem Titel »Betrunkener Pirat«, auf dem sie kostümiert mit einem Pappbecher abgebildet war. Eine angehende Lehrerin, die öffentlich mutmaßlich Alkohol konsumiert, ist nicht für jeden Arbeitgeber akzeptabel. Die Universität bestritt später, es habe allein am Bild gelegen. Der Fall schrieb trotzdem Geschichte, da Medien aus der ganzen Welt darüber berichteten. Millionen Menschen wurde mit einem Mal klar, dass alte Posts in sozialen Netzwerken über die zukünftige berufliche Karriere entscheiden können. Die daraufhin angestoßene Debatte hat dreierlei Entwicklungen mit sich gebracht: Einerseits sind viele Nutzer heute deutlich vorsichtiger in Bezug darauf, was sie von sich preisgeben. Andererseits haben sich viele Arbeitgeber damit abgefunden, dass auch leistungsstarke Bewerber ausgelassene Bilder posten und dies daher kein Ausschlusskriterium sein muss. Aber auch die Betreiber sozialer Netzwerke haben reagiert und ihre Privatsphäre-Einstellungen verändert.

Soziale Netzwerke versuchen seit einigen Jahren durch die Einführung unterschiedlicher »Rollen« die Dynamik echter sozialer Beziehungen abzubilden. Heute können wir bei vielen Netzwerken zwar einstellen, dass unser Chef oder Unbekannte keine Party-Fotos mehr zu sehen bekommen. Die durch die Privatsphäre-Einstellungen von Facebook suggerierte Kontrolle lässt allerdings einen wichtigen blinden Punkt offen: den Plattformbetreiber selbst. Dass dieser weiterhin alles sehen kann, können wir nicht abschalten. Durch Edward Snowden wissen wir, dass sich auch staatliche Institutionen gerne an dem dort angehäuften Datenschatz bedienen. Der US-Geheimdienst NSA kann sich Zugriff auf unsere Nutzerdaten verschaffen. Daher ist es wichtig, sich zu fragen, welchen Einblick in unser Privatleben unser Facebook-Profil eigentlich ermöglicht.

Mir geht es wie den meisten Menschen: Nur weil ich in sozialen Netzwerken unterwegs bin, ist mir meine Privatsphäre noch lange nicht gleichgültig. Ganz im Gegenteil. Ich habe ein Problem damit, wenn sich jemand anmaßt, mich anhand meiner Datenspur in eine Schublade zu stecken. Sowohl meine Twitter- als auch meine Facebook-Daten bilden nur einen Bruchteil meines Lebens ab. Wer alle meine online über mich verfügbaren Daten sammelt, kennt mich dadurch noch lange nicht. Mein digitaler Zwilling ist mir in vielem vielleicht ähnlich – aber eineiig sind wir nicht. Der Mensch ist eben mehr als die Summe seiner Daten. Und das ist auch gut so.

Trotzdem bleibt ein ungutes Gefühl angesichts des Wissens, dass andere in Zukunft womöglich Schlüsse anhand der Daten meiner Profile in sozialen Netzwerken über mich ziehen werden. Dabei geht es mir gar nicht so sehr um meine öffentlichen Postings. Viele unbewusst erzeugte Daten, wie etwa wessen Profil wir uns wann angesehen haben, können wir noch nicht einmal einsehen, geschweige denn gezielt löschen. Trotzdem werden sie gespeichert. Ich kann die Urteile, die andere anhand meiner Datenspur fällen, nicht beeinflussen und nicht korrigieren. Selbst, wenn ich mir von Zeit zu Zeit über die Schulter schaue um zu sehen, welches Bild von mir ich womöglich unbewusst in die Welt setze, hilft das nur begrenzt. Grund genug, sich zu fragen, welche Daten Facebook & Co. eigentlich über uns speichern.

Zeige mir deine Freunde ...

Die Idee sozialer Netzwerke ist – zugegeben – genial. Soziale Netzwerke bewirken viel Positives in der Welt: Gerade Initiativen, die wenig Geld zur Verfügung haben, profitieren von Facebook. Soziale Netzwerke erlauben es, ohne großen Aufwand Menschen zu erreichen, um gemeinsam etwas zu bewegen. Ich kenne viele Beispiele dafür. Nach einem schweren Erdbeben in Nepal sammelte eine Freundin über Facebook Spenden und warb für eine hastig organisierte Benefizgala. In meiner Studienstadt Münster organisierte sich als Statement gegen rechtsextreme Gewalt ein gewaltiger Flashmob von Menschen, die gemeinsam das Lied »Schrei nach Liebe« der Band Die Ärzte sangen. Die große Demonstration gegen das Handelsabkommen TTIP in Berlin im Jahr 2015 mit mehr als hunderttausend Teilnehmern wurde auch durch Facebook ein so großer Erfolg. Unter dem Hashtag #Metoo berichteten im Herbst 2017 Frauen aus der ganzen Welt über ihre persönlichen Erlebnisse mit Übergriffen und forderten ein konsequentes Vorgehen gegen sexualisierte Gewalt.

Soziale Netzwerke verändern die Medienlandschaft. Ein einzelner Blogger, YouTuber oder Influencer ist heute in der Lage, die öffentliche Debatte zu prägen. Im Jahr 2013 schrieb ich mit viel Wut im Bauch eines Nachts einen Blogbeitrag mit dem Titel »Generation Praktikum: Ihr habt es ja so gut« zur Lage junger Menschen in Europa. Weil einige YouTube-Stars meinen Beitrag über ihre Social-Media-Kanäle verbreiteten, lasen Hunderttausende den Text. Er stieß eine bundesweite Debatte zur Generationengerechtigkeit an. Eine kritische Analyse des Parteiprogramms der AfD in meinem Blog hat sich im Frühjahr 2016 über Nacht derart rasant über Facebook verbreitet, dass meine Internetseite *kattascha.de* vor lauter Zugriffen in die Knie ging. In den Tagen danach bekam ich Zuschriften von Menschen aus ganz Deutschland, die mir mitteilten, dass sie eine derart umfassende Auseinandersetzung mit den Forderungen der AfD abseits des Themas Asyl bisher in den Medien vermisst hätten. Zahlreiche Zeitungen griffen meine Analysen auf, da sie merkten, dass ihre Leser sich dafür interessieren.

Soziale Netzwerke sind heute ein politischer Machtfaktor. Ohne soziale Netzwerke hätten wir vom Arabischen Frühling weniger mitbekommen. Soziale Netzwerke erlaubten es, die Vereinzelung zu durchbrechen, um Menschen für kollektive Interessen zu organisieren. Aber zu welchem Preis? Trotz der offensichtlichen Vorteile beschleicht mich bei der Nutzung von Facebook für politische Aktionen regelmäßig ein schlechtes Gefühl. Eine Frage lässt mich bis heute nicht los: Speichert der US-Konzern, wer in seiner Jugend in Ostfriesland vor Jahren an einer von mir angezettelten Demo teilgenommen hat? Und bin ich eigentlich die Einzige, die allein diese Vorstellung mehr als befremdlich findet?

Um diese Frage zu klären, mache ich mich auf die Suche nach den Bits und Bytes, die Facebook über mich gesammelt hat. Vor vielen Jahren war ich bei Facebook als »Maria Musterfrau« unterwegs. Diesen Account gibt es heute nicht mehr. Da Facebook in seinen Geschäftsbedingungen Pseudonyme untersagt, wurde der Account irgendwann gelöscht. Selbst bei Menschen, die gute Gründe haben, nicht mit ihrem richtigen Namen aufzutreten, beispielsweise aus Angst vor Gewalt oder Stalkern, werden keine Ausnahmen zugelassen. In der Vergangenheit haben in den USA deshalb unter anderem namenhafte Travestiekünstler wiederholt gegen den Zwang zu bürgerlichen Namen protestiert. Leider ohne Erfolg. Heute hält Facebook seine Nutzer sogar dazu an, Accounts mit falschem Namen zu melden. Wer im Verdacht steht, nicht mit echtem Namen bei Facebook unterwegs zu sein, dessen Profil wird gesperrt, und er wird aufgefordert, eine Kopie seines Ausweises hochzuladen. Für Menschen, die ihr Facebook-Konto als Authentifikations-Mittel für externe Dienste wie Tinder nutzen, kann das zu einer bösen Überraschung führen. Mein aktueller Account ist auf meinen richtigen Namen registriert. Darüber verbreite ich hauptsächlich Texte aus meinem Blog und interessante Zeitungsbeiträge. Nach wie vor sehe ich vieles an Facebook kritisch. Mit Freunden kommuniziere ich deshalb so gut wie nie darüber.

Vor einigen Jahren wäre es noch ein wenig aussichtsreiches Unterfangen gewesen, seine Nutzerdaten bei Facebook anzufragen. Das änderte sich erst, als ein damals 27-jähriger österreichischer Jura-Student im Jahr 2011 auf den Plan trat. Max Schrems wollte es genau wissen: Was speichert Facebook über mich? Der junge Jurist ließ nicht locker, bis der Konzern ihm 1.222 Seiten mit allerhand gespeicherten Informationen über sein Nutzerverhalten zuschickte. Die Datenauswertung führte zu einem öffentlichen Sturm der Entrüstung, zeigten die Daten doch, dass Facebook auch nie abgeschickte Nachrichten gespeichert hatte. Viele Menschen in ganz Europa taten es Max Schrems in den Wochen und Monaten nach der Veröffentlichung seines Erfahrungsberichts gleich und fragten ebenfalls ihre Daten bei Facebook an. Das Unternehmen hat daraufhin eine Funktion freigeschaltet, mit der Nutzer sich eine Kopie eines Ausschnitts ihrer Daten automatisch herunterladen können. Viele Datenkategorien, die Schrems ausgehändigt bekam, fehlen in den Datensätzen. Der Jurist hatte etwa auch Listen mit eigentlich gelöschten Nachrichten erhalten. Die Löschung hatte offenbar lediglich dazu geführt, dass in der Datenbank bei den entsprechenden Meldungen die Anmerkung »gelöscht« hinzugefügt worden war. Heute lässt sich Facebook nicht mehr derart in die Karten schauen. Trotzdem kann die Abfrage der Facebook-Daten über die offizielle Seite ein erster Schritt sein, um ein Gefühl dafür zu bekommen, was der Konzern über einen weiß. Daher stelle ich eine Anfrage.

Nachdem ich bei Facebook einen Download meiner Daten angefordert habe, ziehen einige Tage ins Land. Als ich gar nicht mehr damit rechne, bekomme ich per E-Mail einen Link zugeschickt, über den ich meine Daten herunterladen kann. Die Datei ist 13,3 MB groß. Das macht neugierig. Facebook hat wenig überraschend seit der Minute meiner Anmeldung am 28. August 2014 um 14:54 Uhr alles protokolliert. Dazu gehören nicht nur Informationen, die man in meinem öffentlichen Profil einsehen kann, wie Name und Freundesliste und Stationen im Arbeitsleben. Facebook hat mich außerdem in die Kategorie »Established Adult Life« einsortiert – was auch immer das bedeuten mag. Hoffentlich nur, dass man mir keinen Studienkredit mehr andrehen kann.

Alle Seiten und Nachrichten, denen ich jemals ein »Like« gegeben habe, sind ebenfalls dort aufgeführt. Übrigens: Wer seine Seiten-Likes öffentlich sichtbar macht, sollte dies vielleicht noch einmal überdenken. Eine Untersuchung von Wissenschaftlern der renommierten Cambridge University kam zu dem Ergebnis, dass eine Analyse unserer Facebook-Likes vollkommen ausreicht, um daraus intime Informationen über uns ableiten zu können. Mithilfe der Likes konnten die Wissenschaftler in einem Versuch mit 58.466 Freiwilligen bestimmte Eigenschaften derart genau vorhersagen, dass es sogar sie selbst erstaunte. Anhand der Daten konnten mit 95 Prozent Treffsicherheit Afroamerikaner von Weißen und zu 93 Prozent Männer von Frauen unterschieden werden – wohlgemerkt ohne einen Blick auf die Angaben oder Bilder im Profil zu werfen. In 88 Prozent der Fälle konnten die Forscher sagen, ob ein Mann schwul war. Und zwar selbst dann, wenn er dies nicht in seinem Profil erwähnte. 85 Prozent der Teilnehmer konnten treffsicher als Republikaner oder Demokrat identifiziert werden. Bei 82 Prozent traf die Prognose zu, ob der Versuchsteilnehmer Christ oder Muslim war. Selbst Raucher erkannte die Software zu 73 Prozent. Auch Informationen zu Intelligenz, Drogenkonsum oder ob das Profil zu einem Scheidungskind gehört, konnten mit gewisser Wahrscheinlichkeit aus den Likes abgeleitet werden.

Selbst wenn wir die Angaben zu unseren Likes auf »privat« stellen: Facebook selbst kann immer auf den Datensatz zugreifen. Aufschlussreich sind vor allem unsere Reaktionen auf einzelne Posts. Insbesondere dann, wenn statt dem klassischen Like-Zeichen die vorgefertigten Symbole für Trauer, Wut oder Liebe ausgewählt werden. Wir leben

längst in einer Welt, in der Unternehmen bereits die sexuelle Orientierung eines homosexuellen Jugendlichen vorhersagen können, bevor dieser sich womöglich selbst darüber klar wird. Eine Studie der Forscher Michal Kosinski
und Yilun Wan von der Stanford Universität demonstrierte
2017 sogar ein Verfahren, bei dem eine Gesichtserken-
nungssoftware die sexuelle Orientierung bei 81 Prozent
aller männlichen homosexuellen Versuchsteilnehmer erraten konnte. Eine gruselige Vorstellung angesichts vieler
Länder, in denen Homosexualität noch heute strafbar ist.
Ungewollt geoutet zu werden kann gravierende Konsequenzen für die Betroffenen haben.

Mein Mauszeiger wandert zur nächsten Datei. Darin finde
ich alle Bilder, die ich jemals auf Facebook veröffentlicht
habe. Neben der Information, zu welchem Zeitpunkt ich ein
Bild mit welcher IP-Adresse hochgeladen habe, beinhalten
einige Dateien auch Angaben zur verwendeten Kamera (z. B.
Nikon D90) und Belichtungseinstellungen. Diese sogenannten »Exif-Daten« werden von vielen Geräten standard-
mäßig in der Foto-Datei abgelegt. Bei einem Foto eines ab-
gestürzten Astes vor dem Theater des Westens am Berliner
Bahnhof Zoo hat mein Smartphone mittels Exif-Daten den
Standort auf den Meter genau mit Längen- und Breitengrad
an Facebook kommuniziert. In öffentlichen Facebook-Posts
sind diese Daten zwar nicht mehr sichtbar, aber im eigenen
Profil bleiben sie gespeichert.

Dass selbst IT-Experten von dieser Kamerafunktion überrascht werden, zeigt die folgende Geschichte. Als der
IT-Millionär John McAfee, bekannt durch seinen millionen-
fach verkauften Virenscanner, 2012 ein Foto von sich auf-

nehmen ließ, welches in einem Beitrag und beim sozialen Netzwerk Twitter verbreitet wurde, hatte er sich wohl im Leben nicht ausgemalt, was daraufhin passierte. Da die Behörden ihn wegen möglicher Verbindungen zu einem Mordfall suchten, war McAfee überstürzt aus den USA ausgereist. Der exzentrische Millionär flüchtete nach Südamerika. Seinen genauen Aufenthaltsort hielt er jedoch geheim. Lediglich einem Redakteur des Online-Magazins VICE gewährte er ein Exklusiv-Interview. Wenige Sekunden, nachdem der Redakteur ein gemeinsames Foto mit Link zu einem Beitrag im sozialen Netzwerk Twitter gepostet hatte, wusste jedoch die ganze Welt, wo er sich aufhielt. Denn mit dem Beitrags-Foto hatte der Redakteur dank freigiebiger Einstellungen seines iPhone 4s aus Versehen auch die GPS-Standortdaten des Hotels in Guatemala der ganzen Welt mitgeteilt.

Man muss nicht auf der Flucht sein, um seinen genauen Aufenthaltsort nicht öffentlich herausposaunen zu wollen. Wer Fotos von seinem schön eingerichteten Haus samt Standortdaten veröffentlicht und wenig später Urlaubsbilder, macht ungewollt auf ein lukratives Einbruchsziel aufmerksam. Und manch einer möchte aufdringliche Ex-Partner nicht darüber informieren, wo oder mit wem man in den Tagen nach der Trennung seine Zeit verbringt. Nicht alle Plattformen filtern Exif-Daten vor der Veröffentlichung heraus. Bei einigen muss man diese Funktion in den Einstellungen ausdrücklich an- oder abschalten. Bei Facebook werden Exif-Daten, wie etwa der Standort, soweit nicht anders eingestellt, bei der öffentlichen Anzeige herausgefiltert. Wir dürfen allerdings nicht vergessen, dass der Betreiber diese Daten trotzdem speichert. Im Zweifel lohnt es sich, die Einstellungen im Smartphone anzupas-

sen, wenn der Standort nicht automatisch bei allen Foto-
Dateien mit abgespeichert werden soll.

Auch darüber hinaus können hochgeladene Fotos in vielerlei Hinsicht analysiert werden. Facebooks biometrische
Gesichtserkennung ist extrem treffsicher geworden. Auch,
weil Facebook-Nutzer den Algorithmus beständig durch
das Markieren von Personen auf Fotos trainieren. Im Jahr
2015 hat Facebook außerdem ein Verfahren patentiert, welches ermöglicht, Fotos anhand von Staubkörnern und Krat-
zern auf der Linse dem selben Gerät und damit auch einem
Nutzer zuzuordnen. Durch eine solche Analyse ließen sich
auch Informationen darüber ableiten, wer außerhalb des
Netzwerkes Fotos untereinander austauscht und sich kennt.

Nach dem Ordner mit den Bildern wende ich mich einem
anderen Datenpaket zu, welches ebenfalls vielversprechend klingt. In der Rubrik »Sicherheit« finde ich eine
lange Auflistung, wann ich mich von wo aus in meinen
Facebook-Account eingeloggt habe. Facebook hat dabei
gleich die Längen- und Breitengerade anhand der von mir
verwendeten IP-Adresse geschätzt. Ich gleiche die Angaben mit einer Karte ab. Während die Schätzung des genauen Standortes innerhalb von Städten noch reichlich
ungenau ist, sind große Bewegungen sehr gut sichtbar.
Mein kompletter Urlaubstrip vom Ruhrgebiet über das
schweizerische Zermatt über Barcelona bis nach Bayreuth
und zurück nach Berlin ist nachvollziehbar. Facebook hat
über alle meine Urlaubs- und Dienstreisen Buch geführt.
Und zwar nicht nur dann, wenn ich darüber etwas gepostet habe. Nutzer, die der Facebook-App Zugriff auf ihren
Standort gewährt haben, finden in der Rubrik »Standortda-

ten« ein umfassendes Protokoll mit Bewegungsdaten der letzten Jahre. Ich frage mich, ob das allen Nutzern bewusst ist.

Als Nächstes nehme ich mir die Rubrik »Werbung« vor. Die Liste aller Facebook-Werbeanzeigen, die ich jemals angeklickt habe, ist bei mir recht kurz. Wer aber regelmäßig auf Werbung (z. B. für medizinische Produkte) klickt, dürfte hier aufschlussreiche Details finden. Unter »Interessen für Werbung« wird Nutzern eine Liste der Zielgruppen angezeigt, denen man zugeordnet wurde. Bei mir steht dort beispielsweise »Politik«, »Militär« und »Stress«. In der Rubrik »Werbetreibende mit deinen Kontaktinfos« erfahre ich aber, dass gleich mehrere Unternehmen meine E-Mail-Adresse mit Facebook abgeglichen haben, um mir gezielt Werbung anzuzeigen. Das funktioniert folgendermaßen: Vereine oder Unternehmen laden Kundenlisten hoch, die mit der Facebook-Datenbank abgeglichen werden. Der Werbetreibende bekommt nur Informationen über einen »Treffer«, also wenn es ein Facebook-Profil mit der entsprechenden E-Mail-Adresse gibt. Nicht jeder Kunde wird erfreut darüber sein, dass die eigene Facebook-Akte derart angereichert wird. Ich bin es definitiv nicht. Im Fall eines IT-Anbieters macht mich das sehr wütend, denn in den Geschäftsbedingungen des Unternehmens heißt es: »In keinem Fall geben wir Ihre personenbezogenen Daten einschließlich E-Mail-Adresse an Dritte weiter.« Als ich den Datenschutzbeauftragten des Unternehmens frage, auf Basis welcher rechtlichen Grundlage meine Daten mit Facebook abgeglichen wurden, bricht der Kontakt ab. Erst nach mehreren Nachfragen erhalte ich eine schriftliche Entschuldigung – der Datenabgleich sei ein Fehler gewesen. Man habe sich mit der zuständigen Abteilung in Verbindung gesetzt und diese ermahnt. Rechtlich zulässig war es nicht, meine Kundendaten mit Facebook zu verknüpfen. Andere Anbieter wie Pizza.de weisen zumindest im Kleingedruckten darauf hin, dass sie derartige Datenabgleiche tätigen. Aber wer liest das schon?

Nicht nur Unternehmen werden dazu angehalten, ihre Daten mit Facebook abzugleichen. Facebook bekommt durch hochgeladene Adressbücher der Nutzer wertvolle Informationen, die weit über die offiziellen Kontaktanfragen bei Facebook hinausgehen. Diese Schattenprofile sind um ein vielfaches umfangreicher, als wir denken. Wer sich neu anmeldet, bekommt meist recht schnell per E-Mail erstaunlich akkurate Listen mit möglichen Freunden zugeschickt. Hochgeladene Adressbücher sind höchstwahrscheinlich eine wichtige Grundlage für diese Empfehlungen. Da ich mein Adressbuch nicht bei Facebook hochgeladen habe, ist dieser Abschnitt bei meiner Datenabfrage leer. Informationen darüber, welche Privatnutzer meine Kontaktdaten abgeglichen haben, bekomme ich nicht. Ich empfinde das ehrlich gesagt als eine Frechheit. Das von Facebook gespannte filigrane Kontaktnetz basierend auf Informationen darüber, wer meine Daten abgeglichen hat, bleibt mir verborgen, obwohl es doch mich betrifft. Ich habe so noch nicht einmal die Möglichkeit, mich bei denjenigen zu beschweren, die meine Daten ohne Einverständnis hochgeladen haben.

Meinen Beziehungsstatus habe ich bei Facebook nicht gesetzt. Trotzdem ist es nicht unwahrscheinlich, dass Facebook mehr weiß, als ich bereit bin preiszugeben. Eine von Facebook unterstützte Studie befasst sich ausgiebig mit der Frage, ob sich romantische Beziehungen anhand des Daten- und Freundschaftsprofils zweier Personen erkennen lassen. Und tatsächlich weisen Beziehungspartner eine ganz eigene charakteristische Struktur gemeinsamer Freundeskreise auf. Das Forscherteam von Facebook hat der Erforschung der romantischen Beziehungen seiner Nutzer eine ganze Reihe von Datenauswertungen gewidmet. Die Ergebnisse lassen aufhorchen. In den ersten 100 Tagen, bevor zwei Facebook-Nutzer ihren Beziehungsstatus öffentlich machen, nimmt die Zahl der ausgetauschten Timeline-Posts und positiven Nachrichten für gewöhnlich kontinuierlich zu und ebbt erst nach Beziehungsbeginn wieder deutlich ab. Am Tag der Trennung steigt die Zahl unserer Interaktionen mit dem (Ex-)Partner übrigens im Schnitt um 225 Prozent an. Erst nach der ersten Trennungswoche stabilisiert sich die Anzahl der Nachrichten wieder auf einem niedrigen Niveau.

Als Nächstes nehme ich mir den Kern der Funktionalität von Facebook vor: Meine »Freunde«. Die von Facebook präsentierte Freundesliste ist sehr ausführlich. Das Datum, an dem eine »Freundschaft« offiziell begann, wurde akribisch festgehalten. Dokumentiert ist auch, wem ich aktiv eine Freundschaftsanfrage geschickt habe. Facebook merkt sich also immer, wer den ersten Schritt gemacht und wer eine Freundschaft beendet hat.

Facebook zeigt bei jedem Nutzerprofil die »Top 9 Freunde« an. Die Auswahl orientierte sich lange daran, wen Facebook für die »engsten Freunde« einer Person hält. Ein Indikator dafür sind die ausgetauschten Nachrichten oder Profilbesuche. Aber nicht nur. Manch einer mag sich in der Vergangenheit schon einmal gewundert haben, warum Facebook einem in der Rubrik »Personen, die du kennen könntest« plötzlich Dates und Arbeitskollegen vorschlägt. Informationen darüber, wer bei einem gemeinsamen Event war oder besonders viele gemeinsame Freunde hat, können tatsächlich Bekanntschaften vorhersagen. Gleiches gilt für den selben Jahrgang und die besuchte Schule oder einen gemeinsamen Arbeitgeber. Viel spricht dafür, dass Standortdaten ebenfalls eine Rolle spielen. Nicht zu vergessen, die bereits erwähnten hochgeladenen Adressbücher der Nutzer.

Wer wann wessen Profil anklickt, ist keineswegs Datenmüll, sondern verrät extrem viel über das Innenleben von menschlichen Beziehungen. Modernes Balzverhalten startet heutzutage schließlich oft mit einem Besuch des Facebook-Profils. Laut Datensatz habe ich seit dem Jahr 2014 rund 980 Sucheingaben getätigt. Bei intensiven Facebook-Nutzern dürfte es ein Vielfaches davon sein. Am 3. April 2015 habe ich etwa um ein Uhr nachts nach einer alten Studienfreundin gesucht. Suchanfragen enthüllen recht genau, wer oder was einen Nutzer beschäftigt. Eine Liste der Facebook-Profile und Seiten, die ich besucht habe, kann ich allerdings nicht einsehen. Auch Informationen dazu, welche angesurften Seiten durch den eingebetteten Like-Button meinem Profil zugeordnet werden, suche ich vergeblich. Dabei müsste gerade dieser Datensatz gewaltig sein. Über den »Gefällt mir«-Button auf fremden Webseiten kann Facebook unter bestimmten Umständen unsere Bewegungen durchs Netz selbst dann verfolgen, wenn wir den Button nicht anklicken. Facebook gab 2018 öffentlich zu, dass dabei aus »Sicherheitsgründen« auch Daten von Nicht-Nutzern erfasst werden. Max Schrems warnte im Interview mit der Süddeutschen Zeitung in Bezug auf den Like-Button: »Facebook weiß, wer wie lange welchen Porno anschaut, ohne dass der Nutzer das mitbekommt.«

Nutzer sollten regelmäßig überprüfen, welche Facebook-Apps sie mit ihrem Profil verknüpft haben. Im Jahr 2018 kochte ein Skandal um das Unternehmen Cambridge Analytisch hoch. Die Firma hatte mit Hilfe der Facebook-App »thisisyourdigitallife«, die mit kostenlosen Persönlichkeitstests warb, illegal Profildaten von Nutzern und deren Freunde gesammelt. 270.000 App-Nutzer wurden ohne es zu merken zum Türöffner für das Abgreifen von rund 50 Millionen Profilen. Der Datenpool wurde anschließend von Cambridge Analytica verwertet und weiterverkauft. Es wird vermutet, dass die damit erstellten Persönlichkeitsprofile eine maßgebliche Rolle im US-Wahlkampf 2016 gespielt haben. Dass Apps von Drittanbietern Nutzerdaten auslesen konnten und von dieser Möglichkeit auch Gebrauch machten, war bei Facebook lange bekannt gewesen. Bereits im Jahr 2012 hatte das Unternehmen als Reaktion auf eine Beschwerde des Datenschutz-Aktivisten Max Schrems verkündet, man sehe kein Problem darin, dass Apps auch auf Daten der »Freunde« von Nutzern zugreifen können. Als Facebook von dem Datenabfluss durch Cambridge Analytica erfuhr, wurden nicht etwa die Nutzer informiert. Man forderte den App-Anbieter lediglich dazu auf, die Daten zu löschen – ohne allerdings die Umsetzung nachzuprüfen oder die Behörden einzuschalten. Erst Jahre später wurden die Einstellungen zum Datenzugriff für Apps nachgebessert. Es wäre naiv anzunehmen, Facebook hätte nicht zu jedem Zeitpunkt sehr genau gewusst, welche Geheimnisse sich dank der alten Einstellungen extrahieren ließen. Facebook-Gründer Mark Zuckerberg hat in Harvard nicht nur Informatik-Seminare belegt, sondern auch Psychologie-Vorlesungen besucht. Der Einfluss beider Welten ist heute tief im Code des Unternehmens verankert. Es liegt nahe zu vermuten, dass diese Einstellungen mit Absicht so gewählt worden waren – um für App-Anbieter attraktiver zu sein.

In meiner Datensammlung finde ich nicht nur alle Facebook-Veranstaltungen, bei denen ich jemals auf »Zusage« geklickt habe. Es gibt auch eine lange Liste aller Events, zu denen ich jemals eingeladen war. Wer wen zu welchen Veranstaltungen eingeladen hat – und wen nicht –, sagt viel über unseren sozialen Status aus. Und über unsere Interessen. In meinem Datensatz ist etwa vermerkt »Katharina Nocun interessiert sich für die Lesung: ›Wie wir lieben. Vom Ende der Monogamie‹«. Auch wenn das Ende der Monogamie für mich noch nicht angebrochen ist. In Wahrheit war ich noch nicht einmal bei der Veranstaltung. Dass ich den Autor kenne und schätze, war der Grund für mein Interesse. Kurz denke ich darüber nach, ob ich mit dem Veranstalter auch auf Facebook befreundet bin und man diese Verbindung zur Veranstaltung aus den Daten ablesen könnte. Im nächsten Moment wird mir aber klar, wie bezeichnend allein schon dieser Gedanke ist. Je mehr ich darüber nachdenke, desto befremdlicher finde ich es, dass ein Unternehmen überhaupt über derartige Listen unserer Aktivitäten verfügt. Manch einer meint, die Nutzer seien selbst schuld, wenn sie sich zu allen möglichen Veranstaltungen bei Facebook anmelden. Trotzdem ist die Frage berechtigt, warum die Informationen auf ewig gespeichert werden und es keine Löschfristen gibt.

Anschließend nehme ich mir meine Timeline-Posts und Privatnachrichten vor. Es ist eine beachtliche Liste. Wie intensiv Beziehungen sind, lässt sich recht präzise aus der Zahl von Kommentaren, Likes und Nachrichten, die man sich gegenseitig zukommen lässt, ablesen. Ich scrolle mich durch eine Liste alle Facebook-Videos, die ich jemals angesehen habe. Darunter sind viele, die ich nicht einmal angeklickt habe. Alle Botschaften, die ich jemals in meinem Leben in meiner Timeline gepostet habe, und alle meine Privatnachrichten, jeweils in einer Datei fein säuberlich sortiert zu bekommen, fühlt sich merkwürdig an. Es macht ein flaues Gefühl im Magen. Der Datenschutz-Aktivist Max Schrems hat bei seiner Datenabfrage vor einigen Jahren auch gelöschte Posts oder nie abgeschickte Eingaben aus dem Textfeld zurückbekommen. Bei meiner Anfrage hat mir Facebook keine gelöschten Posts präsentiert. Doch ich bin skeptisch, ob das nicht einfach bedeutet, dass das Unternehmen diese Daten nach dem öffentlichen Skandal nicht mehr herausgibt.

Die wirklich spannenden Daten fehlen. Es sind zufällig gerade die Datenkategorien, die wohl die meisten Nutzer verstörend finden würden. Wie etwa die Information, wann man wessen Profil wie lange angeschaut hat. Oder welche mit einem Like-Button ausgestattete Seiten man außerhalb von Facebook besucht. Dinge, die viel über unser Innenleben verraten können. Das Unternehmen, welches öffentlich mehrfach das Ende der Privatsphäre verkündet hat, antwortet auf Fragen nach den eigenen Praktiken bei der Verarbeitung von Nutzerdaten wenn überhaupt nur mit äußerster Zurückhaltung. Die vollständige Antwort auf die Frage »Was weiß Facebook über mich?« würde viele Nutzer verschrecken. Und das wäre schlecht fürs Geschäft.

»Das Ganze ist mehr als die Summe seiner Teile.« Dieses Aristoteles zugeschriebene Zitat trifft auch auf Facebook zu. Mehr als zwei Milliarden Menschen auf diesem Planeten melden sich mindestens einmal im Monat bei Facebook an. Der Konzern ist in den letzten Jahren stark gewachsen. Ernstzunehmende Konkurrenten hat man sich kurzerhand einverleibt. Der Bilder-Dienst Instagram gehört heute zu Facebook. 2014 kaufte Facebook den Messenger-Dienst WhatsApp auf. Der Konzern ist damit endgültig zum ultimativen Datensilo für unsere sozialen Interaktionen geworden. Unter den Millionen Nachrichten, die darüber täglich ausgetauscht werden, sind die ersten Schritte des Enkelkinds – oder erotische Fotos. Facebook kennt nicht nur die politische Einstellung seiner Nutzer, sondern weiß auch, wer Wortführer und wer nur Mitläufer ist. Wer verliebt ist und, wenn ja, in wen. Oder wer sich nachts ruhelos durch glückliche Familienbilder entfernter Bekannter klickt. Für ein Unternehmen, das seinen Gewinn mit personalisierter Werbung macht, sind solche Informationen Gold wert. Für repressive Regimes sind solche Listen allerdings ebenfalls ein feuchter Traum.

Mit Edward Snowdens Enthüllungen kam auch die Gewissheit, dass Geheimdienste auf diese Daten zugreifen können. Die NSA könnte damit sogar ermitteln, wer in einer Tausende Kilometer entfernten Clique von Teens in einem bayrischen Dorf den Ton angibt. Nun könnte man sich auf den Standpunkt stellen, Nutzer seien »selbst schuld«, wenn sie einen derartigen Datenberg über sich anhäufen. Schließlich hat sich jeder aus freien Stücken dort angemeldet. Doch wie frei ist die Entscheidung eines Jugendlichen, Facebook beizutreten, wenn alle Freunde dort ihre sozialen Aktivitäten koordinieren? Dieser Gruppendruck trifft nicht nur Teenager. Wir leben in einer Zeit, in der Social Media im Job oder Freundeskreis selbstverständlich geworden ist. Wenn man heutzutage jemanden kennenlernt, werden nicht selten Facebook-Profile und keine Telefonnummern ausgetauscht. Wir sind nicht bei Facebook, weil es den besten Service bietet. Wir sind dort, weil bereits alle anderen da sind. Dieses Phänomen bezeichnen Ökonomen als »Netzwerkeffekt«.

Ich kann von meinem E-Mail-Postfach aus all meinen Freunden Nachrichten schicken, unabhängig davon, bei welchem Anbieter sie sind. Wenn ich bei einem alternativen sozialen Netzwerk angemeldet bin, kann ich meinen Facebook-Freunden keine Nachrichten schreiben. Die Konkurrenz zu Facebook hat es dadurch doppelt schwer. Facebook ist ein Quasi-Monopolist für soziale Netzwerke. Danach kommt erst einmal lange nichts. Egal, ob Verein oder Unternehmen – wer online sichtbar sein will, kann auf Facebook kaum verzichten, ohne Nachteile in Kauf nehmen zu müssen. Dem größten sozialen Datenspeicher dieses Planeten kann man sich kaum noch entziehen. Durch Eingaben Dritter wird selbst ein Facebook-Asket mit hoher Wahrscheinlichkeit längst miterfasst.

Wir müssen dringend darüber reden, ob die Art und Weise, wie Facebook die Dienstleistung »soziales Netzwerk« organisiert, um dabei den maximalen Gewinn durch personalisierte Werbung zu erwirtschaften, für uns nicht langfristig vor allem Nachteile bringt. Soziale Netzwerke generieren Werbeeinnahmen durch das knappe Gut Aufmerksamkeit. Die umfassende Datensammlung über unsere sozialen Beziehungen ist vor allem deshalb ein gutes Geschäft, weil die Informationen dazu genutzt werden, um uns länger auf der Plattform zu halten. Das steigert die Werbeeinnahmen. Laut Justin Rosenstein, ehemaliger Facebook-Mitarbeiter und Mit-Erfinder des Like-Buttons, sind viel Social Media Dienste nicht daran interessiert für die Nutzer effiziente Dienste bereitzustellen. Statt dessen wird gezielt auf unser Suchtverhalten abgezielt. Die Kunden sind nicht wir, sondern andere. Die rote Linie, wie weit wir Unternehmen in unseren innersten Kern lassen, wie weit wir unser Handeln ökonomisch verwertbar machen, hat sich damit stillschweigend bis in die Mitte von auf Facebook ausgetragenen Beziehungskonflikten verschoben.

Es ist verlockend, nur die eigene Rolle in diesem Spiel zu betrachten. Und sich nur darum zu kümmern, was Facebook über die eigene Person speichert. Doch damit macht man es sich zu einfach. Wäre Facebook ein Staat, er hätte längst mehr Einwohner als China. Oder der gesamte amerikanische Kontinent. Es geht längst nicht mehr nur darum, wie wir als Individuen zu derart detaillierten Datensammlungen stehen. Es geht darum, wie wir diese Entwicklung für die globale Gesellschaft beurteilen. Soziale Netzwerke können viel Positives bewegen, keine Frage. Aber ein Anbieter dieser Größe hat längst die Macht, den Ausgang von Revolutionen und Wahlen zu bestimmen. Und das sollte uns Sorgen bereiten.

In Interviews bezeichnet Facebook-Gründer Zuckerberg Datenschutz als veraltetes Konzept. Gleichzeitig hütet das Unternehmen Informationen über die eigenen Geschäftspraktiken wie ein Staatsgeheimnis. Facebook rühmt sich damit, die Wünsche seiner Nutzer ernst zu nehmen. Doch trotz satter Gewinne reicht die Nutzernähe noch nicht einmal für die Einrichtung einer Telefon-Hotline für dringende Beschwerden.

In den Jahren nach seiner Datenabfrage, die zu einer 1.222 Seiten starken Antwort führte, zog Max Schrems mit seiner Initiative »Europe vs. Facebook« gegen den Konzern vor Gericht und bemängelte Datenschutzverstöße. Er trifft regelmäßig auf Unverständnis, weil er trotz seiner Klagen weiterhin bei Facebook aktiv ist. Ich kann sein Verhalten jedoch verstehen. Der Mensch ist ein soziales Wesen. Soziale Netzwerke haben für mein Leben und das meiner Freunde einen großen Mehrwert. Viele Menschen behalten ihr Facebook-Profil länger als ihre Telefonnummer oder Adresse. Gerade wenn man Freunde und Bekannte durch einen Umzug aus den Augen verliert, ist es doch praktisch, noch etwas von ihnen mitzubekommen.

Aber Facebook ist eben nicht nur das größte soziale Netzwerk der Welt. Facebook ist eines der größten Werbeunternehmen der Welt. Und deshalb wird es niemals das bestmögliche soziale Netzwerk werden, das die Menschheit verdient hätte. Der Nutzerwille zählt nur so weit, wie die Konzernspitze Angst hat, durch unseren Unmut Gewinn einzubüßen. Letztendlich ist Facebook eben kein Club von Weltverbesserern. Facebook ist ein Konzern, der versucht, seinen Gewinn zu maximieren. Alles andere ist Werbung.

Ein Back-up meiner Gedanken

Wer Romane schreiben will, geht zu Facebook. Wer Dinge kurz und prägnant auf den Punkt bringen möchte, setzt einen Tweet ab. Das Markenzeichen von Twitter ist seine Kompaktheit: Nur 280 Zeichen dürfen Nachrichten lang sein. Der Vorteil: Nutzer können sich so schnell einen Überblick verschaffen. Für jemanden, der beruflich die Nachrichten im Minutentakt verfolgen muss, ist es das ideale Netzwerk. In Europa hat Twitter vor allem durch grenzwertige Tweets von US-Präsident Donald Trump mehr öffentliche Aufmerksamkeit bekommen.

Der US-Comedy-Star Trevor Noah eröffnete im Sommer 2017 einen Steinwurf entfernt vom Trump-Tower in Manhattan die »Donald J. Trump Twitter-Bibliothek«. Besucher können in dieser Ausstellung öffentliche Kurznachrichten des US-Präsidenten aus den vergangenen Jahren nachlesen, in denen er sich in wenig präsidialer Sprache über Gott und die Welt ereifert. Jahre vor seiner Wahl beschimpfte er etwa die Schauspielerin Kristen Stewart, sie habe ihren Freund und Twilight-Co-Star »wie einen Hund« betrogen. Außerdem gab er vielsagend bekannt, noch nie einen dünnen Menschen Cola-Light trinken gesehen zu haben. Zur Regierungszeit Obamas klagte er noch ausgiebig bei Twitter über dessen Golf-Urlaube. Wenige Monate nach Trumps Amtsantritt wurde schnell klar, dass wahrscheinlich noch nie ein US-Präsident im Amt derart viel Zeit mit Golf-Urlauben verbracht hat wie Trump selbst.

So nachvollziehbar das Interesse an alten Tweets bei Personen des öffentlichen Interesses wie Donald Trump ist, so übertrieben wäre das bei einem normalen Nutzer. Wer wünscht sich schon eine öffentliche »Maria Musterfrau Twitter-Bibliothek«? Per Hand kann man die Tweets von einzelnen Accounts wahrscheinlich genau aus diesem Grund heute nur noch ein Jahr zurückscrollen. Vielen Menschen wäre verständlicherweise unwohl dabei, würden alte Nachrichten nach Jahren, aus dem ursprünglichen Kontext gerissen, wieder auftauchen. Auch wenn Twitter heute das gezielte Ausforschen von Personen künstlich erschwert, so sind doch alle meine Tweets noch online und mit etwas Mühe auffindbar.

Als ich im Jahr 2012 für einen Platz auf der Landesliste der Piratenpartei Niedersachsen kandidierte, machten sich einzelne Parteimitglieder tatsächlich die Mühe, meine Tweets bis zum ersten Tag an durchzusehen. Das fiel mir erst auf, als plötzlich uralte Nachrichten von Parteimitgliedern kommentiert wurden, die man nicht »zufällig« hätte entdecken können. Einerseits fand ich es verständlich, möglichst viel über einen Kandidaten herausfinden zu wollen. Andererseits fühlte es sich auch irgendwie bedrohlich an. ›So muss es sich anfühlen, einen Stalker zu haben‹, ging es mir damals durch den Kopf. Auch wenn ich Jahre später feststellte, dass ein geistig verwirrter Stalker tatsächlich eine ganz andere Nummer ist. Aber das ist eine andere Geschichte.

Rund 16.700 Tweets habe ich seit meiner Anmeldung am 22. Oktober 2011 abgesetzt. Die Inhalte reichen dabei von Links zu Artikeln über Hinweise zu Veranstaltungen, bis hin zu Kommentaren über das Wetter. Als Twitter-Nutzer kann man sich sein eigenes Archiv aller jemals geschriebenen Tweets herunterladen. Da ich neugierig bin, was für »Jugendsünden« sich bei mir finden lassen, mache ich von der Funktion Gebrauch und lade eine Kopie meines Datensatzes herunter. Danach verbringe ich Stunden damit, mich durch Tausende alter Nachrichten zu graben. Es fühlt sich ein wenig an, als würde man in einer Schublade mit Erinnerungen wühlen.

2014, Beginn der Revolution in der Ukraine: »Lese in der *Zeit* wie man Eisbarrikaden bei −15° baut: Schnee in Sandsäcke und Wasser drüber. Wir leben in unruhigen Zeiten.«

Dezember 2015, ich schreibe meine Abschlussarbeit: »Manche Menschen sind so beschäftigt damit etwas zu werden, dass sie vergessen jemand zu sein.«

2016, Debatte um ein Verbot von Anonymisierungsdiensten: »Eines Tages werden wir uns im Darknet fettige Pizza ohne Info an die Krankenkasse bestellen können.«

Juni 2017, Anschlag in London: »Wenn Krieg gegen den Terror einen Überwachungsstaat schafft, ist der größte denkbare Anschlag auf die freie Gesellschaft geglückt.«

»Ich will ein Back-up von meinen Gedanken«, twitterte ich am 25. Dezember 2012 unbekümmert. Diesen Satz fünf Jahre später als Teil eines gigantischen Datenpakets von alten Gedankenfetzen zu lesen, trägt eine gewisse Ironie in sich. Nach Stunden des Lesens meines eigenen Twitter-Archivs lässt mich das Gefühl nicht los, mir beim Erwachsenwerden zugesehen zu haben. Ich will mir gar nicht ausmalen, was ich alles in das damals noch auf 140-Zeichen limitierte Fenster eingetippt hätte, wenn ich meinen ersten Tweet im Alter von 14 Jahren abgesetzt hätte. Ein Gedanke beschäftigt mich: Lassen sich aus meinen öffentlichen Nachrichten vielleicht auch Informationen über mich ableiten, die mir bisher verborgen blieben?

Ich bitte einen technikbegeisterten Freund, sich die letzten 3.000 öffentlich einsehbaren Postings mithilfe einer Analyse-Software genauer anzusehen. Von ihm will ich wissen: Was kann ein Außenstehender mit wenigen Klicks über mich herausfinden, ohne sich durch einen Berg von alten Nachrichten wühlen zu müssen? Statt einer qualitativen Analyse zum Inhalt einzelner Tweets geht es mir dabei um die quantitativen Daten: Wann habe ich was verschickt? Lassen sich Muster erkennen?

Es dauert nicht lange, bis sich der Freund mit einer übersichtlichen Tabelle zurückmeldet. Statistisch betrachtet habe ich pro Tag im Schnitt 3,6 Nachrichten veröffentlicht. Die Tatsache, dass ich meinen ersten Tweet meist zwischen 11 und 13 Uhr absetze, spricht dafür, dass ich ein Morgenmuffel bin. Das trifft tatsächlich zu. Auch wenn ich an manchen Tagen um 6 Uhr eine stolze »Seht her, ich bin schon wach«-Nachricht absetze, um das zu kaschieren – die Statistik überführt mich. Vereinzelte Tweets zu später Uhrzeit untermauern diesen Eindruck. Die Zahlen deuten außerdem darauf hin, dass ich Twitter auch während der Arbeitszeit nutze. Laut Statistik habe ich nicht einmal den Anstand, bis zur Mittagspause zu warten. Es ist mein großes Glück, dass dies nie für einen meiner Arbeitgeber ein Problem war. Im Gegenteil: Twitter ist in meinem Job ein

Arbeitswerkzeug. Aber ob das wohl auch zukünftige Arbeitgeber so sehen werden?

Dass ich an einem beliebigen Tag in der Woche mehr Nachrichten versende als am Wochenende, lässt vermuten, dass mein Privatleben bei Twitter nicht im Vordergrund steht. Dazu passt auch, dass die meisten Nachrichten eher politischer Natur sind. Eine Hashtag-Analyse offenbart, dass mein besonderes Interesse der AfD, Vorratsdatenspeicherung und Handelsabkommen wie TTIP und CETA gilt. Außerdem teile ich bevorzugt Artikel von »Zeit-Online« und »Spiegel-Online« sowie des Nachrichtenportals »netzpolitik.org«.

Die optionale Angabe eines ungefähren Standorts zu jedem Tweet habe ich abgeschaltet. Ansonsten hätte man herauslesen können, dass ich als Berufspendler je nach Job oft aus Verden an der Aller, aus Kiel oder aus Berlin Nachrichten versende. Es wäre sogar sichtbar, wann ich meine Familie am Niederrhein oder in Polen besuche. Und mein Umzug von Niedersachsen nach Berlin wäre dann eine öffentliche Angelegenheit gewesen – selbst wenn ich das mit keinem Wort erwähnt hätte. Ich bereue es nicht, diese Funktion nie eingeschaltet zu haben. Ich bin, was meinen Aufenthaltsort angeht, eher auf meine Privatsphäre bedacht.

Bei jedem Tweet kann mein Freund nachvollziehen, welches Betriebssystem das jeweils von mir genutzte Smartphone hatte. Anhand der öffentlichen Daten lässt sich ablesen, dass ich mindestens zwei unterschiedliche Handys zum Twittern benutzt habe: ein Android-Smartphone und ein iPhone. Die meisten Nachrichten setze ich laut seiner

Daten-Analyse (entgegen meiner Erwartung) übrigens nicht mit dem Smartphone, sondern mit dem Rechner ab.

Natürlich will ich herausfinden, welche nichtöffentlichen Daten auf den Servern des US-Konzerns lagern, und schicke noch eine zusätzliche Anfrage an Twitter. Immerhin eine spannende Information ist dabei: Ein Unternehmen hat meine Follower als Zielgruppe für Werbung zu einem Film über Hacker ausgewählt.

Als ich bei Twitter noch weiter nachbohre, bekomme ich eine umfassendere Datei zugeschickt. Wahrscheinlich ist das ein Teil des Datensatzes, der bei Strafsachen an Polizeibehörden herausgegeben wird. In einer unscheinbaren Textdatei ist die IP-Adresse vermerkt, die ich bei meiner Registrierung genutzt habe. Daraus lässt sich der Ort schätzen, an dem ich mich zu diesem Zeitpunkt befunden habe: Hamburg. Außerdem bekomme ich eine Liste aller IP-Adressen, mit denen ich mich die letzten zwei Monate angemeldet habe, mit der bis auf die Sekunde genauen Zeitangabe. Dazu erhalte ich eine Liste aller meiner gespeicherten Suchanfragen. Nach einer weiteren Anfrage bekomme ich alle nicht öffentlichen Privatnachrichten übermittelt, außerdem eine Datei mit allen Bildern und Videos, die ich jemals über Twitter verschickt habe, und eine Liste aller E-Mail-Adressen, die ich jemals mit meinem Profil verbunden habe. Die eigentlich interessanten Daten fehlen aber auch bei diesem dritten Datensatz. Ich erfahre weder, ob das Unternehmen erfasst, wessen Profil ich wann aufgerufen habe, noch, welche Links ich angeklickt habe und was für Daten durch eingebundene Twitter-Buttons auf externen Webseiten gesammelt werden.

Eine Analyse öffentlicher Social Media Daten macht folgendes deutlich: »Zwischen den Zeilen« wird oft die eigentliche Botschaft übermittelt. Ähnlich wie die Mimik uns in Gesprächen verrät, können auch im Internet die Daten hinter der eigentlichen Nachricht viel mehr über uns verraten, als uns lieb ist. Mithilfe einer automatisierten Analyse ließen sich ganz konkret Aussagen über meinen Tagesrhythmus treffen. Mit etwas mehr Mühe wäre es möglich anhand meiner Kontakte mein soziales Gefüge nachzuzeichnen und wie es sich im Laufe der Jahre verändert. In Zeiten von Big Data gibt es gute Gründe, sich auch über mögliche zukünftige automatisierte Analysemöglichkeiten Gedanken zu machen.

»Zeig mir deine Freunde, und ich sage dir, wer du bist«, lautet ein Sprichwort. Eine US-Studie zur Aussagekraft von Facebook-Freundeslisten sorgte 2009 für viel Aufsehen. Forscher werteten 4.080 Facebook-Profile Studierender des Massachusetts Institute of Technology aus. Anhand der Information, wie viele bekennende Homosexuelle sich auf der Freundesliste fanden, konnten sie mithilfe eines Programms treffsicher die sexuelle Orientierung der Person vorhersagen. Ähnliche Analysen wären auch bei Twitter oder Instagram denkbar.

Bei Twitter und Instagram poste ich regelmäßig Bilder. Eine Studie von Wissenschaftlern der Havard-Universität und der University of Vermont befasst sich mit der Frage, ob man anhand von Bildern, die jemand in sozialen Netzwerken veröffentlicht hat, einen depressiven Menschen erkennen kann. Hierzu untersuchten die Forscher 43.950 Instagram-Fotos von 166 Versuchsteilnehmern. Sie stellten fest, dass Depressive dazu neigen, eher dunkle Bilder mit Grau- und Blautönen zu posten und wenige Filter verwenden – bis auf die Schwarz-Weiß-Funktion. Eine weitere Studie von Wissenschaftlern der Korea University in Seoul kommt zu dem Ergebnis, dass narzisstische Menschen dazu neigen, außergewöhnlich viele Selfies zu posten. Öffentlich zugänglichen Daten wie Fotos oder Kontaktlisten lassen sich mit Analysewerkzeugen durch Massenabfragen schnell auswerten. Es braucht nur jemanden, der das passende Programm bereitstellt.

Forscher der US-Universität Stanford behaupten sogar, anhand von 70 Likes bei Facebook sagen zu können, ob jemand eher ein introvertierter oder extrovertierter Typ ist. Auch bei Twitter lassen sich Beiträge nicht nur teilen, sondern auch favorisieren. Daraus ließe sich ebenfalls ein Persönlichkeitsprofil erstellen. Twitter weiß außerdem, wer Beiträge teilt, ohne auf den Link geklickt zu haben.

Für Arbeitgeber, Unternehmen und Versicherungen sind die neuen Möglichkeiten bei Analysen öffentlicher Social Media Daten äußerst verlockend. Dass sich solche Ideen längst in der Realität manifestieren, zeigte ein Forschungsprojekt der deutschen Kreditauskunftei Schufa aus dem Jahr 2012. Gemeinsam mit dem Hasso-Plattner-Institut wollte die Schufa herausfinden, ob sich Social-Media-Daten, beispielsweise aus Facebook, Twitter oder Xing, auch für die Bemessung des Kredit-Scores nutzen lassen können. Erst nach massiver öffentlicher Kritik kündigte das Hasso-Plattner-Institut die Zusammenarbeit auf.

»Twitter ist ein (fast) Echtzeit-Medium. Es gibt keinen Grund, warum Twitter ein Archiv von allem, was ich jemals getan habe, erstellen muss«, heißt es in der Beschreibung einer kleinen Software, die automatisch in regelmäßigen Abständen alte Interaktionen eines Nutzers löscht. Bevor ich meine eigenen Daten ausgewertet hatte, fand ich das übertrieben. Man muss ja nicht päpstlicher sein als der Papst. Nachdem ich viel Zeit damit verbracht hatte, mein altes Twitter-Archiv zu durchforsten und zu analysieren, kann ich das nun doch nachvollziehen. Allerdings frage ich mich bei Twitter, genauso wie bei Facebook, wie groß der »unsichtbare« Datenberg ist, den ich durch meine Nutzung anhäufe. Dieser lässt sich auch nicht durch das Löschen alter Nachrichten beseitigen.

Ich habe nichts Schlimmes auf Twitter geschrieben, bin in keine Fettnäpfchen getreten und habe keine wirklich privaten Dinge herausposaunt. Aber manche Formulierungen sind mir heute schlichtweg peinlich. Und nein, ich möchte, wenn ich genauer darüber nachdenke, kein öffentliches »Back-up meiner Gedanken« haben. Vor allem, weil ich nicht weiß, welche Analysewerkzeuge in Zukunft zur Verfügung stehen werden, um daraus ganz neue Informationen über mein Innenleben abzuleiten.

Ohne Frage macht es etwas mit uns, wenn wir wissen, dass unsere vergangenen Meinungsäußerungen für lange Zeit nachvollziehbar werden. Gerade für Jugendliche ist das bedeutsam. Deshalb ist es gut, dass Twitter im Gegensatz zu Facebook Pseudonyme und Nicknames zulässt. Niemand ist gezwungen, sich dort mit richtigem Namen anzumelden. Ich selbst habe meinen Twitter-Account einst unter einem Pseudonym angelegt. Warum sollte man Menschen dazu zwingen, eine öffentliche Bibliothek der peinlichsten Aussagen und Ansichten aus der Jugendzeit anzulegen? Die Sorge, dass durch Pseudonyme die Zahl der beleidigenden Kommentare zunimmt, teile ich nicht. Ich habe schon Hass-Botschaften erhalten, die mit vollem Namen und sogar Doktortitel unterzeichnet waren. Eine Studie aus Südkorea zeigte, dass die dort zwischenzeitlich gesetzlich vorgeschriebene Klarnamenpflicht keine signifikanten Auswirkungen auf die Anzahl von Hass-Botschaften hatte. Vielmehr brachte dies neue Probleme mit sich. Es macht eben einen Unterschied, ob bei einer Sicherheitslücke mit dem echten Namen verknüpfte Daten entwendet werden. Ein Pseudonym zu verwenden ist gelebte informationelle Selbstbestimmung. Es sollte nichts Verwerfliches daran sein, seinen Namen bei Online-Plattformen selbst zu wählen. Oder ab und zu Dinge auszumisten – wie eben in den analogen vier Wänden auch.

Wir sind, was wir suchen

Der Mensch ist ein Informationsfresser. Doch trotz der uns angeborenen Neugier sind wir angesichts der Informationsflut im Internet schnell überfordert. Suchmaschinen sind für uns das Tor zur digitalen Welt. Ohne sie würden wir hilflos im Informationsüberfluss ertrinken. Bevor Suchmaschinen auf den Plan traten, mussten sich Internet-Nutzer durch Index-Seiten, die frühen Telefonbücher des Internets, wühlen. Oft mit wenig befriedigendem Ergebnis. Der Autor Christoph Drösser trifft in seinem Buch »Total berechenbar?« den Nagel auf den Kopf: Ohne Hilfestellung im Netz unterwegs zu sein, sei vergleichbar mit der Situation, ein Telefon zu haben, aber keine Nummer zu wissen, die man anrufen könnte. Suchmaschinen sind unverzichtbar, wenn man im Informationsdschungel klarkommen will. Allein an einem normalen Arbeitstag wie diesem habe ich sie schon 28 Mal um Rat gebeten.

Warum es immens wichtig ist, sich über die Datensammlungen von Suchmaschinen Gedanken zu machen, zeigt ein realer Fall aus nicht allzu ferner Vergangenheit. Am 1. August 2006 hatte der US-Konzern AOL 20 Millionen Suchanfragen von 658.000 seiner Nutzer zum Zwecke wissenschaftlicher Forschung online veröffentlicht. Um die Persönlichkeitsrechte der Nutzer zu schützen, wurde die Nutzerkennung der Kunden in den Datensätzen jeweils durch eine Zahl ersetzt. Für AOL entwickelte sich diese Aktion bereits wenige Tage nach der Veröffentlichung zu einer der größten PR-Katastrophen in der Konzerngeschichte.

Wie sich zeigte, ließen sich zahlreiche Suchanfragen nämlich recht einfach realen AOL-Kunden zuordnen.

Die New York Times demonstrierte das anhand des Datensatzes eines AOL-Nutzers mit der Nummer 4.417.749. Über einen Zeitraum von drei Monaten tätigte dieser Kunde banale Suchanfragen wie »taube Finger«, »60 Single-Männer« und »Hund, der auf alles uriniert«. Außerdem wurde nach Informationen zu Termiten und gesundheitsfördernden dem Tee gesucht. Aufhorchen ließ eine ganze Reihe von medizinischen Anfragen, darunter »Handzittern«, »Auswirkungen von Nikotin auf den Körper«, »Mundtrockenheit« und »Bipolare Störung«. Einige Suchen waren sehr spezifisch, wie etwa »Landschaftsgärtner in Lilburn, Ga« und mehrere Anfragen zu Personen mit dem Nachnamen »Arnold«. Allein anhand dieser Daten konnten die Journalisten die Identität zweifelsfrei rekonstruieren.

Nummer 4.417.749 hieß eigentlich Thelma Arnold. Die 62-jährige Witwe lebte mit ihren drei Hunden in Lilburn, USA. Konfrontiert mit den Rechercheergebnissen sagt sie: »Oh mein Gott, das ist mein ganzes Privatleben« und »Ich hatte ja keine Ahnung, dass mir jemand über die Schulter schaut.« Viele Anfragen hätte sie lediglich wegen gesundheitlicher Beschwerden ihrer Freunde gestellt, da nicht jeder ein Händchen für Computer habe. Dank der Unachtsamkeit von AOL zirkulierten all diese Ängste, Sorgen und Beschwerden einer arglosen älteren Dame und ihres sozialen Umfelds plötzlich im Netz. Woher nehmen wir eigentlich die Sicherheit, dass es uns nicht eines Tages so ergeht wie Thelma Arnold?

Ein altes deutsches Lied, welches 1842 in einem Lieder-
band von August Heinrich Hoffmann von Fallersleben veröffentlicht wurde, beginnt mit den Zeilen: »Die Gedanken
sind frei, wer kann sie erraten?« Mehr als 150 Jahre später
(2010) antwortete Googles langjähriger Chef Eric Schmidt:
»Wir wissen mehr oder weniger, woran Sie denken«. In
der Tat – AOL, Yahoo! und viele andere Suchmaschinen
kommen im Alltag vieler Menschen kaum noch vor. Mit
geschätzten 3,29 Billionen Suchanfragen im Jahr 2016 ist
Google zur größten Suchmaschine der Welt aufgestiegen.
Fast 90 Prozent aller Internet-Suchen der Menschheit starten heute auf der spartanisch eingerichteten Seite des US-
Konzerns aus dem Silicon Valley. Diese Dominanz macht
auch vor der Sprache nicht halt. Der Duden listet das Verb
»googeln« als »mit Google im Internet suchen« oder auch
einfach nur Synonym für »recherchieren«.

Suchanfragen zeichnen ein sehr genaues Bild davon, was
uns beschäftigt – sowohl privat als auch beruflich. Das
Google-Gedächtnis weiß im Zweifel besser als Sie selbst,
worüber Sie sich heute vor vier Jahren den Kopf zerbrochen
haben. »Wir bewahren die Daten auf, so lange wir sie brauchen, um die Suchmaschine zu verbessern. Es gibt keinen
vorgeschriebenen Zeitraum dafür«, sagte der ehemalige
Google-Chef Eric Schmidt 2006 in einem Interview mit
dem Magazin »Stern«. Bis zum heutigen Tag nennt Google
kein verbindliches Verfallsdatum für die gehorteten Nutzerdaten.

Ich beschließe, mir meine eigene Datenspur anzuschauen.
Für mein Experiment melde ich mich eine Zeit lang ganz
bewusst mit meinem Google-Konto an, bevor ich eine Su-

che starte, um später nachschauen zu können, wie mir der Konzern dabei über die Schulter schaut. Es dauert nicht lange, bis ich die Überwachung selbst vergessen habe. Das so langsam wachsende Suchprofil kann sich sehen lassen. Einige Monate später kann ich genau nachvollziehen, wann und wie lange mich eine Blasenentzündung geplagt hat. Im Oktober hatte ich sogar nach Symptomen für eine Blutvergiftung gesucht. Dass ich gerne italienisch esse, ein Faible für Programmkino habe und mich gerne zu später Stunde über die Öffnungszeiten von Kneipen in meiner Umgebung informiere, kann man ebenso ablesen wie zahlreiche Routenabfragen bei Google Maps. Anscheinend lässt meine Ortskenntnis von Berlin außerhalb des eigenen Bezirks zu wünschen übrig. Auch habe ich öfter nach diversen Kleingartenanlagen gesucht und hege anscheinend schon länger den Traum, eines Tages den höchsten Berg Spaniens zu besteigen. Ob ich diesen Plan jemals umsetzen werde, ist allerdings fraglich, wenn man dabei mein Datenprofil zu Rate zieht. Zu meinen Hobbys gehört offenbar auch, weit entlegene Länder auf Google-Maps ausführlich zu erkunden, ohne aber anschließend nach Hotels oder Flügen dorthin zu suchen.

Auch über meine berufliche Situation lässt sich einiges ablesen. An einem Tag habe ich mich über Haftpflichtversicherungen für Selbstständige und die juristischen Feinheiten von Werkverträgen informiert. Offensichtlich habe ich mit einer Versicherung von der Gothaer und der DEVK geliebäugelt. Außerdem bin ich auf einer Plattform für Unternehmensgründer unterwegs gewesen. Wenig später habe ich Informationen über die ›VG Wort‹ gesucht, bei der man sich als Journalist oder Blogger anmelden kann, um für seine Artikel eine zusätzliche Vergütung zu bekommen. Über die Regeln für Selbstständige bei Steuererklärungen habe ich mich offensichtlich ausgiebig informiert, auch gerne noch zu später Stunde. Regelmäßig habe ich bei Google News nach Artikeln zum Thema AfD und Datenschutz Ausschau gehalten. Außerdem scheine ich in unregelmäßigen Abständen meinen eigenen Namen zu googeln, um Artikel, in denen ich zitiert werde, zu finden. Nach dieser Lektüre lösche ich die Daten und stelle das Speichern meiner Suchabfragen ab. Ob die Informationen anschließend wirklich in der zentralen Datenbank entfernt wurden, kann ich nicht nachprüfen.

Möglichst detaillierte Informationen über das Innenleben potenzieller Kunden sind das Öl im Getriebe der Werbeindustrie. Die Werbeeinnahmen von Google beliefen sich allein im Jahr 2016 auf 79 Milliarden US-Dollar. Tendenz steigend. Google ist ein Meister darin, personenbezogene Daten anzureichern, zu veredeln und auszuwerten. Google sammelt tagein, tagaus nicht nur Informationen darüber, welche Filme wir uns im Kino anschauen wollen und Ähnliches, sondern kreiert nicht weniger als detaillierte Momentaufnahmen unserer Ängste, Hoffnungen und Sorgen.

Es gibt kaum einen Menschen, der nicht zu irgendeinem Zeitpunkt seines Lebens mit Google Bekanntschaft macht. Die Geräte, die wir besonders nah an uns heranlassen, sind oft eng mit dem Google-Imperium verzahnt. Allen voran das Smartphone. Der Konzern ist mit seinem Betriebssystem Android unangefochtener Platzhirsch im Smartphone-Markt. Neue Apps lassen sich bei den meisten Android-Geräten nur mit einem Google-Konto im App-Store Google

Play herunterladen. Bei vielen Smartphones sind Dienste wie Google Maps bereits vorinstalliert. Eine Untersuchung des Online-Magazins »Quartz« fand im Herbst 2017 heraus, dass zahlreiche Android-Smartphones sogar ohne GPS-Aktivierung oder Freigabe den groben Standort des Nutzers an Google übertragen haben. Der Konzern ruderte daraufhin zurück und versprach, die Funktion zu deaktivieren. Vielleicht fiel dem Konzern diese Zusage auch deshalb nicht schwer, weil bereits genug andere Datenquellen zur Verfügung stehen, um die eigenen Nutzer zu durchleuchten.

Die Suchanfragen der Nutzer werden heute mit einem immer größer werdenden Strauß an weiteren Datensätzen verknüpft. Seit der Änderung der allgemeinen Geschäftsbedingungen im Jahr 2012 laufen die Daten von unzähligen Diensten in einem Datenpool zusammen. Zu den Datenquellen gehören der Google-Browser Chrome, YouTube, Gmail, Google Drive, Google Books, Google Scholar, Google Wallet, Google Calendar, Google Translate, Google Hangouts und viele mehr. Je nachdem, welche Google-Dienste man nutzt, umfasst die eigene Akte schnell eine ganze Reihe von Datenbergen: Suchanfragen, besuchte Webseiten, Standortdaten, Video-Playlists und vieles mehr. Hinzu kommen Informationen aus den gewaltigen Werbenetzwerken Google-Analytics und DoubleClick, die auf vielen Internetseiten zum Einsatz kommen. Für daheim gibt es seit Neuestem den sprachgesteuerten Assistenten Google Home, der mit vielen Google-Diensten verknüpfbar ist. Mit »Nest« hat Google sogar ein Unternehmen aufgekauft, das auf »Smart Homes« spezialisiert ist. Hinzu kommen Investments bei zahlreichen Technologieunternehmen wie beispielsweise »23andMe«, das

Kunden kostengünstige Gentests anbietet und seinen Datenschatz – angeblich ausreichend anonymisiert – einem großen Pharmakonzern zur Verfügung stellen will.

Eric Schmidt hat wahrscheinlich recht, wenn er sagt: »Wir brauchen nicht einmal deine Tastatureingabe. Wir wissen, wo du bist. Wir wissen, wo du warst. Wir wissen mehr oder weniger, worüber du nachdenkst«. Dank des gewaltigen Datenpools kann per Korrelationsanalyse von Handlungen auf zukünftiges Verhalten geschlossen werden. Google kennt uns womöglich besser als wir uns selbst kennen. Google weiß, wer Angst hat, betrogen zu werden, und welche sexuellen Fantasien Millionen Menschen hegen. Wer von Kindern träumt und wer sich unterbezahlt fühlt. Wen wir wählen und wen wir anhimmeln. Wo wir sind und wohin wir gehen. Wie wir uns heute wahrscheinlich fühlen. Es gibt keinen Automatismus, damit besonders sensible Anfragen, wie die Suche nach Krankheitssymptomen, nicht erfasst oder gar gelöscht werden. Bis zum Jahr 2017 hat Google sogar die Postfächer von Gmail-Nutzern zu Werbezwecken analysiert.

Würden Sie einem US-Konzern freiwillig jeden Tag ein Protokoll schicken, in dem Sie minutiös notieren, wo Sie heute gewesen sind? Oder welche Fragen Sie heute brennend interessieren? Ohne es sich bewusst zu machen, tun viele Menschen genau das. Und zwar Tag für Tag. Wer garantiert uns überhaupt, dass unsere Daten bei Google für immer sicher sein werden? Wie zerbrechlich die gefühlte Sicherheit sein kann, zeigt der Fall des einst führenden Suchmaschinenbetreibers und E-Mail-Anbieters Yahoo!. In den Jahren 2013 und 2014 gelangten Zugangsdaten von drei Milliarden Yahoo!-Konten in falsche Hände.

Ich kann jedem Inhaber eines Google-Accounts nur dringend empfehlen, seine Kontoeinstellungen von Zeit zu Zeit zu überprüfen. Gleiches gilt für die Zugriffsberechtigung von Google-Apps auf dem Smartphone. Denn die werbefreundlichen Standardeinstellungen führen zu einer sehr umfassenden Datensammlung. Wer kein Google-Konto besitzt oder die Google-Suche nur nutzt, ohne sich mit seinem Konto anzumelden, sollte sich nicht vorschnell in Sicherheit wiegen. Wenn Google im Browser eine kleine Datei, einen »Cookie«, abgelegt hat, lassen sich Nutzer auch ohne Anmeldung zuordnen. Ansonsten können auch eine sich nicht verändernde IP-Adresse oder Geräte-ID sowie der individuelle Fingerabdruck des Browsers Indizien sein. Das Beispiel von Thelma Arnold aus Lilburn zeigt außerdem, dass allein die Suchanfragen bei vielen Menschen vollkommen ausreichen, um ihre Identität mit hoher Treffsicherheit zu ermitteln.

Der Autor Dave Eggers macht in seinem Roman »The Circle« keinen Hehl daraus, dass Google die Hauptinspiration für seine Geschichte war. In dem Buch reift ein dystopischer Konzern, der bereits so gut wie alle Online-Dienstleistungen der Menschheit kontrolliert, nach und nach zu einem Staat im Staat. Vertreter des IT-Giganten wollen am Ende sogar erwirken, dass Wahlen zukünftig online über die »Circle«-Accounts der Bürger abgewickelt werden. Wer keinen Account hat, existiert quasi nicht. Der Konzern kennt die Geheimnisse aller Menschen, auch die der Politiker, wodurch diese erpressbar werden. Während nach außen die Parole »Geheimnisse sind Lügen« ausgegeben wird, hüllt sich der Konzern in Bezug auf die eigenen Praktiken in Schweigen. Eggers wirft in seiner Geschichte eine wichtige Frage auf: Ist ein Konzern, der die Geheimnisse der Welt kennt, überhaupt noch regulierbar?

»Wenn es irgendetwas gibt, was man nicht über Sie wissen sollte, dann sollten Sie es vielleicht gar nicht erst tun«, sagte Eric Schmidt im Dezember 2009 im Interview mit CNBC. Das sehen Datenschützer zum Glück anders. Die beiden Google-Gründer Sergey Brin und Larry Page wollten nicht die größte Überwachungsmaschine der Welt bauen, sondern einfach nur eine effiziente Suchmaschine. Am Ende ist Google sowohl das eine als auch das andere geworden. Wo große Mengen von kostbaren Daten sind, entstehen schnell Begehrlichkeiten. Für die umfassende Überwachung eines Menschen waren einst noch umfangreiche Abhörmaßnahmen vonnöten. Heute braucht es nur noch Anfragen bei einer Handvoll Unternehmen. Dank Edward Snowden wissen wir, dass sich der US-Geheimdienst NSA bereits großzügig an Google-Daten bedient. Global betrachtet ist der Datenschatz von Google eine tickende Zeitbombe, denn jeder hat etwas zu verbergen. Und wenn es nur der heimliche Wunsch ist, ein glücklicheres Leben als das jetzige zu führen.

Eine Freundin berichtet mir kürzlich von einer Arbeitskollegin, die völlig aufgewühlt war, weil ihr mit einem ortbaren Smartphone ausgestattetes Kind einige Stunden »vom Radar« verschwunden war. Die Mutter war kurz davor, die Polizei zu rufen. Letztlich war nur der Akku des Gerätes leer gewesen. Helikoptereltern leben ihren Kontrollzwang heutzutage unter Einsatz modernster Technik aus: GPS-Einlegesohlen, GPS-Kuscheltiere oder Plastik-Schmuck mit Tracking-Funktion. Die Bundesnetzagentur sah sich

2017 sogar dazu gezwungen, eine Armbanduhr für Kinder mit versteckter Abhörfunktion zu verbieten. Eltern hatten diese benutzt, um nicht nur ihre Kinder, sondern auch die Performance von Lehrern zu überwachen. Ob es eine gute Idee ist, sein Kind mit dem Wissen ständiger Überwachung aufwachsen zu lassen? Diese Frage muss jeder für sich selbst entscheiden. Klar ist aber, dass Konzerne die Generation der Eltern längst ortet und überwacht, wo es nur geht. Nicht aus vermeintlicher Fürsorge, sondern weil es dem Konzerngewinn dient.

Der Griff des Staates nach meinen Daten

Ich kann mich noch genau an den 11. September 2001 erinnern, als zwei Flugzeuge ins World Trade Center gelenkt worden sind. Meine Familie hat an diesem Tag entgeistert vor dem Fernseher gesessen. In Nahaufnahmen zeigten die Nachrichtensender immer wieder, wie verzweifelte Menschen aus den Fenstern sprangen, um dem Flammeninferno zu entkommen. Es war derart grausam, derart real, dass es selbst heute noch wehtut, sich daran zu erinnern. Der Anschlag auf das World Trade Center hat uns alle erschüttert. Und das Gefühl der Sicherheit geraubt. Seitdem beäuge auch ich misstrauisch herrenloses Gepäck am Bahnhof.

Wenige Jahre nach diesem Attentat war ich als Teenager mit einigen Freunden am Hauptbahnhof Oberhausen unterwegs. Ich sah, wie zwei Polizisten zielgerichtet auf einen Mann mit Koffer zusteuerten. Er hatte südländische Züge und einen Bart. Die Beamten sprachen ihn an, offensichtlich wollten sie seine Ausweispapiere sehen. In meiner Magengegend zog sich etwas zusammen. In dieser Zeit bekam ich immer häufiger mit, dass Freunde mit türkischen Wurzeln in der Schule als »Terroristen« beschimpft wurden. Ich selbst bin in Polen geboren, allerdings sieht man mir meine Herkunft nicht an. Deshalb konnte ich nicht einfach vorbeigehen und so tun, als hätte ich nichts gesehen. Ich stellte mich dazu und bat die Polizei, meine Ausweispapiere ebenfalls zu prüfen. Ich fragte, ob ich denn nicht verdächtig genug aussehen würde. Einem Polizisten war das sichtlich unangenehm, und er versuchte mich abzuwimmeln. Ich solle keinen Ärger machen, sagte er. Der Mann mit Bart aber schaute mich an und sagte in akzentfreiem Deutsch: »Danke, aber ist schon gut. Ist das fünfte Mal diese Woche.« Ich lernte sehr früh, was Racial-Profiling ist.

Geboren wurde ich während des Kalten Krieges, erwachsen in Zeiten des »Krieges gegen den Terror«. In Deutschland diskutierten in diesen Jahren Intellektuelle über Folter als legitimes Mittel des Verhörs. In der Schule lasen wir währenddessen »Nathan der Weise« von Lessing mit seinem Appell gegen Vorurteile und für Frieden. Als ich nach Hause kam und die Zeitung aufschlug, wurde darin ein »Feindstrafrecht« gefordert, da Terrorverdächtige schließlich nicht dieselben Rechte haben dürften wie normale Bürger. In dem Moment, in dem ich das las, ist etwas in mir gestorben. An dessen Stelle ist das schmerzliche Bewusstsein getreten, dass unsere Demokratie so zerbrechlich ist wie nie zuvor. Ich bin in einer Zeit aufgewachsen, in der Bürgerrechte schleichend zum Kollateralschaden degradiert worden sind.

International lässt sich seit dem elften September ein beängstigender Trend beobachten, der westliche Demokratien nach und nach in die Angststarre eines permanenten Ausnahmezustands versetzte. Zunächst waren nur Randgruppen betroffen. Nach dem Attentat forderten Behörden vielerorts pauschal alle Daten muslimischer Studierender von Universitäten ab. Ausländische Studierende mussten später einen »Gesinnungstest« absolvieren. Als meine Studierendenvertretung dieses geheime Dokument ins Netz stellte, versuchten uns die Behörden einzuschüchtern. Wir ließen uns nicht darauf ein, weil wir der Überzeugung waren, dass die Bevölkerung davon erfahren musste, was hier geschah. Für uns war es nicht hinnehmbar, dass Menschen in unserer Mitte unter Generalverdacht gestellt wurden. Doch Gesetz um Gesetz wurden in diesen Jahren Grundrechte geschliffen. Schleichend weitete sich der Ausnahmezustand auf die komplette Bevölkerung aus.

Statt zielgerichteter Ermittlungen stehen massenhafte Datensammlungen heute hoch im Kurs. Ohne Rücksicht darauf, dass dadurch gegenüber jedem unbescholtenen Bürger implizit ein Generalverdacht ausgesprochen wird. Edward Snowden ist unser Zeuge. Der US-Geheimdienst NSA hat seit dem elften September einen noch nie dagewesenen globalen Überwachungsapparat aufgebaut. US-Geheimdienste können Anbieter mittels Anordnung über Geheimgerichte, die im Zuge des »War on Terror« eingerichtet worden sind, zur Weitergabe von Nutzerdaten zwingen. Ihre Kunden darüber zu informieren, und sei es nur im Nachhinein, ist den Unternehmen oft durch die sogenannte »Gag-Order«, den Maulkorberlass, verboten. US-Behörden können die Datenbanken zahlreicher großen Anbieter wie Google oder Facebook durchsuchen. Die NSA hat sich dafür sogar eine eigene Suchmaschine gebaut. Selbst die beliebte Spiele-App »Angry Birds« verfügte laut Presse-Berichten über eine NSA-Hintertür. »Ausspähen unter Freunden«, so Bundeskanzlerin Angela Merkel, »geht gar nicht«. Doch Geheimdienste haben eben keine Freunde. Selbstverständlich dienen derartige Systeme auch der Wirtschaftsspionage.

Nun mag manch einer denken: »Was kann schlimm daran sein, wenn der Staat in einer Demokratie seine Bürger überwacht?« Schließlich lassen wir uns auch von Google, Facebook und Amazon überwachen. Aber es gibt eben einen gewaltigen Unterschied zwischen Unternehmen, die Daten über uns sammeln, und Behörden, die uns durchleuchten. Der Staat hat immerhin ein Gewaltmonopol. Unternehmen können uns nicht mit Mitteln der Staatsgewalt sanktionieren oder haben schlichtweg kein Interesse daran. Hinzu kommt, dass sich heute gar keine so klare Linie mehr zwischen staatlichen und privaten Datensammlungen ziehen lässt. Staaten sind längst dazu übergegangen, systematisch auf unsere Daten zuzugreifen, die bei privaten Anbietern hinterlegt sind. Das Prinzip ist nicht neu, aber die Tiefe der Informationen hat sich verändert. Es ist mehr als nur eine Momentaufnahme. Nicht selten ist es ein halbes Leben. Durch eine Datenabfrage können Geheimdienste heute rückwirkend Informationen abfragen, die einer vor Monaten und Jahren angeordneten Rundum-Überwachung und 24-Stunden-Observation in wenig nachstehen.

Bei einer Hausdurchsuchung darf der Beschuldigte vor Ort sein, um zu prüfen, ob alles mit rechten Dingen zugeht. Er darf sogar noch Zeugen hinzuziehen. Von einer virtuellen Hausdurchsuchung bekommen wir womöglich gar nichts mit. Familienangehörige dürfen eine belastende Aussage verweigern. Für die uns viel näherstehenden elektronischen Assistenten gilt das nicht. In einem Rechtsstaat hat man das Recht, die Aussage zu verweigern. In einigen Staaten, wie Großbritannien, droht jedoch längst Beugehaft, wenn Beschuldigte sich weigern, Passwörter herauszugeben. Und wer in den USA seine Daten per Fingerabdruck sichert, kann laut Rechtsprechung einiger Gerichte oft nicht einmal mehr zwischen Schweigen und Aussage wählen.

Unsere digitalen vier Wände sind längst ein Glashaus. Es ist nur logisch, sich zu fragen, was passieren würde, wenn ein Geheimdienst unsere gesammelten Daten als Ganzes zusammenführen würde. Laut den Enthüllungen von Snowden ist es ohne Weiteres möglich, dass die NSA sich Zugriff auf Daten von EU-Bürgern verschaffen kann, die bei US-Diensten gespeichert sind.

Im Jahr 2013 eröffnete die NSA ein neues Datenauswertungszentrum im US-Bundesstaat Utah. Laut Recherchen unterschiedlicher Medien soll die Speicherkapazität zwischen mehreren Millionen und einer Milliarde Terabyte betragen. Rein theoretisch steht damit genug Speicherplatz zur Verfügung, um eine gewaltige Akte über jeden Menschen auf diesem Planeten anzulegen. Datenjournalisten von »OpenDataCity« haben im Jahr 2013 versucht, diese unvorstellbaren Datenmengen greifbar zu machen, indem sie sie mit der Anzahl der Stasi-Aktenschränke verglichen. Die gesammelten Überwachungsakten der Stasi fanden in 48.000 Aktenschränken Platz. Für eine Milliarde Terabyte würde man ausgedruckt ca. 42 Billionen Aktenschränke benötigen.

Mein Versuch, die über mich gespeicherten Daten abzufragen, stößt beim Thema Geheimdienste erstmals an eine Grenze. Es gibt für mich keine Möglichkeit zu erfahren, welche Daten die NSA über mich gespeichert hat. Dabei würde nicht nur mich so ein Datensatz brennend interes-

sieren. Wenn man politisch aktiv ist, macht man sich heutzutage schon seine Gedanken. Ich bin Mitglied im Beirat
des Whistleblower-Netzwerk e.V. und habe für die Bürgerbewegung Campact die bundesweite Kampagne »Asyl für
Edward Snowden in Deutschland« geleitet, für die Snowden sich persönlich bedankt hat.

Ich bin mir nicht sicher, ob ich derzeit in die USA reisen
möchte. Meiner ehemaligen Arbeitskollegin Maritta Strasser wurde vor einigen Jahren die Einreise in die USA verweigert. Sie hatte zuvor bei der Bürgerbewegung Campact
große Kampagnen gegen das Handelsabkommen TTIP sowie für einen Stopp der NSA-Spionage geleitet. »Was bleibt
eigentlich von der Meinungsfreiheit, wenn man dafür mit
seiner Reisefreiheit bezahlen muss?«, fragt Strasser. »Wir
verteidigen zusammen mit unseren US-amerikanischen
Partnern unsere Demokratie gegen NSA-Überwachung
und Klagerechte von Konzernen im TTIP-Abkommen –
und werden dafür zu ›unerwünschten Personen‹ erklärt.«
Dies war nicht der erste Fall dieser Art. Im Jahr 2013 wurde
dem Schriftsteller Ilija Trojanow ebenfalls die Einreise in
die USA verweigert. Gemeinsam mit der Schriftstellerin
Juli Zeh hatte er zuvor einen Appell an die Bundeskanzlerin
in Sachen NSA-Überwachung initiiert.

Das Problem hat System. Mehr als 80.000 Menschen sollen 2016 auf der amerikanischen No-Fly-Liste gestanden
haben. Wer auf dieser Liste landet, bekommt keine Benachrichtigung oder gar eine Begründung. Juristisch ist
es extrem schwierig, eine Löschung zu erwirken. Unter
denjenigen, die mit Verweis auf die No-Fly-Liste in der Vergangenheit Schwierigkeiten hatten, ihre Reise anzutreten,

waren auch der Musiker Cat Stevens, ein Baby sowie ein ehemaliger US-Senator.

Wie wichtig es bleibt, dass Bürger die Kontrolle darüber behalten, was der Staat über sie erfasst, und sich auch dagegen zur Wehr setzen können, zeigt ein Fall aus dem Jahr 2017. Während des G20-Gipfels in Hamburg wurde zahlreichen Journalisten trotz Anmeldung der Zutritt zum Pressebereich verwehrt. Sie bekamen keine Akkreditierung. Das Ganze wurde mit Sicherheitsbedenken begründet. Unter den Betroffenen, die anschließend gegen dieses Vorgehen der Behörden Klage einreichten, war auch der Pressefotograf Po-Ming Cheung. Er forderte seine Akte bei den Behörden an. Das Berliner Landeskriminalamt schickte ihm daraufhin Unterlagen, in denen von »besonders schwerem Landfriedensbruch« bei einer Demonstration im Jahr 2011 die Rede war. Der Verfassungsschutz hatte ihn deshalb als »Mitglied eines gewaltbereiten oder gewaltbefürwortenden Beobachtungsobjekts« eingestuft.

Tatsächlich war Cheung im Jahr 2011 bei der angeführten Demonstration gewesen – jedoch nur als Pressefotograf. Seine Personalien waren dort nie aufgenommen worden. Er hörte zum ersten Mal von dem Vorwurf. Niemand konnte erklären, wie diese Daten in seine Akte gekommen waren. Trotzdem waren die Falschinformationen bereits seit sechs Jahren in seiner Akte vermerkt. Der Fehler hatte anscheinend System, denn auch andere Journalisten machten bei der Einsicht in ihre Akte ähnliche Entdeckungen. Nachdem die Presse über den Fall berichtet hatte, kam die nächste böse Überraschung: Die Behörden fingen an, Unterlagen zu den illegalen Datensammlungen zu löschen, was die Aufarbeitung und Aufklärung der widerrechtlichen Speicherpraxis im Rahmen eines Gerichtsverfahrens torpedierte. Auch hier zeigt sich: Diejenigen, die uns ohne Rücksicht auf Recht und Gesetz durchleuchten, wollen sich nur ungern auf die Finger schauen lassen.

Ich möchte herausbekommen, ob nicht doch irgendwo eine Akte über mich existiert, und frage ebenfalls bei den deutschen Polizei- und Verfassungsschutzbehörden an. Jeder Bürger kann kostenfrei eine derartige Anfrage stellen. Das Polizeipräsidium Köln teilt mir daraufhin überraschend mit, man habe eine Akte über mich, in der es um die »Fälschung beweiserheblicher Daten« gehen soll. Ich höre zum ersten Mal davon und beschwere mich telefonisch. Daraufhin bekomme ich noch einmal Post. Diesmal vom Landeskriminalamt Nordrhein-Westfalen. Darin heißt es, ich habe im Jahr 2013 eine Internetseite erstellt, um gegen ein neues Überwachungsgesetz zu protestieren. Es ging um das Gesetz zur Bestandsdatenauskunft, gegen das ich im selben Jahr zusammen mit dem Piraten-Politiker Patrick Breyer Verfassungsbeschwerde eingelegt habe. Der Klage haben sich rund 6000 Menschen angeschlossen. Vertreten wurden wir von dem bekannten Bürgerrechtler, Anwalt und Richter am Berliner Verfassungsgericht Meinhard Starostik. Bestandsdaten sind Daten, die wir bei unseren Telekommunikationsanbietern hinterlegt haben wie Name, Adresse, Bankinformationen aber auch PIN und PUK des Smartphones. Wir wollten mit einer Online-Aktion verdeutlichen, was Bestandsdaten sind und welche Informationen Behörden auf Grundlage des neuen Gesetzes elektronisch abfragen dürfen. Dazu haben wir eine Suchmaske erstellt, die auf Anfragen fiktive Einträge ausgespuckt hat.

Wie ich durch meine Anfrage erstmals erfuhr, wurde mir anscheinend im Jahr 2013 vorgeworfen, ich hätte damals den Eindruck erwecken wollen, es handele sich um eine offizielle Seite der Bundesbehörden. Es gab nie ein Gerichtsverfahren zu diesem Fall. Ich wurde niemals von den Behörden hierzu befragt. Aus der Akte der Staatsanwaltschaft erfahre ich, dass die Behörden bei der Prüfung des Falls im Jahr 2013 zu dem Ergebnis kamen, dass die Protestaktion vollkommen rechtes war. Mit Verweis auf die Kunst- und Meinungsfreiheit wurde kein Verfahren eingeleitet. In meiner Akte fanden sich allerdings handschriftliche Notizen zu »Bafög-Betrug« (ich habe nie Bafög bezogen), »Waffenrecht« (Ich habe nie eine Waffe besessen) und ein Hinweis auf die Abfrage von Datenbanken der Aussiedleraufnahme (ich bin in Polen geboren). Eine wohlwollende Erklärung wäre: Bei einer der Abfragen ist es zu einer Verwechslung gekommen. Aber warum hat man überhaupt nach solchen Informationen gesucht? Meine Anfrage offenbarte außerdem, dass mein Name jahrelang in der zentralen bundesweiten Polizeidatenbank in der Kategorie »Cybercrime« geführt wurde. Das Landeskriminalamt Nordrhein-Westfalen teilt mir in einem späteren Schreiben mit, man werde diese Daten nun löschen.

Auch von der Berliner Polizei bekomme ich einen Brief zugesendet. Darin sind alle Kundgebungen und Demonstrationen aufgelistet, die ich in den vergangenen drei Jahren angemeldet habe. Dort finde ich etwa Angaben zu einer Demo gegen die Vorratsdatenspeicherung vor der SPD-Parteizentrale im Jahr 2015 und zwei Kundgebungen gegen die Novelle des BND-Gesetzes im Herbst 2016. Ich frage mich, warum die Polizei sich anmaßt, über das politische Engagement unbescholtener Bürger Buch zu führen. Sich unter freiem Himmel zu versammeln, um für oder gegen ein Gesetz zu demonstrieren, ist in einer Demokratie mein gutes Recht. Was wäre, wenn wir eines Tages eine rechtsextreme Partei an der Regierung hätten und diese auf solche Daten zugreifen kann?

Vom Landesamt für Verfassungsschutz in Hamburg bekomme ich ebenfalls Post. Über mich gebe es keine eigene Akte, heißt es darin. Allerdings habe man in den Unterlagen einen Artikel aus dem Nachrichtenmagazin »Der Spiegel« vom 23.12.2016 gefunden mit dem Titel »AfD, Rüge der Datenschützer«, in dem ich zitiert werde. Als Rechtsgrundlage für die Speicherung wird angeführt, dies sei für die Erforschung und Bewertung von Bestrebungen oder Tätigkeiten nach § 4 Absatz 1 des Hamburgischen Verfassungsschutzgesetz notwendig. Dort werden von »Bestrebungen, die gegen die freiheitliche demokratische Grundordnung« über »sicherheitsgefährdende oder geheimdienstliche Tätigkeiten für eine fremde Macht in der Bundesrepublik Deutschland« bis hin zu »Bestrebungen in der Bundesrepublik Deutschland, die durch Anwendung von Gewalt oder darauf gerichtete Vorbereitungshandlungen auswärtige Belange der Bundesrepublik Deutschland gefährden« allerlei mögliche Gründe aufgezählt. Wie meine Beschwerde bei der Berliner Datenschutzbeauftragten wegen mangelndem Datenschutz bei Petitionsnetzwerken aus dem Umfeld der AfD-Abgeordneten Beatrix von Storch dazu passt, kann ich mir nicht erklären. Ist der Artikel Teil einer Ermittlung? Wenn ja, worum geht es dabei? Wer ist der Beschuldigte? Werden die Daten irgendwann gelöscht? Statt Unsicherheiten zu beseitigen, hat meine Anfrage dazu geführt, dass sich mir nun viele neue Fragen stellen.

Momentan sind Geheimdienste für jeden Bürger eine Blackbox – es ist weder klar, welche Daten sie genau sammeln, noch wie diese verwertet werden. Es ist fast so, als würden die Behörden ein Eigenleben führen. Nach mehr als einem Jahrzehnt »Krieg gegen den Terror« fällt die Bilanz vernichtend aus. Durch den permanenten Ausnahmezustand zur Verteidigung der »freien Welt« sind wir so unfrei wie lange nicht mehr. Großbritannien, dessen »Speakers' Corner« in London als Symbol der Meinungsfreiheit gilt, ist heute kein sicherer Ort für Whistleblower. Die Pressefreiheit gerät zunehmend unter Druck. Der britische Geheimdienst wollte nach Snowdens Enthüllungen verhindern, dass bekannt wird, in welchem Ausmaß auch europäische Geheimdienste sich an der globalen Überwachung beteiligen. Reporter der britischen Traditionszeitung »Guardian«, die unter Aufsicht Festplatten mit Rechercheunterlagen zerstören müssen – das sind Bilder, die keiner Demokratie gut zu Gesicht stehen. Doch wie soll eine Gesellschaft demokratisch über die roten Linien für den Staat entscheiden, wenn Informationen zurückgehalten werden? So kann der Krieg zur Verteidigung der »freien Welt« nicht gewonnen, mit Sicherheit aber verloren werden. Umso mehr Respekt verdient der mutige Schritt von Edward Snowden. Der damals erst 29-jährige IT-Experte hat alles aufgegeben, um der Welt zu enthüllen, wie sehr unsere Freiheit in Gefahr ist. Damit hat er in meinen Augen mehr Integrität und Verfassungstreue bewiesen als so mancher Staatschef.

Im Jahr 2013 habe ich die deutsche Bundesregierung per Bundestagspetition dazu aufgefordert, Großbritannien wegen seiner Beteiligung an der NSA-Spionage innerhalb der EU vor dem Europäischen Gerichtshof anzuklagen. Der britische Geheimdienst hatte im Rahmen eines Geheimprogramms mit dem Namen »Tempora« selbst Unterseekabel angezapft. Kommunikation aus sozialen Netzwerken, E-Mails, Chats und geschätzt etwa 600 Millionen Telefongespräche wurden jahrelang täglich in einem gewaltigen Fangnetz für Tage auf Vorrat gesammelt. Das Programm wurde auch nach Snowden nicht abgeschaltet. Das wollte ich nicht hinnehmen. Da Bürger nicht berechtigt sind, vor dem europäischen Gerichtshof Klage wegen der Verletzung Europäischer Verträge durch einen Mitgliedsstaat einzulegen, forderte ich die Bundesregierung dazu auf, dieser Verpflichtung nachzukommen.

Jeder Bürger kann auf der Petitionsplattform des Bundestags ein Anliegen einreichen. Gelingt es, innerhalb von vier Wochen 50.000 Unterstützer hinter der Forderung zu versammeln, muss der Bundestag in einer Sitzung darüber beraten. In meinem Fall kam es leider nie so weit. Die ernüchternde Antwort wurde mir per Brief mitgeteilt: Man könne sich nicht mit der Petition befassen, weil keine »sachliche Debatte« zu erwarten sei. Mir wurde untersagt, auch nur eine einzige Unterschrift für mein Anliegen auf der Plattform des Bundestags zu sammeln. Zahlreiche Zeitungen, darunter der »Spiegel«, kommentierten diese politische Blockade kritisch. Es war das Jahr der Snowden-Enthüllungen, und die Bundestagswahl stand kurz bevor. Wenn dies nicht der richtige Zeitpunkt gewesen wäre, um eine Debatte über die Geheimdienstüberwachung zu führen, wann dann?

Ich spreche mit dem grünen Politiker und Datenschutz-Experten Jan Philipp Albrecht über das Thema. Er musste sich in der Vergangenheit öfters den Vorwurf gefallen lassen, er würde die Terror-Bekämpfung behindern, weil er sich gegen ausufernde Datensammlungen ausgesprochen hatte. »Im Bereich Geheimdienste und Nachrichtendienste gibt es einfach ein riesiges schwarzes Loch«, beklagt er. Das EU-Parlament habe hier wenig Möglichkeiten, etwas zu ändern, da dieser Bereich allein von den Mitgliedsstaaten kontrolliert wird. »Es braucht internationale Verträge für Geheimdienste und Nachrichtendienste mit Regeln«, sagt er. Genauso wie wir Chemiewaffen international ächten, bedarf es einer internationalen Ächtung von Massenüberwachung. Bis dieser Traum Realität wird, scheint es allerdings noch ein langer Weg zu sein.

»Wer heute unbeobachtet bleiben möchte, sollte vielleicht nicht im Internet miteinander reden«, schrieb der Journalist Ludwig Greven 2013 nach den Snowden-Enthüllungen in einem viel diskutierten Beitrag in der »Frankfurter Allgemeinen Zeitung«. In der DDR sei man schließlich auch in den Wald oder Park gegangen, um wichtige Dinge unter vier Augen zu bereden. Doch ich bin überzeugt davon, dass meine Familie damals dem Unrechtsregime in Polen nicht den Rücken gekehrt hat, damit ich heute zwar im Supermarkt aus einem Dutzend Sorten Ketchup wählen kann, aber trotzdem Opfer allgegenwärtiger Überwachung werde. Wer überwacht wird, ist nicht wirklich frei.

Viele der Überwachungsgesetze der letzten Jahre wurden mit dem Versprechen auf mehr Sicherheit durchgesetzt. Tatsächlich kann ich die Angst vor Anschlägen nachvollziehen. Heute wohne ich unweit der Gedächtniskirche in Berlin. An dem Tag im Jahr 2016, als Anis Amri in einem gekaperten LKW in einen Weihnachtsmarkt raste, wollte mein Lebensgefährte dort einen Christstollen für seine Mutter kaufen. Zum Glück ist er nicht gegangen, sonst würden dort heute vielleicht auch für ihn Kerzen auf den Kirchenstufen brennen. Anis Amri hat 12 Tote und 55 Verletzte auf dem Gewissen. Massenüberwachung hat diese Tat nicht verhindern können. Die Probleme lagen einzig und allein bei der klassischen Polizeiarbeit.

Amri war den deutschen Behörden als potenzieller Attentäter lange bekannt. Hinweise vom marokkanischen Geheimdienst wurden ignoriert. Amri hat erwerbsmäßig mit Drogen gedealt, allein deshalb hätte man ihn schon beobachten oder festnehmen können. Im Gemeinsamen Terrorismusabwehrzentrum (GTAZ) wurde rund 11 Mal über Amir gesprochen. Trotzdem wurde seine Beobachtung ausgesetzt. Eine 2017 vom Berliner Polizeipräsidenten eingesetzte Taskforce stellte laut dem »Spiegel« insgesamt 254 Verfahrensfehler im Fall Amir fest. Im Nachhinein wurde gar der Verdacht laut, ein verdeckter Ermittler habe Amri dazu angestachelt ein Attentat zu begehen. Doch auch nach dem Anschlag vor meiner Haustür zeigte sich ein bewährtes Muster: Statt innerhalb der Behörden, die versagt haben, Konsequenzen zu ziehen, wurden Grundrechte abgebaut. Statt die offen zutage getretenen Fehler in der Ermittlungsarbeit zu beheben, wurden öffentlichkeitswirksam elektronische Fußfesseln für »Gefährder« eingeführt. Also für Verdächtige, bei denen nicht genug Beweise vorliegen, um sie anzuklagen. Schließlich erwartet die Öffentlichkeit Konsequenzen. Doch sind es auch die richtigen gewesen? Wenige Monate nach Einführung der elektronischen Fußfessel setzte sich ein damit ausgestatteter Mann in ein Flugzeug und reiste aus Deutschland aus, ohne dass ihn jemand daran gehindert hätte.

Politiker stehen nach einem Attentat unter immensem öffentlichen Druck. Einfache Lösungen sind einfacher zu vermitteln. Für einige Politiker ist das Präsentieren schneller Antworten natürlich auch eine Möglichkeit, um sich zu profilieren. Ein Minister beschrieb einst gegenüber dem Journalisten Jürgen Leinemann das grundsätzliche Dilemma von Politikern wie folgt: »Dann musst du handeln, oder besser: Du musst so tun, als ob du das Problem lösen könntest. Meistens kannst du ja gar nix machen. Entscheidend ist also, welche Entscheidung du von dir in die Welt setzt, dass du also Handlungen vortäuschst. Denn das fragen doch immer gleich alle: Hat er gehandelt?« Nur ob das Handeln auch seinen Zweck erfüllt, wird selten gefragt.

Kaum eine Regierung ließ sich von der Tatsache beirren, dass es keine handfesten Hinweise für die Wirksamkeit zahlreicher Überwachungsmaßnahmen gibt, die in den letzten Jahren eingeführt worden sind. Kaum eine Maßnahme wird nach ihrer Einführung unabhängig evaluiert, um zu sehen, ob sie tatsächlich ihren Zweck erfüllt. Oder ob gar kontraproduktive Nebenwirkungen überwiegen. So gut wie nie wird eine Überwachungsbefugnis für Geheimdienste oder Polizei durch die Politik zurückgenommen. Währenddessen stapeln sich die Verfassungsbeschwerden beim Bundesverfassungsgericht in Karlsruhe. Wie viele Bürgerrechtler wurde auch ich schon einmal als »Karlsruhe-Tourist« beschimpft, weil ich bei zwei Verfassungsbeschwerden gegen Überwachungsgesetze Mit-Klägerin bin. Einst war das Verabschieden eines offensichtlich verfassungswidrigen Gesetzes noch ein Rücktrittsgrund für einen Minister. Doch die Zeiten sind lange vorbei.

Doch dass keine Konsequenzen aus dem NSA-Skandal gezogen worden wären, ist so nicht richtig. Nur sehen diese anders aus, als man erwarten würde. Der Gesetzgeber hat kurzerhand viele Geheimdienstpraktiken legalisiert, die zuvor illegal waren. In Deutschland wurde der Etat der Geheimdienste aufgestockt. Vor allem für die Online-Überwachung wurden mehr Mittel bewilligt. Eine bessere parlamentarische Kontrolle der Geheimdienste gibt es auch nach Snowden nicht. Von einem besseren Schutz für Hinweisgeber und Whistleblower ganz zu schweigen. Durch eine Gesetzesänderung wurden außerdem die Befugnisse des Auslandsnachrichtendienstes BND ausgeweitet. Bürgerrechtler kritisieren, dass dem BND damit erlaubt werde, Journalisten im Ausland zu überwachen. Gemeinsam mit dem Deutschen Journalisten-Verband, Amnesty, Reporter ohne Grenzen und vielen anderen Organisationen habe ich vor der Verabschiedung des Gesetzes Protestkundgebungen vor dem Reichstag in Berlin angemeldet. Doch leider konnten wir das Gesetz nicht mehr stoppen. Nun wird sich Karlsruhe mit der Frage befassen müssen, ob die neue BND-Überwachung mit dem Grundgesetz vereinbar ist.

In Deutschland ist das Polizeirecht Ländersache. Laut dem ehemaligen Richter und bekannten Autor Heribert Prantl hat die Novelle des bayerischen Polizeigesetzes im Jahr 2018 eine »Darf-fast-alles-Behörde« geschaffen. Bürgerrechtler sprechen von dem »härtesten Polizeigesetz seit 1945«. Für

Aufsehen sorgte vor allem die Ausweitung polizeilicher Befugnisse bei Fällen, in denen noch gar keine Straftat stattgefunden hat. Mit Verweis auf eine abstrakte »drohende Gefahr« dürfen durch das neue Gesetz Maßnahmen bis hin zur Präventivhaft oder Überwachung des Smartphones eingeleitet werden. Einst auf die Terrorismusabwehr beschränkte Befugnisse wurden auf Fälle ausgeweitet, die überhaupt nichts mit Terrorismus zu tun haben. »Alles läuft darauf hinaus, dass vage Anhaltspunkte, Wahrscheinlichkeiten und andere Überlegungen, die nicht auf Tatsachen beruhen, dazu führen, dass Bürger polizeipflichtig werden«, kritisierte der ehemalige Bundesinnenminister Gerhart Baum. Für Empörung sorgte vor allem die sogenannte »Unendlichkeitshaft«. Das bedeutet: Die bayerische Polizei darf Menschen, die gar keine Straftat begangen haben, präventiv festnehmen. Es gibt dabei kein gesetzliches Zeitlimit, wie oft eine solche »Vorbeugehaft« maximal verlängert werden darf. Zehntausende Menschen haben in ganz Bayern gegen das Gesetz demonstriert. Als der bayerische Landtag im Mai 2018 das Gesetz verabschiedete standen auf der Besuchertribühne junge Menschen und riefen laut: »Wir sind hier, wir sind laut, weil man uns die Freiheit raubt.« Sie wurden des Saales verwiesen. Denn Zwischenrufe sind nicht erlaubt.

Viele Bundesländer haben angekündigt nachzuziehen. Ein neues Wettrüsten hat begonnen. In den neuen Gesetzen finden sich zahlreiche Maßnahmen, die hochproblematisch sind. Polizeibeamte sollen mit Bodycams, also am Körper getragenen Videokameras, ausgestattet werden dürfen. Ob Bürger die Polizei noch als ihren Freund und Helfer wahrnehmen, wenn sie Angst haben müssen, grundlos abgefilmt zu werden, darf bezweifelt werden. Der Einsatz von Elektroschockpistolen (sogenannte Taser) soll ausgeweitet werden. Dabei hat Amnesty International in den USA zwischen 2001 und 2017 rund 700 Todesfälle im Zusammenhang mit Taser-Einsätzen dokumentiert. Die Möglichkeiten für Überwachung und staatliches Hacking sollen ausgeweitet werden. Dadurch verschwimmt die Grenze zwischen polizeilichen und geheimdienstlichen Aufgaben immer mehr.

Zehntausende Menschen sind im Jahr 2018 in NRW, Niedersachsen und Bayern gegen die neuen Polizeigesetze auf die Straße gegangen. Aufgerufen zum Protest haben nicht nur Bürgerrechtsorganisationen und Anwaltsverbände. Bei den Demonstrationen habe ich vor allem junge Gesichter gesehen. Das macht Hoffnung. Es sind allen voran die Jugendorganisationen der Parteien und Verbände, die gegen den Paradigmenwechsel in der Polizeiarbeit Sturm laufen. Als ich die Sprecherin des niedersächsischen Bündnisses Juana Zimmermann nach einer Demonstration in Hannover frage, warum so viele junge Menschen gegen die neuen Polizeigesetze aufbegehren, sagt sie etwas, das mich sehr bewegt: »Weil es um unsere Zukunft geht. Unser Leben liegt noch vor uns, wir wollen es gestalten.« Die jüngere Generation wird viel länger mit den Folgen dieser Politik leben müssen.

Die Idee einer totalen Sicherheit ist nicht nur verführerisch, sondern auch trügerisch. Intelligente Täter, die der Überwachung aus dem Weg gehen, kommen nämlich in den von Überwachungsbefürwortern konstruierten Szenarien nicht vor. Behördenversagen ebenfalls nicht. Dabei zeigen viele der Attentate der letzten Jahre, wie Polizei und Geheimdienste in ganz Europa dabei versagt haben, vorhandene Hinweise auch zu nutzen. Wenn ein Anschlag passiert, werden stattdessen – oft noch bevor alle Fakten auf dem Tisch liegen – stets mehr Zugriffsbefugnisse und Macht für die unersättlichen Behörden gefordert.

Die parlamentarische Kontrolle der Geheimdienste müsste dringend ausgebaut werden, um Machtmissbrauch zu verhindern, doch die Bundesregierung stellt sich wie viele andere Regierungen in der EU taub. So zieht das Versprechen einer totalen Prävention eine schleichende Ausweitung der Überwachung in alle Lebensbereiche nach sich. Grundrechte, die es angeblich zu verteidigen gilt, werden langsam, aber stetig, abgetragen. Mehr Sicherheit schafft das nicht.

Der Krieg gegen den Terror wurde längst verloren. Nicht etwa im Nahen Osten, sondern beim lokalen Bürgeramt. Eine der eilig durchgewinkten Maßnahmen zur Terrorbekämpfung war die Einführung biometrischer Ausweisdokumente. Auf meinem neuen Personalausweis darf ich nicht lächeln, wegen des biometrischen Bildes. Ohne Abgabe der Fingerabdrücke bekomme ich keinen Reisepass. Jetzt sind wir so weit gekommen, dass sich selbst ein älterer Herr mit Gehhilfe im Bürgeramt für die Beantragung eines Reisepasses seine Fingerkuppen vermessen lassen muss. Ich frage mich, wie er sich dabei fühlt, derartig wie ein Verbrecher behandelt zu werden. Ein paar hundert Meter weiter diskutieren Teenager im Bus darüber, dass nur die NSA wissen kann, ob die Miriam den Thomas betrügt. Ich weigere mich, dies als normal zu empfinden. Wenn im Krieg gegen den Terror eines Tages ein Überwachungsstaat verteidigt wird, ist der größte denkbare Anschlag auf die freie Gesellschaft geglückt.

2. Kapitel: **Wie wir konditioniert werden**

Der Knebelvertrag

Die meisten Menschen lesen ihren Arbeitsvertrag sehr gründlich, bevor sie ihre Unterschrift daruntersetzen. Gleiches gilt für den Mietvertrag. Doch davon abgesehen hält sich unsere Bereitschaft, sich mit Kleingedrucktem auseinanderzusetzen, stark in Grenzen. Nutzern, die sich über den Umgang von Internetkonzernen mit ihren Daten beschweren, wird oft entgegnet, sie seien eben selbst schuld. Tatsächlich passiert ein Großteil der kommerziellen Überwachung mit Ansage. Wer online Verträge abnickt, versichert brav, er habe sich die Datenschutzerklärung und die Allgemeinen Geschäftsbedingungen (AGB) durchgelesen. Doch wer hat das schon? Eine Mutter berichtete mir kürzlich stolz, die Klasse ihres Sohnes wäre von der Lehrerin bei der Erstellung von Accounts für einen im Unterricht verwendeten Dienst dazu angehalten worden, einfach auf »gelesen« zu klicken. Als der Sohn darauf bestand, das Kleingedruckte auch zu lesen, war die Lehrerin völlig entgeistert. Ich werde das Gefühl nicht los, dass die Behauptung »Ich habe die Datenschutzerklärung gelesen« die am meisten verbreitete Lüge im Netz ist. Auch ich gebe gerne zu, hier schon einmal geflunkert zu haben. Wir alle haben uns an diese Notlüge gewöhnt.

Wer liest sich schon das Kleingedruckte durch, bevor er sich in ein kostenloses WLAN einwählt? Purple, ein britisches Unternehmen, wagte 2017 den Test: Im Kleingedruckten zahlreicher kostenloser WLAN-Hotspots fügte es heimlich einen Passus ein, der Nutzer dazu verpflichtete, als Gegenleistung bis zu 1.000 Stunden Gemeinschaftsdienst zu leisten, inklusive der Reinigung von verdreckten Festivaltoiletten sowie dem Entfernen von Kaugummiresten. Rund 22.000 Menschen haben diesem Vertrag zugestimmt. Nur ein einziger Nutzer hatte beim Unternehmen nachgefragt, was das Ganze soll. Am Ende war das natürlich nur ein Marketing-Gag. Nutzer sollten laut Purple beim Unterzeichnen von Online-Verträgen gefälligst mehr Vorsicht walten lassen. Ob diese Warnung nachhaltig wirkt, wage ich allerdings zu bezweifeln. Es war nämlich nicht die erste Aktion dieser Art. Bereits im Jahr 2014 schummelte die IT-Sicherheitsfirma F-Secure eine »Herodes-Klausel« in die AGB kostenloser WLAN-Hotspots in der Londoner City. Nutzer verpflichteten sich damit, dem Unternehmen ihr erstgeborenes Kind zu überlassen. Nach der Enthüllung des Experiments war der allgemeine Aufschrei groß, aber ebenso schnell wieder vergessen.

Laut einer Umfrage des Deutschen Instituts für Vertrauen und Sicherheit im Netz (DIVSI) lesen 60 Prozent der Nutzer das Kleingedruckte online entweder gar nicht oder kaum. Mehr Bildung löst das Problem laut Umfrage nicht, denn je höher der Bildungsabschluss, desto geringer die

Lese-Wahrscheinlichkeit. Es spricht vieles dafür, dass der tatsächliche Anteil der Nichtleser höher als 60 Prozent ist. Schließlich zeigen Studien, dass wir bei Umfragen regelmäßig dazu neigen, ein besseres Bild von uns zu vermitteln. Wir behaupten gerne, vernünftiger zu handeln, als wir es tatsächlich tun. Doch das sind Detailfragen.

So oder so leben wir in der absurden Situation, dass die Mehrheit der Bevölkerung offensichtlich gar nicht weiß, was für Verträge sie abgesegnet hat. Bin ich eigentlich die Einzige, die das mehr als befremdlich findet? Schließlich gilt: Genauso wie Unwissenheit der Gesetze vor Strafe nicht schützt, gelten die abgesegneten Klauseln auch dann, wenn wir sie nicht gelesen haben.

Wer AGB und Datenschutzerklärung ungeprüft abnickt, geht davon aus, dass schon alles seine Richtigkeit hat. Dabei zeigt das Extrembeispiel des britischen WLAN-Anbieters, dass Nutzer gut beraten wären, ihr blindes Vertrauen zu hinterfragen. Unbequeme Wahrheiten im Kleingedruckten zu verstecken, lohnt sich schließlich erst recht, wenn Unternehmen sich sicher sein können, dass kaum jemand sie liest. Anbieter mit marktbeherrschender Stellung wissen zudem genau, dass viele ihrer Nutzer kaum eine echte Wahl haben und zähneknirschend auch für sie nachteiligen Geschäftsbedingungen zustimmen werden.

Für AGB-Leser ist nicht nur die Textmenge zunehmend ein Problem, auch Formulierungen in feinstem Juristen-Deutsch sind nicht gerade intuitiv verständlich. Nicht selten schafft das Lesen der AGB mehr Unklarheiten, als es beseitigt. Viele AGB-Leser geben laut DIVSI-Umfrage sogar an, nach der Lektüre erst recht ein ungutes Gefühl zu haben. Weil ich herausfinden will, warum das so ist, wage ich einen Test. Einen Tag lang will ich das Kleingedruckte aller Dienste lesen, die ich in Anspruch nehme. Ich gelobe daher, ab sofort bei der Absegnung der AGB nicht mehr zu lügen.

Das Experiment startet an einem Tag im Oktober 2017. Morgens beginnt mein Tag um 8 Uhr mit der Weckfunktion des Smartphones. Ein Blick aufs Display verrät, dass bereits eine SMS bei mir eingegangen ist. Also mache ich mich zuallererst daran, meinen Handyvertrag zu lesen. Dieser hält einige Überraschungen für mich bereit. So wusste ich bisher nicht, dass die SIM-Karte streng genommen gar nicht mir, sondern dem Unternehmen gehört und ich sie bei Vertragsbeendigung zurückgeben müsste. Mein Anbieter verbietet mir außerdem einen WLAN-Hotspot für Freunde über das Handy zu öffnen. Natürlich würde ich niemals im Rahmen eines Buches zugeben, gegen diesen Vertragsbestandteil verstoßen zu haben. Was ich aber sagen kann, ist, dass die Freundin einer Freundin das eventuell getan haben könnte.

Gewöhnlich höre ich morgens im Bad Musik per Smartphone. Das betreffende Album habe ich ganz legal online erstanden. Ich mache mich daher beim ersten Kaffee daran, nachträglich das Kleingedruckte von iTunes zu lesen. Für 26 Seiten brauche ich eine dreiviertel Stunde. Danach weiß ich: Mit einem Kopierschutz versehene Musik-Playlists, die ich legal bei iTunes gekauft habe, darf ich nur maximal sieben Mal und erworbene E-Books überhaupt nicht auf CD brennen. Da ich CDs nur noch aus nostalgischen

Gründen nutze, wirkt diese Klausel auf mich wie ein Relikt aus vergangener Zeit. Trotzdem führt es doch einen Unterschied vor Augen: Nicht jede Software oder Musik, die ich online erstehe, gehört mir streng genommen. Ich erwerbe lediglich eine Nutzungslizenz. Wenn ich mir früher eine CD gekauft habe, konnte ich sie als meinen Besitz in mein CD-Regal stellen, und wenn sie mir nicht mehr gefiel, bei eBay weiterverkaufen. Letzteres ist bei digitalen Gütern meist ausgeschlossen.

Einigen Kunden von Amazon Kindl wurden die Besonderheiten beim Erwerb digitaler Güter im Jahr 2009 schmerzhaft bewusst, als völlig legal erworbene digitale Exemplare der Bücher »1984« und »Farm der Tiere« des britischen Autors George Orwell plötzlich von ihren Geräten gelöscht wurden. Amazon entschuldigte den Übergriff auf die Verzeichnisse seiner Nutzer damit, dass sich der Rechteinhaber über den Verkauf bei Amazon Kindl beschwert habe. Die Bücher seien irrtümlich im Kindl-Shop eingestellt worden. Das Problem wurde kurzerhand auf die Kunden abgewälzt, indem man die Dateien per Fernzugriff von den Geräten entfernte und den Kaufpreis erstattete. Wenn unser Buchhändler bei uns einbrechen würde, um uns legal erworbene Bücher zu entwenden, würde uns das mehr als nur verstören. Amazon kann sich – wie viele andere Anbieter digitaler Güter – auf das Kleingedruckte berufen, das einen Fernzugriff erlaubt.

Viele Anbieter setzen auf einen technischen Kopierschutz. Damit versehene Inhalte darf ich laut Kleingedrucktem von iTunes nur auf maximal fünf unterschiedlichen PCs nutzen – obwohl ich dafür ganz legal bezahlt habe. Ich kenne Menschen, die daher Musik, die sie legal erworben haben, anschließend noch einmal illegal aus dem Netz laden mussten, um sie wirklich frei nutzen zu können. Denn: »Apple kann Ihre Nutzung der Dienste und Inhalte überwachen, um sicherzustellen, dass Sie diese Nutzungsregeln befolgen«, heißt es in den AGB.

Für Empfehlungen dürften laut Kleingedrucktem außerdem meine Geräteaktivität und meine Standortdaten erhoben und gespeichert werden. Tatsächlich hätte der App-Store von Apple gerne Zugriff auf die Standortdaten meines Smartphones. So etwas hätte sich mein analoger Buchhändler oder CD-Laden nicht einmal getraut zu fragen, so viel ist sicher. In der Datenschutzerklärung erklärt mir Apple außerdem vielsagend, man könne private Daten über mich nicht nur für Zwecke der Strafverfolgung offenlegen, sondern auch wenn dies für »andere öffentliche Interessen notwendig oder angemessen ist« oder aber um die »Geschäftstätigkeiten« von Apple zu schützen. Das mit dem flauen Bauchgefühl als Folge der AGB-Lektüre kann ich nun nachvollziehen.

Beim Frühstück überfliege ich Nachrichten aus sozialen Netzwerken. Daher nehme ich mir als Nächstes das Kleingedruckte von Facebook vor. Geschäftsbedingungen und Datenschutzerklärung des US-Konzerns sind zusammen deutlich länger als die amerikanische Verfassung. Hinzu kommen zahlreiche Sonderregeln für Zusatzfunktionen. Wer es ganz genau wissen will, muss mit einer Stunde Lesezeit rechnen. »Facebook-Nutzer geben ihre wahren Namen und Daten an«, heißt es darin. Das verwundert nicht, schließlich ist ein mit Vor- und Nachname registrierter

Nutzer für den Werbemarkt unendlich lukrativer. Tatsächlich kenne ich einige Menschen aus meinem Umfeld, deren Account wegen der Verwendung eines Pseudonyms gesperrt wurde. Facebook verpflichtet seine Nutzer außerdem dazu, ihre Kontaktinformationen auf dem neuesten Stand zu halten. An anderer Stelle heißt es gar: »Du wirst keine falschen persönlichen Informationen auf Facebook bereitstellen«. Mir wird mulmig, denn »falsche persönliche Informationen« sind ein denkbar dehnbarer Begriff. Wer hat noch nie aus Höflichkeit einem Post ein Like gegeben, obwohl man den Beitrag gar nicht mochte?

Bei Instagram brauche ich eine halbe Stunde für die Lektüre des Kleingedruckten. Den Datenschutzbestimmungen kann ich entnehmen, dass Instagram Nutzerdaten mit dem Mutterkonzern Facebook teilt. Dass der Konzern meine Bilder dazu verwendet, um Werbung zu schalten, weiß ich von einem Bekannten, der mir eines Tages einen Screenshot von seinem Facebook-Newsfeed schickte. Mit einem Bild von mir, wie ich strahlend in Barcelona ein Mojito-Eis esse, wurde er aufgefordert, sich bei Instagram anzumelden. Im Kleingedruckten nimmt sich der Konzern ausdrücklich heraus, die Bilder seiner Nutzer in diesem Sinne zu verwenden. Wer Fotos seiner Kinder hochlädt, macht sie also womöglich ungewollt zum neuen Werbeträger für einen Konzern mit zweifelhaftem Ruf.

Instagram lässt mich außerdem wissen: »Wir können bestimmte Informationen, wie beispielsweise Cookie-Daten, außerdem mit Dritt-Werbepartnern teilen.« Welche meiner Daten man ganz konkret an welche Unternehmen weitergibt, erfahre ich nicht. Werbung, heißt es weiter, müsse auf

Instagram nicht als solche gekennzeichnet sein. Schleich-
werbung ist für das Unternehmen also kein Problem. Das
ist nach deutschem Recht nicht zulässig, soweit ich weiß.

Dafür, dass ich als Werbeträger für den Konzern herhalten
muss, habe ich ganz schön wenig Rechte als Nutzer. Streng
genommen müsste Instagram die Löschung meines Accounts mir gegenüber nicht einmal begründen. Im Kleingedruckten heißt es hierzu: »Wir behalten uns das Recht
vor, jedem aus beliebigem Grund und jederzeit den Zugang
zum Dienst zu verwehren«. Im Kleingedruckten wird man
außerdem dazu genötigt, Klagen ausschließlich vor einem
kalifornischen Gericht vorzubringen. US-Nutzer sollen
mit ihrer Anmeldung bei Instagram auf ihr Recht verzichten, an einer Sammelklage gegen den Konzern teilzuneh-
men. Ich weiß nicht, wie Sie das sehen, aber auf mich wirkt
das wenig vertrauenserweckend.

Im Kleingedruckten von Twitter finde ich viele der Formulierungen wieder. Twitter-Nutzer erklären sich damit
einverstanden, dass ihre personenbezogenen Daten nicht
nur in die USA, sondern »in jedes andere Land, in dem wir
geschäftlich tätig sind«, übertragen und dort gespeichert
werden können. Auch wenn das Datenschutzniveau in den
betreffenden Ländern deutlich niedriger ist. Edward Snowden lässt grüßen. Auch wenn ich Twitter meinen Standort
nicht proaktiv mitteile, könne man meinen »Standort auch
anhand von anderen Daten Ihres Geräts bestimmen, zum
Beispiel anhand von genauen GPS-Daten, von Informationen zu Drahtlosnetzwerken und Mobilfunkmasten in der
Nähe Ihres Geräts oder über Ihre IP-Adresse«.

Immerhin wird mir versichert, dass die Inhalte meiner nichtöffentlichen Direktnachrichten nicht genutzt werden, um mir Werbung einzublenden. Ich erfahre außerdem, Twitter könne »nachverfolgen, wie Sie mit den Links innerhalb unserer Dienste sowie in unseren E-Mail-Benachrichtigungen« interagieren. Immerhin hat Twitter im Vergleich zu Facebook einen lockeren Umgang mit Pseudonymen. Man wird nicht vertraglich dazu gezwungen, seinen echten Namen als öffentlichen Nickname zu verwenden. Nach fast einer halben Stunde Lektüre bin ich trotzdem nicht glücklicher als zuvor.

Anschließend wende ich mich zwei großen deutschen E-Mail-Anbietern zu, bei denen ich Zweit-Accounts habe, die ich gelegentlich nutze: WEB.DE und GMX. Beide gehören zur 1&1-Unternehmensgruppe. Bei GMX erfahre ich, dass die Inhalte meiner E-Mails nicht für Werbezwecke ausgewertet werden. Das ist bei E-Mail-Anbietern nicht selbstverständlich. Bei Googles Maildienst Gmail war das seit 2004 üblich. Im Jahr 2017 verkündete das Unternehmen jedoch, die umstrittene Durchleuchtung privater E-Mails abzustellen. Ein Grund dafür ist wahrscheinlich, dass Google aus anderen Datenquellen bereits genug Informationen über seine Nutzer ermitteln kann.

Im Unterschied zu Google speichern GMX und WEB.DE Nutzerdaten innerhalb der EU. Das ist eine wichtige Information, schließlich gilt hier ein deutlich stärkeres Datenschutzrecht, als beispielsweise in den USA. Bei WEB.DE heißt es, Nutzer seien dazu angehalten, täglich Sicherungskopien ihrer Daten zu erstellen. Ich bin mir sehr sicher, dass nur eine Minderheit der Nutzer diesen guten

Ratschlag umsetzt. Viele Nutzer wären von einem totalen Datenverlust betroffen, wenn ihr Mailanbieter von heute auf morgen den Dienst einstellen würde.

Mittlerweile ist es Mittag, und ich habe noch nichts geschafft. Der Vorsatz, das Kleingedruckte zu lesen, stellt mein Nutzerverhalten komplett auf den Kopf. Mal eben schnell einem Link auf Twitter oder Facebook folgen, geht nicht mehr. Wenn ich absehen kann, danach eine halbe Stunde das Kleingedruckte studieren zu müssen, lasse ich es lieber bleiben. Das gleiche Medium, welches mir schnellen Zugriff auf alle möglichen Dienstleistungen und Angebote eröffnet, ist über Nacht zum Bürokratiemonster mutiert. Ein Termin beim Bürgeramt in Berlin wäre samt Wartezeit schneller über die Runden gebracht, als die Installation einer neuen Software, bei der es einen endlos langen Lizenzvertrag zu lesen gilt. Und das will schon etwas heißen.

Am Nachmittag ruft eine Freundin an, und ich erzähle ihr von meinem Experiment. Sie ist Single und nutzt Online-Dating-Plattformen wie Tinder und OkCupid. Die Nutzungsbedingungen hat sie – wenig überraschend – nie gelesen. Da es beim Dating doch um recht sensible Daten geht, beschließe ich, das für sie nachzuholen. Nach einer halben Stunde Lektüre der Tinder-Nutzungsbedingungen frage ich sie am Telefon, ob sie »zu keinem Zeitpunkt ein Verbrechen begangen« habe. Denn in diesem Fall dürfte sie Tinder streng genommen gar nicht nutzen. Wir lachen erst darüber, doch kurze Zeit später fragt sie ganz ernst, ob Zu-schnell-Fahren auch darunterfällt. Wir schlagen online nach und erfahren, dass Verbrechen rechtswidrige

Taten sind, die mit mindestens einem Jahr Freiheitsentzug bestraft werden. Glück gehabt. Uli Hoeneß darf demnach Tinder nicht nutzen, meine Freundin schon.

Überrascht ist meine Freundin vor allem über einen Punkt: OkCupid und Tinder gehören zur selben Unternehmensgruppe, und laut dem Kleingedruckten dürfen OkCupid-Nutzerdaten mit anderen Dating-Plattformen des Konzerns ausgetauscht werden. Die Match.com-Gruppe, zu der OkCupid gehört, nimmt sich sogar heraus, Nutzerprofile auf seinen anderen Portalen anzuzeigen und zu registrieren.

Der Datensatz, den der Konzern für gezielte Werbung nutzen darf, ist nicht unerheblich. Eine Anmeldung per Facebook, wie bei Tinder möglich, erscheint auf den ersten Blick praktisch für den Nutzer. Doch vor allem der Betreiber profitiert beträchtlich davon. Wer sich mit seinem Facebook-Account anmeldet, gibt dem Unternehmen Einblick in sein öffentliches Profil, seine Likes und Freundeslisten. Dating-Plattformen mit Facebook-Login wissen dadurch nicht nur, mit wem wir zusammen sein wollen, sondern können auch erraten, bei wem wir uns bei Liebeskummer anschließend ausheulen werden. Anders herum weiß Facebook, welche Nutzer ihrem Profil nach »in einer Beziehung sind« und sich ungeachtet dessen auf Online-Dating-Plattformen herumtreiben.

Bei der Frage, was genau Tinder über ihr Dating-Verhalten speichert, verweise ich meine Freundin auf einen Artikel der französischen Journalistin Judith Duportail im britischen »Guardian«. Duportail hat ihre Nutzerdaten im Jahr

2017 mithilfe eines Anwalts erfolgreich bei Tinder angefordert. Der Bericht umfasste unglaubliche 800 Seiten, wobei man wissen muss, dass Judith Duportail sich selbst als Intensivnutzerin des Dienstes bezeichnet. Enthalten waren Listen von Facebook-Likes und -Freunden der Journalistin. Hinzu kommt ein detailliertes Protokoll aller 1.700 Tinder-Nachrichten, die sie jemals versendet hat. Nicht nur sexuelle Vorlieben lassen sich aus den Nachrichten ablesen. Das Profil fördert auch wenig schmeichelhafte Dinge zutage. Einige ihrer Nachrichten kamen per Copy-Paste gleich bei mehreren Flirts zum Einsatz. Zu Silvester schrieb sie sich mit 16 Menschen gleichzeitig. Sie meldete sich anschließend bei keinem Einzigen davon wieder.

Unser Liebesleben gehört zu den intimsten Angelegenheiten in unserem Leben. Kaum jemand möchte, dass das berufliche und private Umfeld weiß, wie es bei einem im Bett aussieht. Eine absolute Sicherheit kann es bei online hinterlegten Daten niemals geben, das führen Sicherheitsprobleme großer Dienste regelmäßig vor Augen. Die von 37 Millionen Besuchern genutzte Seitensprung-Plattform Ashley Madison wurde im Jahr 2015 von Unbekannten gehackt. Die Daten landeten im Netz. Vor Gericht einigte man sich auf eine Entschädigung von bis zu 3.500 US-Dollar pro geschädigtem Nutzer. Eine lächerliche Summe für das Veröffentlichen des eigenen Sexualverhaltens im Netz. Die kanadische Polizei untersuchte später zwei Selbstmorde, die anscheinend im Zusammenhang mit der Veröffentlichung standen.

Tinder weist in seinen AGB darauf hin, dass man nicht versprechen könne, »dass Ihre persönlichen Informationen,

Chats oder sonstige Kommunikation immer sicher bleiben werden, und Sie sollten dies auch nicht erwarten.« Ein System ist immer nur so sicher wie das schwächste Glied in der Kette. Eine einzige Sicherheitslücke reicht aus, um private Daten ungewollt zugänglich zu machen. Ich zweifle daran, ob der lapidare Hinweis im Kleingedruckten ein angemessener Umgang mit dieser Gefahr ist. Wenn Dating-Plattformen keine Jahre zurückreichende Vorratsdatenspeicherung des Sexuallebens ihrer Nutzer betreiben würden, wäre das Schadenspotenzial bei einem Datenleck deutlich geringer. Nicht wenige Nutzer würden gerne auswählen können, dass Nachrichten nach einer bestimmten Frist automatisch gelöscht werden. Meine Freundin ist schon lange bei der Plattform aktiv und wird während des Gesprächs zunehmend wortkarger. Am Ende fragt sie mich, ob die Daten wirklich gelöscht sind, wenn sie sie löscht. Diese Frage kann ich ihr leider nicht beantworten.

Ein befreundeter Musiker schickt mir am späten Nachmittag den Link zu einem neuen Stück zu. Er hat die Datei bei Dropbox hochgeladen. Ich mache mich also wieder an die Lektüre. Wie viele andere Internetseiten ignoriert auch Dropbox, wenn Nutzer per Browser das standardisierte Signal »Do Not Track« (zu Deutsch: »Überwache mich nicht«) beim Besuch der Seite übermitteln. Die Initiative »Do Not Track« ist ein Versuch, Anbieter durch eine Selbstverpflichtung dazu zu bewegen, den Wunsch ihrer Nutzer nach Privatsphäre zu respektieren. Alle führenden Browser erlauben in den Datenschutzeinstellungen, dieses Signal anzuschalten. Da es sich um ein freiwilliges System handelt, ist es allerdings oft ausgerechnet dort wirkungslos, wo die Nutzer es am dringendsten nötig hätten. Ich habe es immer aktiviert und bin daher enttäuscht, dass auch Dropbox meinen Wunsch nicht respektiert.

Beim Besuch der Webseite werden eine ganze Menge Daten erfasst, darunter auch »die Webseite, die Sie vor dem Aufrufen unserer Website besucht haben«. Dass Dropbox dies speichert, ist in der Tat nicht ungewöhnlich und technisch trivial umsetzbar. Viele Webseitenbetreiber wollen wissen, ob Nutzer über die direkte Eingabe der Webseite, eine Suchanfrage bei Google oder eine Verlinkung auf sie aufmerksam geworden sind.

Im Kleingedruckten von Dropbox heißt es, dass hochgeladene Daten »gescannt« werden können. Bei solchen Verfahren werden gewöhnlich mittels mathematischer Verfahren generierte »Hash-Werte«, eine Art digitaler Fingerabdruck einer Datei, mit bekannten Dateien abgeglichen. Solche Filter werden nicht nur zur Überwachung von Urheberrechtsgesetzen verwendet. Unternehmen versuchen dadurch auch, die Verbreitung von Daten individueller Nutzer zu unterbinden. Darunter fällt zum Beispiel die schäbige Praxis des »Revenge Porn«, welche zum Ziel hat, Personen durch die Verbreitung von Nacktbildern oder Videos in eindeutigen Posen zu kompromittieren und zu demütigen. Die Opfer sind meist Frauen. Die Täter sind zum größten Teil hasserfüllte Ex-Partner, denen das Material während der Beziehung vom Opfer selbst in gutem Glauben anvertraut wurde.

Nicht nur Dropbox scannt Inhalte automatisiert. Facebook rief im Jahr 2017 in Abstimmung mit einer Regierungsbehörde seine australischen Nutzer dazu auf, Nacktbilder per privatem Messenger-Chat an sich selbst zu schicken.

Die Begründung: Facebook könne so nach einer manuellen Prüfung durch Mitarbeiter Hash-Werte dieser Dateien erstellen, um den zukünftigen Upload derselben Datei durch Dritte zu blockieren. Im Jahr 2018 weitete Facebook das Programm auf Großbritannien, die USA und Kanada aus. Die eingesandten Aufnahmen sollen laut Facebook spätestens binnen sieben Tagen von den Facebook-Servern gelöscht werden. Ob es klug ist, Facebook Nacktbilder anzuvertrauen, wage ich zu bezweifeln. Edward Snowden enthüllte nicht nur, dass die NSA auf Facebook-Daten zugreift. 2014 gab er in einem Interview an, dass NSA-Mitarbeiter untereinander Nacktbilder überwachter Personen zu ihrem Privatvergnügen tauschen würden.

Hash-Analysen allein können das Problem der Verbreitung demütigender Bilder nicht lösen. Es ist extrem einfach, solche automatisierten Hash-Scans zu umgehen. Denn bereits minimale Veränderungen am Video oder Bild reichen aus, um der automatischen Erkennung zu entgehen. Für Unternehmen sind automatisierte Verfahren vor allem eines: kostensparend. Trotz Milliardenumsatz bietet Facebook Revenge-Porn-Betroffenen bis heute noch nicht einmal eine Telefon-Hotline. Und das ist aus meiner Sicht die eigentliche Schande.

Automatisierte Verfahren haben oft einen Haken. Technisch ist gerade im Bereich der Bilderkennung vieles möglich. Eine Software, die auf die Erkennung von Hakenkreuzen spezialisiert ist und entsprechende Inhalte bei Facebook entfernt, klingt zunächst wie eine gute Sache. Betroffen wären am Ende allerdings auch Satire-Sendungen und Comedians, die Nazis durch den Kakao ziehen.

Eine Software ist nicht imstande solche Feinheiten zu unterscheiden. Darüber hinaus ließe sich ein solches System in den falschen Händen zu einer ausgezeichneten Zensurmaschine umrüsten. Folglich gibt es gute Gründe, warum Bürgerrechtsorganisationen wie European Digital Rights derartige Upload-Filter ablehnen.

Am Nachmittag führe ich mir das Kleingedruckte von WhatsApp zu Gemüte. Darin erfahre ich, dass Daten von Nutzern, die nicht rechtzeitig ihre Einstellungen angepasst haben, automatisch mit Datensätzen beim Mutterkonzern Facebook verknüpft wurden. Facebook bittet seine Nutzer, eine Telefonnummer zu hinterlegen, um das Passwort im Notfall zurücksetzen zu können. Die Handynummer ist als verbindendes Glied für Daten aus unterschiedlichen Quellen ungleich effektiver als eine E-Mail-Adresse, denn die meisten Menschen nutzen zwar unterschiedliche E-Mail-Adressen, aber nur eine Mobilfunknummer.

Als Facebook verkündete, WhatsApp aufzukaufen, sicherte es EU-Wettbewerbshütern zu, keinen automatischen Abgleich zwischen Nutzerkonten beider Plattformen durchzuführen. Das war entscheidend für das Durchwinken der Übernahme durch die EU-Behörden. Später kam heraus, dass das Unternehmen falsche Angaben gemacht hatte, und Facebook wurde zu einer Strafe verdonnert. Der Datenabgleich kostete Facebook am Ende 110 Millionen Euro Strafe. Einen Milliardenkonzern wie Facebook beeindruckt allerdings selbst diese gewaltige Summe nicht. Der Wert des daraus resultierenden Anwachsens der eigenen Datensammlung wiegt für Facebook diese Strafe deutlich auf.

Wie Nutzer interagieren, wird bei WhatsApp ebenso analysiert und gespeichert wie bei anderen Diensten des Facebook-Imperiums. Seit dem NSA-Skandal versichert WhatsApp immerhin, Nutzernachrichten systematisch zu verschlüsseln. Die technische Sicherheit dieser Verschlüsselung durch unabhängige Dritte nachzuprüfen, wird jedoch verboten. Seinen Nutzern verbietet WhatsApp laut AGB außerdem, durch eine Umleitung der IP-Adresse den eigenen Wohnort zu verschleiern. So viel zum Thema Schutz der Privatsphäre.

»Du stellst uns regelmäßig die Telefonnummern von WhatsApp-Nutzern und deinen sonstigen Kontakten in deinem Mobiltelefon-Adressbuch zur Verfügung«, heißt es außerdem im Kleingedruckten. Mit den Adressbuch-Daten von Millionen Menschen lässt sich ausgezeichnet abgleichen, wer wen kennt. Dazu zählen auch Arbeitskontakte und Familienmitglieder, mit denen wir sonst online nicht verbunden sind. »Du bestätigst, dass du autorisiert bist, uns solche Telefonnummern zur Verfügung zu stellen, damit wir unsere Dienste anbieten können«, heißt es weiter. Damit wird versucht, die Verantwortung für die Datenweitergabe auf die Nutzer zu wälzen. Doch wer hat schon einmal einen seiner Kontakte gefragt, ob man seine Daten mit WhatsApp abgleichen darf?

Es ist mittlerweile Abend, und ich habe immer noch nichts geschafft, außer Verträge zu lesen und Klauseln nachzuschlagen. Nach diesem doch eher deprimierenden Tag beschließe ich, mir eine Pizza über einen Online-Dienst zu bestellen. Da ich per PayPal zahlen will, lese ich mir zunächst auch hier wieder das Kleingedruckte durch. Von der Länge her könnte es glatt als Sachbuch durchgehen: Es gibt verschiedene Kapitel, ein Glossar und einen ausführlichen Anhang.

Darin erfahre ich, dass das Unternehmen zwar eine Luxemburger Bankenlizenz hat, die Guthaben der Kunden allerdings nicht durch das Luxemburger Einlagensicherungssystem geschützt sind, da es sich um »E-Geld« und kein richtiges Geld handle.

Seine Cookies nutzt PayPal auch, um personalisierte Werbung anzuzeigen. Bei jeder Anmeldung können meine Standortdaten erfasst werden. PayPal behält sich außerdem vor, meinen Datensatz mittels Kreditauskunfteien – also beispielsweise der Schufa – anzureichern. Bei Nutzern, die als Verkäufer bei Ebay tätig sind und über PayPal Zahlungen abwickelt, darf das »Verhalten auf sozialen Netzwerken (wie zum Beispiel die E-Mail-Adresse und die Anzahl von ›Likes‹ und ›Followers‹)« ausgewertet werden.

Wer seinen Account löscht, dessen Konto bekommt in der PayPal-Datenbank den Zusatz »Geschlossen«, die Daten werden jedoch nicht gelöscht. Dass für Finanzgeschäfte wegen Betrugsfällen längere Speicherfristen gelten, finde ich nachvollziehbar. Aber gar keine Löschfristen anzugeben, erscheint mir dann doch grenzwertig.

Nach fast zwei Stunden PayPal-Lektüre knurrt mein Magen. Ich entscheide mich für eine Bestellung bei Pizza.de in der Erwartung, dass das Lesen des Kleingedruckten hier ganz schnell geht. Eine halbe Stunde später bin ich jedoch mit den Nerven am Ende. Da der Dienst eine ganze Menge

Drittanbieter für das Tracking seiner Nutzer auf der Webseite nutzt, habe ich anschließend Datenschutz- und Nutzungsbestimmungen von neun weiteren Diensten vor mir. Der Umfang übersteigt 50 Seiten. An dieser Stelle siegt der Hunger, und ich breche das Experiment ab. Mein Fazit: Es ist unmöglich, das Internet wie gewohnt zu nutzen, wenn man dem Wirtschafts-Idealbild des informierten Verbrauchers gerecht werden will.

Nun wäre es einfach, die Erfahrungen meines Experiments damit abzutun, dass ein Tag nicht repräsentativ ist. Beim zweiten Besuch spart man sich die Lektüre. Doch mit einmal Lesen ist es leider nicht getan. Facebook hat seine Nutzungsbedingungen seit seiner Gründung unzählige Male angepasst. In den ersten Nutzungsbedingungen wurde noch garantiert, dass es Menschen ohne Facebook-Account nicht gestattet werde, auf die Nutzerprofile zuzugreifen. Ein paar Jahre später war das längst vergessen. Die Liste der Akteure, an die PayPal zu bestimmten Zwecken personenbezogene Daten weitergeben kann, umfasst 71 Seiten und hunderte Unternehmen und wird jedes Vierteljahr aktualisiert. Wer kann das schon im Blick behalten?

Das Unternehmen PC Pitstop versteckte vor einigen Jahren eine Klausel in seinen Software-Lizenzbestimmungen (EULA), die eine finanzielle Kompensation für die Lektüre des Kleingedruckten versprach. Nach vier Monaten, in denen die Software mehr als 3.000 Mal heruntergeladen worden war, hatte sich jedoch nur ein einziger Nutzer an die im Kleingedruckten genannte E-Mail-Adresse gewendet. Er bekam einen Scheck über 1.000 US-Dollar zugeschickt. Diese Geste trifft einen wichtigen Punkt, denn das Kleingedruckte zu lesen, ist eine teure Angelegenheit. Normalerweise bekommen wir keine Kompensation für die Zeit, die wir dafür aufwenden. In seinem Buch »Kämpf um deine Daten« erinnert der Jurist und Datenschutzaktivist Max Schrems daran, dass eine wichtige Funktion von gesetzlichen Mindeststandards darin besteht, die Kosten von Vertragsabschlüssen zu senken. Indem Unternehmen systematisch für den Nutzer nachteilige Sonderregeln ins Kleingedruckte einarbeiten, werden den Verbrauchern aus seiner Sicht erhöhte Kosten für die Prüfung neuer Geschäftsbeziehungen aufgedrückt. Unternehmen entschuldigen ihr Verhalten jedoch damit, dass viele der Angaben gesetzlich verpflichtend seien.

Die US-Forscherinnen Aleecia M. McDonald und Lorrie Faith Cranor wollten mit einer Studie ergründen, was passieren würde, wenn Internetnutzer Online-Verträge tatsächlich lesen würden. Ihr Ergebnis verdeutlicht die Absurdität des Status quo. Der durchschnittliche Amerikaner müsste dafür pro Jahr 244 Stunden aufwenden. Auf die komplette US-Bevölkerung hochgerechnet würde das jährliche Kosten in Höhe von 781 Milliarden US-Dollar verursachen. So betrachtet ist es absolut rational, das Kleingedruckte wegzuklicken. Weder das Individuum noch die Gesellschaft kann es sich leisten, jeden Online-Vertrag zu prüfen. Der durchschnittliche Internetnutzer müsste dafür mindestens seinen Jahresurlaub opfern. Wenn wir derart unrealistische Anforderungen erfüllen müssen, um dem von Wirtschaftsvertretern gerne hochgehaltenen Bild des mündigen Verbrauchers gerecht zu werden, dann kann da etwas nicht stimmen. Es ist wichtig, dies im Hinterkopf zu behalten, wenn es wieder heißt »selbst schuld, hättest du mal die AGB vorher gelesen«.

Die meisten Vertragstexte lesen sich nicht so leicht und flott wie ein Roman. Schachtelsätze und Fremdwörter sind eher die Regel als die Ausnahme. Auch wenn ein Anbieter ein Angebot in meiner Sprache bereithält, heißt das noch lange nicht, dass er sich die Mühe gemacht hat, auch das Kleingedruckte zu übersetzen. Es ist zudem attraktiv, unappetitliche Details in einem gewaltigen Textberg zu verstecken. Besonders bei werbegetriebenen Modellen bedeuten großzügigere Datenerfassungen und freigiebigere Regeln zur Weitergabe und Verwertung dieser Daten schließlich bares Geld. Problematisch ist auch, wenn sich Unternehmen pauschal eine uneingeschränkte Weitergabe an sogenannte »Dritte« herausnehmen. Ob diese Dritte Adresshändler sind oder eine Kreditauskunftei könnte für den Nutzer einen gravierenden Unterschied machen. Große Internetkonzerne behaupten entgegen besseren Wissens gern, ihre Nutzer müssten wissen, worauf sie sich eingelassen haben. Die Informationsasymmetrie geht zu ihren Gunsten auf. Für datenhungrige Unternehmen ist der Status quo geradezu ideal.

Für Nicht-Juristen ist es schwierig zu verstehen, was sie da eigentlich genau unterschreiben. Ich beschließe daher, Heiko Dünkel um Rat zu fragen. Er ist Jurist und arbeitet für den Verbraucherzentrale Bundesverband (vzbv) in der Abteilung für Rechtsdurchsetzung. In den letzten Jahren hat er daran mitgearbeitet, die ganz Großen der Branche wegen benachteiligender AGB und Datenschutzerklärungen abzumahnen.

Während des Gesprächs erlebe ich eine positive Überraschung nach der anderen. Bei vielen Punkten, die ich mir notiert hatte, ist der vzbv bereits aktiv geworden. Die Verbraucherschützcr streiten vor Gericht dafür, dass Nutzer bei Facebook auch mit Pseudonym unterwegs sein dürfen. Auch gegen den Abgleich der WhatsApp-Daten mit Facebook läuft ein Verfahren. Instagram hat kürzlich eingelenkt und ganze 18 Passagen seines Vertragswerkes geändert. Die von mir beanstandeten Instagram-Klauseln sind allesamt Geschichte. Tinder musste eine Klausel streichen, nach der Nutzerprofile auch auf anderen Plattformen der Unternehmensgruppe eingestellt werden können.

Ich frage Heiko Dünkel, worauf ich zukünftig beim Kleingedruckten achten sollte. Er gibt mir folgende Tipps mit auf den Weg: AGB werden laut dem Juristen rechtlich nur dann zum Vertragsbestandteil, wenn sie Verbraucher überhaupt zur Kenntnis nehmen können. Ist das »Kleingedruckte« also buchstäblich zu klein, in einer fremden Sprache oder versteckt, kann man dagegen vorgehen. Nachträgliche Vertragsänderungen sind nur dann in einem gewissen Rahmen zulässig, wenn sie dem Verbraucher auch zumutbar sind. Einfach das komplette Vertragsverhältnis umstricken geht nicht. Beim Inhalt gilt außerdem keineswegs *anything goes*. »Unternehmen dürfen nicht einfach alles, was sie gerne hätten, in die AGB reinschreiben«, sagt Heiko Dünkel. Viele US-Konzerne übernehmen sehr weitgehende US-Klauseln, ohne zu prüfen, ob diese überhaupt mit dem europäischen Recht vereinbar sind, beklagt er. Dagegen gehen die Verbraucherschützer regelmäßig vor.

Wichtig sei vor allem, dass AGB und Datenschutzerklärung möglichst klar und eindeutig formuliert sind. Passagen, in denen es heißt, man könne private Daten der Nutzer offenlegen, wenn dies für »andere öffentliche Interessen notwendig oder angemessen ist« oder aber um die »Geschäftstätigkeiten« zu schützen, sind nach Auffassung des Juristen zu unbestimmt. »Der Begriff der Geschäftstätigkeiten kann im Grunde so ausgelegt werden, dass damit alles abgedeckt ist«, kritisiert er. Dass ein Unternehmen ankündigt, man werde Daten an Drittanbieter weitergeben, ohne zu konkretisieren, wer genau damit gemeint ist, sieht er ebenfalls kritisch. Instagram wurde wegen einer entsprechenden Klausel in der Datenschutzerklärung abgemahnt und hat auch bereits eingelenkt.

Dass Unternehmen in den Datenschutzbestimmungen konkrete Löschfristen nennen, ist eine Ausnahme. Meist heißt es, die Daten werden so lange gespeichert, wie es für die Geschäftstätigkeiten notwendig sei. Das ist an sich nicht illegal. Was das konkret bedeutet müsste aber eigentlich für jede gespeicherte Information gesondert geklärt werden. Ob das wirklich passiert, darf man bezweifeln. Dünkel erklärt: »Beim Surveillance-Kapitalismus sind wir das Produkt. Jede einzelne Handlung, ob man jetzt eine Pizza bestellt oder ob man offline getrackt wird, weil man durch ein Einkaufszentrum schlendert – alles kann für die Geschäftstätigkeit genutzt werden. Dass sich das gar nicht mehr eingrenzen lässt, ist Teil des Problems.« Wer Inhalte entfernen will, müsse schon gezielt eine Löschung beantragen.

Die zu Beginn dieses Kapitels beschriebenen Spaß-Klauseln bei WLAN-Anbietern sind aus rechtlicher Sicht hingegen unproblematisch und unwirksam, die Durchsetzung würde gegen geltendes Recht verstoßen. »Diese Experimente zeigen aber ein tiefer liegendes Problem. Niemand liest diese riesigen in Rechtssprache abgefassten Vertragswerke«, sagt Dünkel. Ob sich die Position der Verbraucher verbessern würde, wenn man Unternehmen dazu verpflichten würde, nicht mehr als eine Seite mit Kleingedrucktem zu füllen, daran hat Heiko Dünkel seine Zweifel: »Dann werden die Klauseln womöglich noch rechtswidriger als vorher, weil sie weniger präzise sind.« Gut zu wissen, dass es Menschen wie Heiko Dünkel gibt, die das Kleingedruckte nicht nur lesen, sondern auch im Namen der Verbraucher für den vzbv vor Gericht ziehen, falls notwendig.

Gemeinsam mit den Verbraucherzentralen in den Ländern stößt der Verband etwa 1.000 Klagen und Abmahnungen im Jahr an, um Verbraucherrechte gegenüber Unternehmen durchzusetzen. Es ist lange her, dass der vzbv kein laufendes Verfahren gegen einen der großen Konzerne im Silicon Valley hatte. Wenn man sich als einzelner Nutzer nicht mit Milliardenkonzernen wie Facebook oder Google vor Gericht anlegen will, ist das absolut verständlich. Umso wichtiger, dass Verbände wie der vzbv in unserem Namen klagen. Mit dem Projekt »Marktwächter Digitale Welt« informieren die Verbraucherschützer über Missstände bei Online-Diensten und erwirken vor Gericht Verbesserungen. Das Gespräch mit Heiko Dünkel gibt mir Hoffnung. »Ich nehme das einmal als Anregung für eine Abmahnung«, lässt er mich an einigen Stellen wissen, als ich AGB-Passagen aufzähle, die mir übel aufgestoßen sind.

Große Internetkonzerne haben ohne Zweifel genug Kapital, um sich eine anständige Rechtsberatung zu leisten. Trotzdem decken Verbraucherschützer regelmäßig Versuche auf, Nutzern offensichtlich rechtswidrige Klauseln unterzuschieben. Dahinter steckt durchaus Kalkül. Statistisch betrachtet findet eine Kontrolle durch die mit einer überschaubaren Mitarbeiterzahl ausgestatteten Datenschutzbehörden angesichts Tausender zu kontrollierenden Unternehmen nur alle paar Tausend Jahre statt. Jedes Restaurant hat eine deutlich höhere Wahrscheinlichkeit von einem Lebensmittelkontrolleur einen Besuch abgestattet zu bekommen.

»Die Ressourcen sind begrenzt, deshalb kann man nie alles machen«, seufzt auch Heiko Dünkel und gibt zu bedenken: »Das tiefer liegende Problem sind nicht nur einzelne Klauseln. Das Problem ist, was Unternehmen wie Facebook tatsächlich speichern und auswerten. Die Profile, die Unternehmen heute über uns erstellen, gehen vermutlich über alles hinaus, was sich die Staatssicherheit früher in der DDR gewünscht hat.«

In vielen Geschäftsbedingungen fällt das deutliche Gefälle zwischen Haftungseinschränkungen für Unternehmen und einseitigen Pflichten für Nutzer ins Auge. Geradezu wütend machen mich lange Passagen im Kleingedruckten zum Thema Sicherheit. Eine Zusage, dass der Anbieter Betroffene bei einem Datenleck informiert, fehlt regelmäßig. Dabei leben wir längst in einer Zeit, in der kaum ein Monat ohne ein Datenleck bei einem namhaften Unternehmen vergeht. Im November 2017 wurde enthüllt, dass Unbekannte 2016 beim Fahrdienst Uber 57 Millionen Datensätze von Fahrern und Nutzern entwendet hatten. Das Unternehmen ließ sich daraufhin erpressen und zahlte 100.000 US-Dollar für das nicht nachprüfbare Versprechen, dass die Unbekannten die Daten löschen. Anschließend hat Uber ver-

sucht, den Vorfall zu vertuschen. Erst ein Jahr später kam
der Datenverlust ans Licht.

Unternehmen, die Sicherheitsprobleme nicht oder zu spät
melden, nehmen bewusst das Risiko in Kauf, dass ihre
Nutzer die Kontrolle über ihr digitales Leben verlieren.
Prominentestes Beispiel ist hier ein Datenleck beim E-Mail-
Anbieter Yahoo!, bei dem drei Milliarden Konten betroffen
waren. Viele Passwörter landeten im Netz. Der Schaden für
den Einzelnen kann immens sein. Eine kompromittierte E-
Mail-Adresse reicht schon, um die Passwörter aller damit
verbundener Dienste zurücksetzen zu lassen. Identitäts-
diebstahl wird so zum Kinderspiel. Nutzer müssen nach
Eintreten eines Datenlecks unverzüglich gewarnt werden.
Und zwar auch auf die Gefahr hin, dass dies den Aktien-
kurs zum Absturz bringt. Unternehmen die sich nicht daran halten sollten mit angemessenen Geldbußen belegt
werden. Alles andere wäre grob fahrlässig. Die bisherigen
Regelungen sind völlig unzureichend.

Falls Sie als Fazit dieses Kapitels erwarten, dazu ermahnt
zu werden, nun immer brav die AGB und Datenschutzbestimmungen zu lesen, muss ich Sie enttäuschen. Natürlich
wäre es vernünftig, aber wie kann ich anderen einen Rat er-
teilen, den ich noch nicht einmal für mein eigenes Leben
langfristig durchhalten kann? Es ist schlichtweg unmöglich, immer und in jeder Situation dem Bild des informierten Verbrauchers gerecht zu werden.

Dabei wäre es so einfach, hier Abhilfe zu schaffen. Auf jedem Joghurt, den ich im Supermarkt kaufe, kann ich die Inhaltsstoffe kurz und bündig nachlesen. Die Kalorien-Tabelle

zeigt, ob »Wellness-Chips« tatsächlich halten, was sie versprechen. Genauso wie die Lebensmittelindustrie vor Jahrzehnten dazu verpflichtet wurde, die Inhaltsstoffe aufzulisten, müssen wir auch bei Online-Diensten die wichtigsten Fakten zu unseren Rechten als Nutzer auf einen Blick erfassen können. Wünschenswert wären einheitliche Standards für Informationsgrafiken, damit der Nutzer auf einen Blick erkennt, was ein Anbieter mit seinen Daten macht. Doch freiwillig werden das gerade weniger vorbildliche Unternehmen wohl kaum umsetzen. Hier ist der Staat gefragt. Diese Maßnahme für mehr Transparenz bei der Datenverarbeitung müssten auch die Verteidiger der freien Marktwirtschaft befürworten. Denn Wettbewerb braucht Informationen, damit die Nachfrage das Angebot regeln kann. Wo Platzhirsche ein Quasi-Monopol geschaffen haben, bringt allerdings auch Transparenz keinen Wettbewerb in Gang.

Wir sollten uns mit der deprimierenden Situation beim Thema Kleingedrucktes nicht abfinden. Bei wichtigen Fragen lohnt es sich, Informationen bei Verbraucherschützern zu recherchieren. Die Verbraucherzentralen, aber auch die Stiftung Warentest veröffentlichen regelmäßig Vergleiche von beliebten Diensten. Bei Diensten, die ich besonders nah an mein Leben lasse, lese ich mir das Kleingedruckte im Übrigen gezielt durch. Das bin ich mir wert. Und wenn ich wieder einmal Passagen finden sollte, die mir dubios vorkommen, werde ich das melden. Entweder bei den lokalen Verbraucherzentralen vor Ort oder bei dem eigens hierfür eingerichteten Beschwerdepostfach des Projekts »Marktwächter Digitale Welt«. Denn nur wenn Nutzer Alarm schlagen, können Verbraucherzentralen und Aufsichtsbehörden aktiv werden. Es gibt viel zu tun.

Ein unfairer Deal

Wissen ist Macht. Das war schon vor dem Informations-
zeitalter der Fall. Wer beispielsweise bei der Jobverhand-
lung durchblicken lässt, dass er die Stelle auf jeden Fall
annehmen wird, dessen Bemühungen um ein höheres
Einstiegsgehalt werden kaum von Erfolg gekrönt sein. Einige Arbeitnehmer signalisieren ihrem Arbeitgeber sogar
durch den Zusatz »Suche nach neuen Herausforderungen«
in ihrem öffentlichen Xing-Profil, dass es höchste Zeit für
eine Gehaltserhöhung oder Beförderung wäre. Aber wenn
ich mich in meinem Freundeskreis umhöre, komme ich
schnell zu dem Ergebnis, dass es die meisten hassen, mit
ihrem Arbeitgeber um ihr Gehalt verhandeln zu müssen.
Das liegt auch daran, dass wir es einfach nicht gewohnt
sind. In unserer Welt hat alles seinen festen Preis, und der
ist nur selten verhandelbar.

Kaum einer fragt im H&M den Verkäufer: »Da ist ein Knopf
abgerissen, kann ich Rabatt bekommen?« In anderen Ländern und Kulturen sind Preisverhandlungen hingegen Teil
des Alltags. In der Innenstadt von Bangkok gibt es einen
großen mehrstöckigen Gebäudekomplex, in dem zahllose IT-Händler wie auf einem großen Markt in kleinen
Verschlägen Hardware und modernste Technik feilbieten.
Preisschilder sucht man dort vergeblich. Den besten Preis
hat ein Freund von mir erzielt, als er nach dem ersten Angebot für eine Laptop-Tasche entrüstet geschnaubt hat und
sich einfach zum Gehen umdrehte. Der Händler rief ihm
daraufhin ein deutlich besseres Angebot hinterher. Han-

deln ist ein Tanz, ein Spiel und viel Show. Lautstarkes Meckern und Klagen gehört zur Preisverhandlung dazu. Zu zeigen, dass einem ein Produkt gefällt, ist dabei der größte Fehler überhaupt. Auf polnischen Märkten erziele ich bessere Preise, wenn ich Polnisch und nicht Englisch spreche. Denn Touristen gelten überall als leicht übers Ohr zu hauen. Das ist in Berlin nicht anders.

Informationen sind am Verhandlungstisch bare Münze wert. Das gilt auch für den Online-Handel. Hier gibt es jedoch eine Besonderheit: Theoretisch kann ein Online-Händler gleichzeitig jedem Kunden einen anderen Preis anzeigen – auf der Basis der über ihn verfügbaren Daten. Technisch ist das gar kein Problem. Kunden, die in der Vergangenheit große Summen für Luxusgüter ausgegeben haben, wären mit Sicherheit bereit, einen höheren Preis zu zahlen. Kunden, die aus einer reichen Gegend kommen, ebenfalls. Überhaupt werden oft unterschiedlichen Kunden mit unterschiedlichen Rabatt-Aktionen gezielt angesprochen, und denjenigen, die besonders stark auf Rabatte anspringen, könnte man den normalen Preis einfach als Aktionsangebot präsentieren. Das klingt einleuchtend. Aber wären Unternehmen tatsächlich so dreist, derart einseitig mit uns zu handeln, ohne dass wir uns darüber im Klaren sind? Kann es sein, dass unsere Datenspur sich auch ganz konkret auf die Preise auswirkt, die uns präsentiert werden?

Ich möchte einen Urlaub buchen und steuere die Webseite von Booking.com an, eine der größten Plattformen für Hotels und Ferienwohnungen weltweit. Ein Kurztrip für zwei Personen nach Rom soll es sein. Ich suche zunächst mit meinem Smartphone ohne Nutzer-Account. Die Bilder eines Anbieters erscheinen mir vielversprechend. Ein ganzes Appartement in zentraler Lage Roms mit makellosen Bildern. Neben dem roten Schriftzug »Das beste Angebot heute!« steht der Preis: 153,75 Euro für die ausgewählte Nacht. Das ist nicht wenig, aber Luxus hat eben seinen Preis, denke ich mir. Da ich vor der Buchung noch schauen will, ob ich die Suite auch günstiger bekommen kann, logge ich mich nun auf meinem Rechner in meinen Booking.com-Account ein. Dort bekomme ich für die selbe Nacht und das gleiche Zimmer jetzt einen »Sparpreis« von 139 Euro pro Nacht angezeigt. Ich lehne mich zufrieden zurück. Stammkunde zu sein, lohnt sich also doch. Aber bevor ich das Zimmer buche, will ich noch einen letzten Test wagen.

Ich nehme einen anderen Rechner mit frisch installiertem Browser, auf dem ich eine spezielle Software installiert habe. Diese erlaubt es mir, mich über einen Anbieter mit Servern auf der ganzen Welt zu verbinden. Statt einer IP-Adresse aus Berlin komme ich dadurch bei jeder von mir angesteuerten Webseite mit einem von mir wählbaren Standort an. Es handelt sich um eine sogenannte VPN-Verbindung, die kinderleicht einzurichten und vollkommen legal ist.

Auf gut Glück wähle ich als vermeintlichen Standort São Paulo in Brasilien aus. Ich warte ein paar Sekunden, bis mein Rechner die Verbindung aufgebaut hat. Meine Anfrage an Booking.com geht nun automatisch über den Umweg Brasilien. Der Seitenbetreiber wird denken, ich sitze mit meinem Laptop unter Palmen, während ich tatsächlich im verregneten Berlin die Heizung aufdrehe. Ich bin gespannt, ob mir die Hotelplattform nun einen anderen Preis anzeigen wird. Tatsächlich, mein neuer Preis für dasselbe Hotel und dieselbe Nacht ist um gut 50 Prozent niedriger. Nur 73,75 Euro kostet mich nun ein Zimmer. Daneben steht der Hinweis, ich könne noch einmal einen Preisnachlass bekommen, wenn ich mich anmelde. Ich bin sehr froh, dass ich noch nicht gebucht habe.

Als ich das Zimmer zum günstigeren Preis buchen will, erwartet mich dann doch eine böse Überraschung – mir wird trotzdem der höhere Preis von der Kreditkarte abgebucht. Ich habe offensichtlich nicht auf das Kleingedruckte geachtet. In der EU gilt, dass Reiseanbieter Zusatzkosten wie Steuern, Reinigungsgebühren oder Tourismusabgaben nicht im Kleingedruckten verstecken dürfen. Im Ausland werden diese Kosten jedoch häufig erst am Ende aufaddiert. Das Experiment zeigt: Wir können nicht darauf vertrauen, dass unsere gewohnten Verbraucherschutz-Standards auch im Ausland gelten, selbst wenn wir den selben Anbieter wie daheim nutzen. Es lohnt sich, dies beim nächsten Urlaub im Hinterkopf zu behalten.

Es gibt Unternehmen, die tatsächlich einen Schritt weiter gehen und Kunden standortabhängig einen unterschiedlichen Preis abverlangen. In der EU ist eine Diskriminierung anhand des Wohnsitzes heute illegal. In der Vergangenheit haben Autovermieter und sogar Vergnügungsparks ihren Kunden für identische Leistungen abhängig vom Wohnort höhere Preise abverlangt. Doch nicht alle Unternehmen halten sich heute an das Diskriminierungsverbot. Einige versuchen durch minimal veränderte Leistungspakete das Verbot zu umgehen.

Preisdiskriminierung ist kein neues Phänomen. Dass Schüler, Auszubildende und Studenten an der Kinokasse Rabatt bekommen, empfindet kaum jemand als ungerecht. Aber auch hier geht es nur selten um reine Nächstenliebe. Wer annimmt, dass Schüler und Studenten weniger Geld zur Verfügung haben, der senkt lieber den Preis, als auf eine wichtige Kundengruppe zu verzichten. Vergünstigte Zeitungsabonnements haben das Ziel, junge Leser an sich zu binden – in der Hoffnung, sie als langfristige Kunden zu gewinnen. Preisdifferenzierung ist eine rationale Strategie zur Gewinnmaximierung. Allerdings ist dieser klassische Rabatt für alle Kunden an der Kasse sichtbar. Die neue Form der Preisdiskriminierung passiert hingegen oft im Verborgenen. Unternehmen schrecken nicht einmal davor zurück, selbst bei überhöhten Preisen von einmalig günstigen Angeboten zu sprechen.

Bei Online-Preisdiskriminierung ist nicht immer nur das vermutete Herkunftsland ausschlaggebend. Eine Rolle spielen kann ebenfalls der verwendete Browser und dessen Spracheinstellung. Auch das verwendete Betriebssystem kann einen Unterschied machen. Als ich einmal online nach einer Bezahl-Software gesucht habe, wurde mir an meinem Rechner mit dem Betriebssystem Linux ein deutlich günstigeres Angebot präsentiert, als an einem parallel aufgeklapptem Apple-Rechner. Das Vorurteil ist hier offenbar, dass Apple-Nutzer im Schnitt über einen pralleren Geldbeutel verfügen.

An dem Gefühl, dass sich ein Flug verteuert, wenn man mehrere Sucheingaben auf der Seite macht, ist oft etwas dran. Einige Flug- oder Vermittlungsgesellschaften sehen häufige Suchanfragen als Zeichen dafür, dass jemand etwas dringend sucht. Als Resultat steigt der Preis. Um Besucher einordnen zu können, legen einige Anbieter auch »Cookies« im Browser der Besucher ab. Das sind kleine Codeschnipsel, die Nutzer wiedererkennbar machen. Sie sollten daher unbedingt darauf achten, diese bei Bedarf zu löschen. Wichtig ist auch zu bedenken, dass der von uns genutzte Browser dank seiner individuellen Eigenschaften wiedererkannt werden kann. Einige Anbieter zeigen Kunden außerdem per App andere Preise an, als über den Browser. Reisende, die für die Recherche ein anderes Gerät verwenden, als für die Buchung und Vergleichsportale nutzen, können je nach Anbieter womöglich Geld sparen.

Ich beschließe, die beliebte Shopping-App »Wish« auf meinem Smartphone zu installieren. Der US-Dienst agiert als Vermittler zu Billiganbietern, vor allem aus dem asiatischen Raum. Rund eine Million Mal soll die App in Deutschland heruntergeladen worden sein. Auf der Plattform werde ich zunächst auf einen Trainingsanzug aus Fleece aufmerksam, dessen Preis angeblich von 330 Euro auf 16 Euro reduziert wurde. Ich schaue mir das Produkt genauer an, stöbere dann aber weiter. Als ich den Trainingsanzug etwas später erneut ansteuere, erscheint ein Countdown. Wenn ich das Produkt innerhalb von fünf Minuten in den Warenkorb lege, winkt ein Rabatt. Als ich der Aufforderung nachkomme erscheint eine Meldung: Der Preis wurde auf 24 Euro reduziert. Ich traue meinen Augen kaum, stelle dann aber fest, dass ich nicht richtig hingeschaut habe. Nur in der kleinsten Größe (XXXXXS) lag der Standardpreis bei 16 Euro – sonst beträgt er 25 Euro. Als ich das Produkt erneut ansteuere steht dort wieder ein anderer Preis. Ich verstehe die Welt nicht mehr und merke, wie ich immer hektischer werde. Nach einer Weile zeigt sich ein Muster. Die Rabatte werden häufiger eingeblendet, wenn ich zögere und ein Produkt nicht beim ersten Anlauf in den Warenkorb lege. Ich merke, wie ich versuche mein Verhalten daran anzupassen und Ich komme mir dabei wie ein Versuchskaninchen vor. Mein Stresspegel steigt weiter, als ich einen Blick auf den Warenkorb werfe. Dort ist wieder ein Countdown eingeblendet. Die Rabatte gelten anscheinend nur für die nächsten 60 Minuten. Entspannt Einkaufen ist offensichtlich nicht vorgesehen. Als ich die Sachen dann aber im Warenkorb liegen lasse und die App erst wieder ein paar Tage später öffne, ist der Rabatt sogar noch größer. Der vorgetäuschte Zeitdruck war nur eine Masche. Verärgert deinstalliere ich die App. Später lese ich, dass die Verbraucherzentralen vor dem Dienst warnen — wegen mangelhafter Produkte und versteckter Zusatzkosten.

Wir lassen uns gern zum Kauf hinreißen, wenn wir das Gefühl haben, ein Schnäppchen zu machen. Das Wissen darüber, ob ein Nutzer regelmäßig bei Rabattaktionen schwach wird, ist für Unternehmen nachweislich besonders interessant. In diesem Fall bieten sich personalisierte Anzeigen an, die mit hohen Preisreduktionen werben. In der Praxis prüft kaum ein Kunde nach, ob das Produkt tatsächlich vorher so viel gekostet hat, wie behauptet wird. Als weitere Verstärker können Angaben wie »Nur für kurze Zeit«, »Nur noch wenige Exemplare im Lager« oder gar ein Countdown dienen. So wird das Gefühl erzeugt, womöglich eine einmalige Gelegenheit zu verpassen. Das ist das perfekte Rezept, um einen Impulskauf zu triggern. Denken

Sie ruhig daran, wenn Sie das nächste Mal mit solchen Methoden konfrontiert werden.

Einige Shops versuchen Kunden, die ein Produkt in den Warenkorb gelegt haben, aber dann nicht zügig zur Kasse gehen, nach einer bestimmten Zeit mit Preisreduktionen oder kostenfreiem Versand zu ködern. Oder aber der Kunde bekommt wenige Tage später Rabatt-Gutscheine per E-Mail zugeschickt, damit er den Kauf abschließt. Andere Anbieter legen bei der Erstbestellung einen satten Gutschein für die Zweitbestellung bei. Wer bei einem Online-Shop weiß, dass solche Marketing-Kniffe systematisch zum Einsatz kommen, kann bares Geld sparen.

Hinzu kommen weitere Kniffe, die online ungleich wirkmächtiger sind als im analogen Einzelhandel. Oft wird das Produkt, welches verkauft werden soll, von einem günstigeren, aber schlechteren und einem kostspieligeren, aber nur minimal besseren Vergleichsprodukt eingerahmt. Das auf den Kunden zugeschnittene Angebot in der Mitte wirkt dadurch noch einmal deutlich günstiger und attraktiver. Diese Methode wird »die goldene Mitte« genannt. Online lässt sich die Produktpräsentation individuell auf jeden Kunden zuschneiden. Je nachdem, was wir suchen und in welcher Preiskategorie.

Als Kunde fühle ich mich angesichts solcher Methoden über den Tisch gezogen. Meinen nächsten Flug werde ich über einen Anonymisierungsdienst buchen. Für meine Recherche werde ich stets ein zweites Gerät verwenden. Während ich nun meinen Urlaub plane, lässt mich ein Gedanke nicht los: Es ist schon ganz schön bitter, dass die Über-

wachung so weit fortgeschritten ist, dass ich zur Urlaubs-
buchung Technologien verwenden muss, die auch für die
Umgehung von Zensur in Diktaturen genutzt werden. Das
ist nicht die schöne neue Welt, von der wir einst geträumt
haben.

Zu Risiken und Nebenwirkungen

Wer sich nicht sicher ist, ob gesetzliche Krankenversicherungen eine gute Sache sind, sollte sich einmal in den USA die Kundenbewertung von Tiermedikamenten bei Amazon durchlesen. Dort schreibt beispielsweise Christine, die Entwurmungspaste für Pferde mit Apfelgeschmack habe bei ihr und ihrem Ehemann ausgezeichnet gegen Krätze geholfen. »German Shepherd Mama« lobt ein Fisch-Antibiotikum mit folgendem Erfahrungsbericht: »Mein ›Fisch‹ hatte Zahnschmerzen. Nachdem ich ihm fünf Tage lang morgens eine Pille verabreicht hatte, waren die Zahnschmerzen weg.« 28 Menschen finden den Bericht hilfreich. Aus Sicht der Bewohner eines Landes mit einer gesetzlichen Krankenversicherung erscheint es skurril, wenn sich ganze Folgen beliebter Krankenhausserien wie »Scrubs« oder »Emergency Room« einzig darum drehen, ob Patienten die lebenswichtige Behandlung bezahlen können. Doch in einem der reichsten Länder der Welt können sich viele eine gute Krankenversicherung nicht leisten. Günstige Tiermedikamente von Amazon werden so für einige zur letzten Chance für eine bezahlbare Behandlung ihrer Leiden.

Wenn Krankenversicherungen Kunden ablehnen und den Preis je nach Risiko frei gestalten dürfen, werden Gesundheitsdaten zum kostbaren Gut. Längst bleibt es nicht mehr bei Abfragen zum Gesundheitszustand vor der Aufnahme neuer Versicherter. Flexible Tarife nötigen Versicherte heutzutage dazu, auch nach Vertragsabschluss der Versicherung tägliche Updates zu schicken. Der neueste Trend sind datengetriebene Anreizsysteme.

Datensammlungen wie jene, die ich bei meinem Fitnessexperiment mit meiner intelligenten Uhr angelegt habe, sind bei einigen Versicherungen längst eng mit dem Tarif verzahnt. Kunden des US-Versicherers John Hancock, die am »Vitality«-Programm teilnehmen, bekommen eine Apple Watch zum Schnäppchenpreis von nur 25 US-Dollar angeboten. Im Gegenzug erklären sich die Versicherten dazu bereit, die damit erfassten Fitnessdaten zwei Jahre lang an ihre Versicherung weiterzuleiten. Die tägliche Fitnessleistung wird mit Punkten belohnt. 15.000 oder mehr täglich zurückgelegte Schritte erhöhen das Konto um 30 Punkte. Wer es nicht schafft, monatlich mindestens 500 Vitality Points nachzuweisen, muss für seine Apple Watch nachzahlen. Bei guten Werten sinkt dafür die Gesamtprämie der Versicherung. Und wer meint, schummeln zu können, kann sich auf eine Überraschung gefasst machen. Selbstverständlich gibt es längst Klauseln, die den Kunden von Bonusprogrammen das Verleihen der Fitness-Wearables an Dritte verbieten. Über die Erholungsraten beim Puls lassen sich Menschen recht gut unterscheiden. Sonst könnte man ja einfach die Kinder zum Joggen schicken. Für den Versicherer John Hancock sind derartige Fitness-Anreizsysteme nichts Neues. Den Einkauf gesunder Nahrungsmittel belohnt die Versicherung schon lange.

Nicht nur die körperliche Fitness ist Gegenstand neuer datengetriebener Tarife. Die Zahnzusatzversicherung kommt beim US-Anbieter Beam mit einer neuen elektronischen Zahnbürste. Die monatliche Zahlung im entsprechenden

Tarif richtet sich danach, wie regelmäßig sich der Versicherte die Zähne putzt. Nun mag sich so mancher Europäer denken: ›Die Spinnen eben, die Amis‹. Doch auch für europäische Versicherungen sind solche Systeme hochinteressant.

In der Reality-Sendung »Die Höhle der Löwen« des deutschen Privatsenders Vox suchen Start-up-Gründer regelmäßig vor einem Millionenpublikum nach Investoren. Bei der Präsentation der elektronischen Zahnbürste happybrush sieht es zunächst ganz danach aus, als würden die Gründer ohne Finanzspritze abziehen müssen. Am Ende sammelten sie vor allem deshalb 500.000 Euro beim Unternehmer Carsten Maschmeyer ein, weil er die Idee einer intelligenten Schnittstelle zum Austausch von Putzdaten mit Krankenversicherungen vielversprechend fand.

Als ich eines Abends mit einem Freund über diese neuen Möglichkeiten zur Datensammlung diskutiere, fängt er unvermittelt an zu grinsen und zieht den Ärmel seines T-Shirts hoch. An seinem Oberarm klebt ein kleiner runder Gegenstand aus weißem Plastik. Mit unverhohlenem Stolz führt er mir sein neues Spielzeug vor. Als Diabetiker hat er sich kürzlich dafür entschieden, sein Messgerät gegen einen aufklebbaren Chip mit einer kleinen Nadel auszutauschen. Damit wird der Glukose-Wert ermittelt, und die darin verbaute NFC-Technologie erlaubt es, Daten über kurze Distanzen auszulesen. Er holt ein kleines Gerät aus der Tasche und hält es über das Messgerät. Es piept, und das Display zeigt ein Diagramm seines Blutzuckerwertes. »Hier, es zeigt sogar an, ob mein Zucker gerade im Steigen oder Fallen begriffen ist!« Er strahlt mich dabei voller Begeisterung an.

»Endlich muss ich mir beim Weggehen abends nicht mehr Blut aus meinem Finger drücken«, fährt er fort und lehnt sich zufrieden zurück. Das Auslesen funktioniert auch per Smartphone. Jeden Monat erstellt er nun ein detailliertes Diagramm seiner Blutzuckerwerte – für sich selbst und die Diabetologin. Der Chip bedeutet für ihn vor allem Freiheit. Er hofft darauf, bald auf ein neueres Modell umsteigen zu können: ein Pflaster, das ganz ohne Nadel auskommt. Außerdem werde gerade an Kontaktlinsen geforscht, die den Blutzuckerwert aus der Augenflüssigkeit ermitteln, sagt er. Als ich ihn frage, ob er diese Daten mit seiner Krankenkasse teilen würde, schaut er mich vollkommen entgeistert an.

Dem Körper eines Diabetikers fehlt das für die Verarbeitung von Zucker benötigte Insulin. Diabetiker wie mein Freund müssen ihr Leben lang mit Insulin-Präparaten und Messzubehör versorgt werden, um zu überleben. Weltweit gibt es mehr als 400 Millionen Menschen, die an dieser Erkrankung leiden. Tendenz steigend. Die meisten davon haben eine Typ-2-Diabetes, auch unter dem Namen Altersdiabetes bekannt. Schlechte Ernährung und mangelnde Bewegung gelten als eine der Hauptursachen für die rasante Zunahme der Erkrankungen.

Typ-1-Diabetes ist genetisch bedingt und deutlich seltener anzutreffen. Bei meinem Freund kam die Diagnose im Kindesalter. In einem Diabetes-Crashkurs für Kinder wurde ihm früh beigebracht, wie er seine Mahlzeiten in Broteinheiten umrechnen kann, um die notwendige Menge Insulin vorherzusagen, die er sich spritzen muss. In seinem Kühlschrank steht immer eine Packung Apfelsaft für

Notfälle, falls der Blutzucker zu tief ist. »Ich hatte Glück. Meine Eltern haben viel Wert darauf gelegt, mir den richtigen Umgang mit meiner Krankheit einzutrichtern«, sagt er heute. »Das war nicht selbstverständlich. Und wäre ich in einem ärmeren Land geboren worden, hätte mich die Diabetes vielleicht umgebracht.«

Diabetiker wie er sind bei keiner Krankenkasse ein gerne gesehener Gast. Wären Krankenversicherungen vollkommen dem freien Markt überlassen, hätte er kaum eine Chance auf einen bezahlbaren Tarif. »Die monatlichen Ausgaben für mich werden die Einnahmen meiner Krankenversicherung bis an mein Lebensende übersteigen«, sagt er. Sein Vertrag mit einer privaten Krankenversicherung wurde noch als Kind vor seiner Diagnose über die Eltern abgeschlossen. »Sonst könnte ich mir die Private gar nicht leisten«, ist er sich sicher. Denn Diabetiker, die nach ihrer Diagnose zu einer privaten Krankenversicherung wechseln wollen, müssen mit einem hohen Risikozuschlag rechnen. Nur wer bereits vor der Diagnose einen Vertrag abgeschlossen hat, bleibt davon verschont.

In den meisten Ländern ist es vollkommen zulässig, vor Abschluss einer privaten Krankenversicherung oder einer Zahnzusatzversicherung die Offenlegung der bisherigen Krankengeschichte zu verlangen. Lügt der Versicherte dabei, darf sich die Krankenkasse später weigern, Kosten zu übernehmen. Die bisherige Krankheitsgeschichte kann aber nur einen begrenzten Ausblick auf zukünftige Risiken geben. Die Zwillingsforschung gibt deutliche Hinweise dafür, dass selbst die Genetik oft nur Wahrscheinlichkeiten für Erkrankungen und vor allem den Verlauf einer Krankheit aufzeigen kann. Alles spricht dafür, dass der individuelle Lebensstil gewaltige Auswirkungen auf unsere Gesundheit hat.

Das ist auch bei Diabetikern der Fall. Ob ein Patient diszipliniert mit seiner Erkrankung umgeht und auf seine Blutzuckerwerte achtet, ist nicht unerheblich für das Risiko von Folgeerkrankungen. Dazu zählen Sehschwäche, Herzinfarkt und Lähmungen bis hin zur Amputation von Gliedmaßen. Ich bin beeindruckt, wie nüchtern mein Freund mir all diese Szenarien für seine Zukunft auflistet. Er hat gelernt, mit diesem Risiko zu leben. Wieder hält er das Gerät an seinen Arm, und es piept. »120 mg/dl und stabil, tadellos«, sagt er und grinst.

Dass seine Krankenversicherung gerne Zugriff auf seine Messdaten hätte, glaubt mein Freund sofort. Er möchte nicht in einer Welt leben, in der Versicherungen ihre Tarife danach ausrichten, wie gut seine Zuckerwerte sind. »Das wäre nicht gerecht«, meint er. »Wie gut meine Werte sind, zeigt nur eingeschränkt, ob ich mich vorbildlich verhalten habe.« Psychische Faktoren können einen gewaltigen Einfluss auf den Zuckerspiegel haben. Bei einem Jobwechsel oder Umzug ist es nicht unüblich, dass die Werte deutlichen Schwankungen ausgesetzt sind. Auch zusätzliche Erkrankungen sowie Medikamente wie Cortison wirken sich extrem unberechenbar auf den Glukosewert aus. Langfristig könnten solche Messungen allerdings schon aussagekräftig sein. Doch mein Freund will nicht, dass seine Krankheit, die seit Kindesbeinen sein Leben bestimmt, ihn nun auch noch zum Objekt der Überwachung für seine Versicherung macht.

Versicherungen haben nicht nur bei Risikopatienten wie Diabetikern ein großes Interesse daran, Informationen darüber zu bekommen, ob ihre Versicherten sich um ihre Gesundheit kümmern. Ob wir uns in den letzten Jahren bevorzugt von Mehrkornbrot und Gemüse oder ausschließlich Pizza ernährt haben oder gar rauchen, gibt Hinweise auf zahlreiche Langzeitrisiken für die Gesundheit.

Vor Abschluss einer privaten Krankenversicherung müssen umfassende Angaben gemacht werden. Doch was ist, wenn ein Versicherter nach Abschluss des Vertrags plötzlich alle guten Vorsätze schleifen lässt? Hier kommen Anreizsysteme wie das Vitality-Programm ins Spiel. Diese neuen datengetriebenen Versicherungstarife passen sich beständig an immer neu berechnete Krankheitswahrscheinlichkeit an. Aus einer Vorab-Prüfung wird so schleichend eine ständige Prüfungssituation. Der Versicherte ist immer in der Pflicht zu beweisen, dass er genug in seine Gesundheit investiert. Tut er das nicht, folgt die Strafe auf dem Fuße – in Form höherer Tarife oder dem Entzug von Bonusleistungen.

Mein Freund fürchtet vor allem die schleichende Eigendynamik, die eine Selbstverständlichkeit der Datenverfügbarkeit mit sich bringen würde. »Früher oder später käme es bei einem System mit konstanter Datenlieferung an die Versicherungen zu einer Beweislastumkehr: Ich muss beweisen, dass ich keine Mitschuld an einer Folgeerkrankung trage. Und wer seine Körperdaten für sich behalten will, macht sich verdächtig. Ein solches System wäre zutiefst ungerecht. Ich fände das geradezu krank.« Er fürchtet, dass ihn das auch objektiv krank machen würde.

Er wäre im ständigen Stress, bloß nicht gestresst zu sein, damit seine Zuckerwerte stabil bleiben. Man will sich gar nicht vorstellen, was ein ähnlich gestricktes Prämiensystem für Bluthochdruck-Patienten bedeuten würde.

»Meine private Krankenversicherung ist ein Wirtschaftsunternehmen. Die Aufgabe des Unternehmens ist es nicht, das Bruttosozialglück der bei ihnen versicherten Diabetiker zu steigern, sondern den Anteilseignern Gewinne einzufahren. Da mache ich mir gar nichts vor«, stellt mein Freund fest. »Individualisierte Tarife bedeuten auf die Spitze getrieben, dass das Solidaritätsprinzip abgeschafft wird.« Es sei daher wichtig, dass der Staat die Versicherungen bei datengetriebenen Prämienmodellen nicht völlig frei schalten und walten lässt. Einen 10-Euro-Gutschein für das Wahrnehmen der jährlichen Vorsorgeuntersuchung beim Zahnarzt auszuloben, ist grundsätzlich nicht verkehrt. Bei hohen Prämien, die nur per Nachweis über sensible Körperdaten verfügbar sind, besteht jedoch die Gefahr, dass aus Freiwilligkeit irgendwann finanzieller Zwang wird. Wer bei seinem Krankenkassentarif richtig sparen will oder muss, bezahlt dann mit Abstrichen bei der Privatsphäre.

Die Forschung am gläsernen Patienten ist im vollen Gange. Die US-Firma Proteus Digital Health gab im Jahr 2017 die Entwicklung einer Pille bekannt, die einen Sensor enthält. Löst sich die Pille durch die Magensäure auf, funkt der darin enthaltene winzige Chip diese Information an ein intelligentes Pflaster. Dieses wiederum gibt die Daten weiter. Zunächst soll das Produkt für Medikamente zur Behandlung bipolarer Störung angeboten werden. Nicht wenige

Patienten setzen unangemeldet ihre Psychopharmaka ab, und man hofft, das Problem damit in den Griff zu bekommen. Als mögliches zukünftiges Anwendungsgebiet nennt der Hersteller nicht nur Diabetes, sondern auch Bluthochdruck. Für Versicherungen wäre es sicherlich von großem Interesse, die vorgeschriebene Einnahme von Medikamenten an die Höhe der Tarife zu koppeln. Aber wie sehen das eigentlich die Patienten?

Individualisierte Versicherungstarife bedeuten nicht zuletzt, dass Bereiche unseres Lebens der ökonomischen Verwertungslogik unterworfen werden, die bisher frei davon waren. Ich möchte nicht in einer Welt leben, in der ich aus Angst vor dem langen Arm meiner Krankenversicherung im Internet nur noch per Anonymisierungsdienst Pizza bestellen kann. Wer Angehörige pflegt, schafft es beim besten Willen nicht jeden Tag ins Fitnessstudio. Bei einem Trauerfall hat so gut wie jeder andere Prioritäten, als sich um seinen Blutdruck zu kümmern. Der Mensch ist eben keine Maschine.

Was für eine Gesellschaft wären wir, wenn wir eine alleinerziehende Mutter dazu drängen würden, nach Feierabend noch das vorgeschriebene Work-out zu absolvieren, damit die Prämie nicht steigt? Wollen wir wirklich, dass Kinder aus weniger wohlhabenden Familien mit dem Zwang aufwachsen, ihre Zähne vor allem deshalb gründlich zu putzen, weil den Eltern sonst das Geld für den Familienurlaub fehlt? Mein seltenes Wochenend-Work-out würde mir sicherlich keine Freude mehr bereiten, wenn es aus finanziellem Zwang geschähe. Statt mir mehr Kontrolle und mehr Freiheit zu geben, würde jede Messung meiner Körperfunktionen durch mein Gerät dann wie ein Damokles-schwert über mir schweben.

Individualisierte Tarife durch datengetriebene Modelle sind nicht nur bei Krankenversicherungen auf dem Vor-marsch. So gibt es etwa bereits Kfz-Versicherungen, die den Tarif anhand des Fahrverhaltens berechnen. Wer vor-sichtig fährt, langsam beschleunigt und sachte bremst, be-kommt Rabatt. Einige Versicherungen bewerten es nega-tiv, wenn man häufig an Unfallschwerpunkten unterwegs ist. Selbst die Bevölkerungsdichte rund um die Strecke kann mit hineingerechnet werden. Nachtfahrten werden bei einigen Tarifen abgestraft, weil sie statistisch gesehen ein höheres Unfallrisiko bedeuten. Wer nachts in hohem Tempo über die Landstraße rast, zahlt deutlich mehr. Für den einen oder anderen mag das gerecht erscheinen. Wür-den solche Tarife allerdings zum Standard, könnte sich eine Hebamme, die im Notfall auch einmal nachts über die Landstraße zum Einsatzort eilen muss, womöglich keine Kfz-Versicherung mehr leisten. Auch Schichtarbeiter und Menschen mit hohem Nachtdienstanteil hätten das Nach-sehen. Ob das gesellschaftlich wünschenswert ist, wage ich zu bezweifeln. Den Rabatt zahlen wir außerdem mit unseren Standortdaten. Jede Fahrt zum Supermarkt, jedes etwas zu späte Losfahren zur Arbeit, jedes Abholen der Kinder vom Sport, jeder Besuch bei Freunden – anhand unseres Bewegungsprofils lässt sich unser Tagesablauf je nach Autonutzung recht genau nachvollziehen. Setzen sich solche Tarife durch, wird das Recht, für sich zu behal-ten, wohin man fährt, zu einem Luxusgut.

Unter dem Label Generali Vitality wird in Deutschland ein Angebot für Berufsunfähigkeits-, Erwerbsunfähigkeits- und Risikolebensversicherungen beworben. Bei gesunder Lebensweise und Übermittlung von Fitnessdaten winkt ein reduzierter Versicherungsbeitrag sowie ein bunter Strauß an Sachprämien. Freiwillige Gesundheitstests werden mit Punkten belohnt. »Neben Angaben zum allgemeinen Lebenswandel werden einige wichtige Werte wie Größe, Gewicht, Blutzucker und Blutdruck benötigt, um direkt einen ersten Überblick über Ihren individuellen Gesundheitszustand zu bekommen«, schreibt der Anbieter. Die Tests kann man in kooperierenden Apotheken durchführen lassen. Zusätzlich sorgt sich der Anbieter aber auch um den psychischen Zustand der Kunden: »Die Vitality-Mental-Tests (Online-Fragebögen) helfen dabei, die emotionale und psychische Gesundheit besser einzuschätzen und persönliche Stressfaktoren zu erkennen.« Auch diese Tests werden mit Punkten belohnt. »Generali Vitality hat sich zum Ziel gesetzt, Sie auf Ihrem Weg in ein gesünderes Leben zu begleiten und zu belohnen«, heißt es auf der Webseite. Das ist natürlich nur ein Teil der Wahrheit. Im Kern sollen so die Risiken für den Eintritt des Versicherungsfalls reduziert werden. Risikokunden werden so frühzeitig erkennbar.

Mit dem blinden Glauben an Durchschnittswerte und Wahrscheinlichkeiten geht der Blick auf das Individuum verloren. Diese Einstellung teilt auch mein Hausarzt, den ich in meine Recherche einweihe. »Ich bin einer von diesen altmodischen Ärzten, die sagen: ›Ich muss die Patienten kennen‹«, sagt er bestimmt. »Allein der Puls ohne Kenntnis der Person stellt ein komplett falsches Bild dar.« Er muss es wissen. Mein Hausarzt ist auch Facharzt für Sportmedizin und betreut Leistungssportler aus dem olympischen Kader, die schon seit frühester Jugend trainieren. Bei einigen von ihnen liegt der Ruhepuls bei 30 – bei normalen Menschen ist er im Schnitt doppelt so hoch. Er erzählt mir eine eindrucksvolle Geschichte: »Ich hatte einmal den Fall, dass einer meiner Sportler wegen einer Verletzung im Krankenhaus war. Weil sie ihn operieren wollten, haben sie routinemäßig ein EKG genommen. Das zeigte so niedrige Herzfrequenzen, dass sie ihn auf die Kardiologie verlegt haben, um einen Herzschrittmacher einzubauen.« Dabei war der junge Mann kerngesund. Er trainierte einfach nur seit 15 Jahren für Olympia.

Aus den Schlafdaten anhand von Vergleichen mit Durchschnittswerten allgemeine Aussagen über einen Menschen abzuleiten, fände er ebenfalls schwierig: »Ich habe meine Promotion nur nachts geschrieben. Hätten Sie die Daten in der Zeit erfasst, hätte man mich als höchst gestressten, schwer depressiven Menschen mit extremen Schlafstörungen einordnen können. Dabei war ich nachts einfach nur kreativer.« Mein Hausarzt findet es bedenklich, wenn dem Vergleich mit Durchschnittswerten und Statistiken mehr Gewicht geschenkt würde als der Betrachtung des individuellen Falls: »Was ist schon normal? Die Menschen sind so vielfältig. Man kann Menschen nicht kategorisieren. Manche Menschen sind genau so wie sie sind, besonders erfolgreich. Man kann nicht sagen, nur der Normpatient ist der gesunde.« Der Mensch ist eben mehr als nur Statistik.

Von den neuen Versicherungsmodellen, die immer mehr Daten haben wollen, hält er wenig. »Die Versicherungen versuchen, eine Scheinsicherheit zu haben. Aber eine

Scheinsicherheit ist keine Sicherheit. Jemand, der heute die verlässlichsten und gesündesten Daten hat, kann morgen eine Krebsdiagnose bekommen.« Er selbst berichtet mir sichtlich mitgenommen von einem Fall in seiner Praxis. Eine bis dahin stets gesunde Frau kam mit Husten in die Sprechstunde und sah sich wenige Untersuchungen später mit einem fortgeschrittenen Lungenkrebs konfrontiert. »Anhand der Daten hätte sie jeden Kredit bekommen. Anhand der Gesundheitsdaten wäre niemals jemand auf die Idee gekommen, dass sie das Jahr nicht überlebt. Das war für mich als Arzt ein sehr schockierendes Erlebnis. Es zeigt aber auch, dass man nichts vorhersehen kann.« Das gilt im Guten genauso wie im Schlechten.

Obwohl die Daten im Einzelfall eine Fehldiagnose provozieren können, gewinnen solche Datenauswertungen zunehmend an Bedeutung. Denn auch wenn die Datenvorhersagen im Einzelfall falsch sind, so sind sie im statistischen Mittel doch erfolgreich. Ausbaden muss das dann vor allem der Versicherte, der nicht ins Raster passt. Mein Hausarzt würde davon abraten, Daten direkt an die Versicherung zu übermitteln. Den Versicherern geht es eben nicht um den Einzelfall. Sie sehen nur die Statistik.

Der eine oder andere mag einwenden, dass niemand gezwungen sei, bei solchen Systemen mitzumachen. Doch so einfach ist es leider nicht. Würde die Mehrheit der Versicherungen und der Versicherten die Durchleuchtung zum Standard erheben, dann würde Datenverweigerern bald unterstellt werden, sie hätten etwas zu verbergen. Die Dynamik des Marktes kann ohne staatliches Eingreifen dazu führen, dass datensparsame Kunden auf lange Sicht tariflich genauso wie die Hochrisikogruppe behandelt werden. Das Grundrecht auf Privatsphäre würde damit nicht nur beim Thema Gesundheit zu einem Privileg für Besserverdiener.

Geringverdiener und Familien mit knappem Budget wären schlichtweg gezwungen, die permanente Überwachung ihres Körpers, Fahrverhaltens und sogar Einkaufens in Kauf zu nehmen. Hinzu kommt eine schleichende Diskriminierung. Auch wenn die Lebensweise sicherlich Einfluss auf unsere Gesundheit hat, so liegt eben doch nicht alles in unserem Einflussbereich. Für Menschen mit Gehbehinderung ist es eben nicht so einfach, durch Treppensteigen den Tarif für die Berufsunfähigkeitsversicherung aufzubessern. Was wäre aber, wenn es keinen günstigeren Tarif mehr gäbe?

Der Mediziner, der sich meine Fitnessdaten angeschaut hat, teilt die kritische Haltung meines Hausarztes. Er würde jedem seiner Patienten davon abraten, derart sensible Daten an die Krankenkasse oder den Arbeitgeber zu übermitteln. »Große Unternehmen wollen einfach Geld damit verdienen, diese Daten zu sammeln und den Leuten eine Auswertung anzubieten, aber dies auch mit Prämien zu koppeln.« Später könne es durchaus heißen: »›Du ernährst dich nicht gesund, du bewegst dich nicht gut – du bekommt ein Minus.‹ Das wird zwar am Anfang selten gesagt, aber darauf laufen derartige Belohnungssysteme langfristig hinaus.« Auch im Weiterverkauf dieser Daten sieht er Risiken und ergänzt: »Im Gesundheitswesen läuft es immer darauf hinaus, dass die Krankenkassen wollen, dass du nicht krank wirst, dass du weiterarbeiten kannst, weil du sie sonst viel mehr Geld kostest. Es läuft immer aufs Geld hinaus, obwohl du das als Arzt eigentlich nicht haben möchtest. Aber du merkst es mit der Zeit, je länger du in dem Job arbeitest.«

Eine Welt, in der Krankenversicherungen systematisch auf sämtliche Daten ihrer Kunden zugreifen dürfen, wünscht er sich ebenfalls nicht. »Als Arzt steht man immer zwischen Patient und Versicherung. Zum einen kann man natürlich Partei für den Patienten ergreifen und der Versicherung erklären, dass eine Abweichung mit einer Krankheit verbunden ist und der Patient nichts dafür kann. Auf der anderen Seite kann es passieren, dass die Krankenversicherung dem Arzt sagt: ›Wir haben hier Daten, die für ein Krankheitsrisiko sprechen – mach bitte dem Patienten klar, dass er jetzt etwas tun muss.‹ Dann wird man quasi zum Sprachrohr der Versicherung. Das fände ich schwierig. Ich verstehe mich als Anwalt des Patienten. Und ich glaube, diese Verschiebung der Rollen könnte ein echtes Problem werden. Die Frage ist: Wer tritt dann für den Patienten ein? Sind das die Ärzte oder ist das vielleicht auch der Staat, der Regeln zum Schutz der Patienten festlegt?« Im Jahr 2018 gab die deutsche Bundesregierung Pläne für die Einführung einer elektronischen Patientenakte bekannt. Versicherte sollen damit zukünftig Arztbefunde und Röntgenbilder per App einsehen können. Per Fitness-Tracker oder Smartphone gesammelte Daten und Ernährungspläne sollen dort ebenfalls hochgeladen werden können. Die Kassen wollen ihrerseits in einem »wettbewerblich gestaltbaren Bereich« hauseigene Bonus-Programme erläutern. Es bleibt zu hoffen, dass diese beiden Bereiche niemals verknüpft werden.

Ein Experiment, das ich für dieses Buch geplant hatte, habe ich mich am Ende doch nicht getraut durchzuführen. Die medizinische Forschung hat in den vergangenen Jahren eine beachtliche Zahl von Genkombinationen als Ursache für Erbkrankheiten identifizieren können. Patienten und Ärzte nutzen schon heute dieses Wissen. Gentests sind bereits für unter 200 Euro zu haben. Angelina Jolie ließ sich die Brüste amputieren, weil sie laut Gentest ein hohes Risiko in sich trägt, später an Brustkrebs zu erkranken. Es war ihre freie Entscheidung, sie wurde nicht dazu gedrängt. Ich habe für mich beschlossen, dass ich nicht alles über meinen Körper wissen will. Vielleicht fehlt auch die Dringlichkeit, weil es in meiner Familie keine Häufungen von schweren Krankheiten gibt. Als mir mein Freund mit dem Chip am Arm die möglichen Folgeerkrankungen seiner Diabetes aufgezählt hat, wirkte er nüchtern und gefasst. Ich weiß nicht, wie ich mit dem Wissen um eine zukünftige schwere Erkrankung umgehen würde.

Doch was wäre, wenn meine berufliche Zukunft von einem solchen Test abhinge? Eine Lehrerin, deren Vater an der vererbbaren Nervenkrankheit Chorea Huntington erkrankt ist, stand vor einigen Jahren vor genau dieser Entscheidung. Ihre Verbeamtung wurde abgelehnt, denn anhand ihrer Familiengeschichte bestand eine 50-prozentige Wahrscheinlichkeit, dass sie ebenfalls an der unheilbaren Krankheit erkranken könnte. Die einzige Möglichkeit, sich gegen die Ablehnung zu wehren, war ein Gentest, der nachweisen könnte, dass sie das betreffende Gen nicht in sich trägt. Doch würden Sie mit Mitte 20 wissen wollen, ob Sie im Laufe Ihres Lebens wahrscheinlich an einer unheilbaren Krankheit erkranken werden? Ist es moralisch vertretbar, einen Job an die Bereitschaft zu koppeln, seine Gene testen zu lassen?

Vielleicht wird die Freiheit, seine Gene nicht zu kennen, in Zukunft für viele Menschen nicht mehr gelten. Im Jahr 2017 empfahl ein Ausschuss des US-Repräsentantenhauses die Annahme eines Gesetzentwurfs, der in diese Richtung geht. Die Regelung sieht vor, dass Unternehmen Angestellte, die an firmeneigenen Wellness-Programmen teilnehmen, zu einem Gentest animieren dürfen sollen. Wer sich dem »freiwilligen Programm« entzieht, verpasst womöglich attraktive Prämien und muss für seine Krankenversicherung bis zu 50 Prozent mehr zahlen. Weiter gedacht, droht mit solchen Modellen ein Szenario, in dem schon vor der Geburt vorherbestimmt wäre, ob ein Mensch später Chancen auf einen guten Job und eine bezahlbare Krankenversicherung hat.

Für meinen diabetischen Freund ist das eine mehr als gruselige Vorstellung. Die Wahrscheinlichkeit, dass er das Gen für Typ-1-Diabetes an seine Kinder vererben wird, sei nicht gering, teilt er mir mit. Allein deshalb möchte er in diesem Buch nicht mit Namen erscheinen – aus Rücksicht auf Konsequenzen eines derartigen Outings für seine Kinder. »Wer weiß schon, wie die Zukunft aussieht«, sagt er und seufzt. »Hast du eigentlich den Film »Gattaca« schon gesehen?« Ich nicke. In diesem Science-Fiction-Film mit Jude Law und Uma Thurman geht es um eine Zukunft, in der Job-Bewerber statt zu einem Gespräch lediglich zum Gentest gebeten werden. Allein bei dem Gedanken daran läuft es mir kalt den Rücken herunter.

Es braucht gesetzliche Grenzen, damit datengetriebene Versicherungsmodelle nicht zu einer schleichenden Diskriminierung führen. Wir müssen sicherstellen, dass Ärzte, Krankenkassen und Arbeitgeber unsere Gesundheitsdaten mit dem Respekt behandeln, den sie verdienen. Wir haben nur einen Körper. Einmal weitergegeben oder verloren, ist es schwierig, Gesundheitsdaten aus der Welt zu schaffen. Besonders, wenn es sich nicht um vergilbte Akten, sondern Datensätze handelt. Im Jahr 2016 hat ein Unbekannter 9,2 Millionen Krankenversicherungsakten von US-Patienten für eine halbe Million US-Dollar auf dem virtuellen Schwarzmarkt angeboten. Nicht nur Datenschutz, sondern auch die Datensicherheit müssen in der Medizin einen höheren Stellenwert bekommen.

Nun ist es aber nicht so, als wäre der Fortschritt die Wurzel allen Übels. Bereits im analogen Zeitalter waren unsere sensibelsten Daten oft unzureichend geschützt. Als Teenager habe ich oft den Tag damit verbracht, mit Freundinnen durch die Innenstadt zu streifen. Dabei sind wir eines Tages auf etwas gestoßen, das ich nie vergessen werde. Eine Frauenarztpraxis war aufgelöst worden. Die Räumung sollte offensichtlich möglichst schnell vonstattengehen. Mitten auf dem Fußgängerweg hatte jemand einen Berg aus Möbeln aufgetürmt, zur Abholung bereit für den Sperrmüll. Als wir näher kamen, sahen wir zwischen den Möbeln Akten liegen. Ich griff wahllos einen Stapel Papiere heraus. Auf den vergilbten Seiten waren in krakeliger Schreibschrift Abstriche, Abtreibungen, Krebsvorsorgen und Verhütungsmethoden von Patientinnen vermerkt. Die Lebensgeschichten Hunderter Frauen lagen einfach so da auf dem Bordstein, wie Müll. Es war

Sommer, Passanten schlenderten vorbei. Mir drehte sich der Magen um.

Ich hoffe, dass Technik mein Leben lebenswerter machen wird, wenn ich alt und krank bin. Ein analoges Krankenhaus ist schon heute undenkbar – damit sollten wir uns abfinden. Mein behandelnder Arzt sollte die verfügbare Technik nutzen, wenn es der Heilung dienlich ist. Trotzdem möchte ich als Mensch und nicht als Datensatz behandelt werden – sowohl von meinem Arzt als auch von meiner Krankenkasse. Zwischen Fremd- und Selbstbestimmung liegt ein schmaler Grat. Nicht alles, was technisch möglich ist, ist gesellschaftlich wünschenswert. So manches datengetriebene Versicherungsmodell entpuppt sich bei näherem Hinsehen als schlechter Deal für die Gesellschaft als Ganzes. Wir sollten vor allem argwöhnisch werden, wenn die Patienten nicht mehr frei über die Nutzung und Weitergabe ihrer Daten entscheiden können. Denn die Risiken und Nebenwirkungen tragen wir am Ende ganz allein.

Meine rosarote Filterbrille

Schönheit liegt im Auge des Betrachters. Die Partnerwahl wäre um einiges komplizierter, wenn es nicht so wäre. Es gibt Menschen, die Online-Dating für das Ende der Liebe halten. Wo bleibt die Romantik, fragen sie, wenn mathematische Formeln mit kalter Pseudo-Präzision errechnen, wie gut zwei Menschen zusammenpassen? Ich sehe das weitaus gelassener. Zwar kenne ich auch viele Geschichten skurriler oder unfreiwillig komischer Online-Dates, aber einige meiner engsten Freunde haben im Netz tatsächlich ihren Partner fürs Leben gefunden. Am Ende entscheiden eben nicht Algorithmen, ob es passt oder nicht, sondern wir.

Jede größere Online-Dating-Seite hält zahlreiche Profile datingwilliger Singles für uns bereit. Nach der Registrierung bricht eine wahre Informationsflut über den Nutzer herein. In einem Ballungsgebiet wie Berlin kann die Liste der Paarungswilligen in der direkten Umgebung schnell die Zehntausend übersteigen. Doch wer hat schon die Zeit, um die teilweise epischen Ausführungen aller potenziellen Traumpartner zu lesen? Es erscheint unmöglich, anhand eines Fotos und einer bürokratischen Auflistung von Hobbys den Charakter eines Menschen zu erkennen. Wer uns als Top-Treffer angezeigt wird, bestimmt auf den meisten Plattformen nicht der Zufall. Es ist das Ergebnis komplexer Berechnungen. Und wir vertrauen nur allzu gerne darauf.

Singles, die sich bei der Dating-Plattform OkCupid anmelden, werden aufgefordert, Fragen zu beantworten, die auf den ersten Blick skurril anmuten: Wäre ein Atomkrieg nicht in gewisser Weise aufregend? Magst du Horrorfilme? Wenn du eine Superkraft wählen könntest, wärst du lieber unsichtbar oder würdest du lieber fliegen können? Nutzer können auswählen, wie wichtig ihnen eine bestimmte Antwort beim zukünftigen Partner ist. OkCupid gibt seinen Nutzern damit eine sehr feingranulare Möglichkeit, einen eigenen Filter für den Traumpartner zu erstellen. Ordnungsliebhaber finden sich in dem Fragenkatalog ebenso wieder wie Chaoten, Tiefgläubige ebenso wie Atheisten. Sogar Fragen zu Waffen und Drogenkonsum sind dabei. Die Analyse der erfolgreich vermittelten Partnerschaften scheint dem Matching-Algorithmus recht zu geben. Ob der Partner die Vorliebe für Gruselfilme teilt, korrespondiert laut Datensatz von OkCupid sogar erstaunlich gut mit der Länge der Partnerschaft. Sogar noch besser als die politische Einstellung.

Die Betreiber der Dating-Plattform gaben im Jahr 2014 bekannt, dass einige Nutzer ohne ihr Wissen Teil eines Experiments geworden waren. OkCupid wollte herausfinden, wie stark die Plattform durch Suggestion das Verhalten seiner Nutzer beeinflussen kann. Zu diesem Zweck wurde bei einigen Nutzern die Anzeige radikal manipuliert. Aus einer tatsächlich errechneten 30-prozentigen Übereinstimmung wurden 90 Prozent gemacht. Vermeintlichen Traumpartnern wurde hingegen vorgegaukelt, man passe nur zu 30 Prozent zusammen. Wie erwartet verschickten Nutzer deutlich mehr Nachrichten an Profile mit vermeintlich hoher Übereinstimmung. Allerdings zeigte die Analyse der langfristigen Interaktion, dass die vom Algorithmus vorhergesagten potenziellen Traumpaare langfristig häufiger in Kontakt blieben. Und zwar unabhängig davon, welcher Wert der Übereinstimmung zu Beginn angezeigt worden war. Für die Macher von OkCupid war das ein beruhigendes Ergebnis. Suggestion beeinflusst zwar das Verhalten der Nutzer, doch die errechnete Übereinstimmung ist langfristig der bessere Indikator. Der Algorithmus funktionierte in dieser Hinsicht. Wie viele für diese Erkenntnis allerdings mit einem schlechten Date bezahlt haben, werden wir niemals erfahren. Viele Nutzer zeigten sich nach der Veröffentlichung des Experiments empört darüber, als menschliche Versuchskaninchen benutzt worden zu sein. In der Wissenschaft werden solche psychologischen Menschenversuche ohne ausdrückliche vorherige Einwilligung zu Recht geächtet.

Nicht jede Plattform ist so ehrlich wie OkCupid und gibt öffentlich zu, mit seinen Nutzern zu experimentieren. Dabei ist es ein offenes Geheimnis, dass täglich an den Filtern und Einstellungen zahlreicher Plattformen geschraubt wird. Auch Facebook experimentiert regelmäßig mit seinen Nutzern. 689.003 Nutzer der englischsprachigen Facebook-Version wurden im Jahr 2012 für eine Woche unfreiwillig für ein Forschungsprojekt eingespannt. Wissenschaftler wollten in Zusammenarbeit mit Facebook herausfinden, ob wir uns über die angezeigten Nachrichten im Facebook-Newsfeed von Emotionen anstecken lassen. Eine Software wertete zu diesem Zweck drei Millionen Nachrichten aus dem Newsfeed der Versuchsgruppe automatisiert aus, wobei einzelne Wörter positiven oder negativen Emotionen zugeordnet wurden. Die Forscher manipulierten auf der Basis dieser Daten den Newsfeed-Filter von 310.000 Versuchsteilnehmern. Die eine Hälfte bekam bevorzugt positive Nachrichten, die andere Hälfte eher negative Nachrichten angezeigt. Anschließend analysierten sie anhand der Wortwahl, wie die Versuchspersonen darauf reagieren. Die restlichen Teilnehmer waren die Kontrollgruppe. Das Ergebnis war eindeutig, auch wenn der Effekt gering war: Wer von positiven Nachrichten umgeben ist, lässt sich davon mitreißen und äußert sich selbst eher positiv. Wer von negativer Stimmung umgeben ist, verfasst hingegen eher negative Nachrichten. Die Öffentlichkeit reagierte verstört auf das Experiment – auch wenn das Unternehmen beteuerte, alles nur im Dienste der Wissenschaft getan zu haben. Facebook hatte mit den Gefühlen seiner Nutzer experimentiert und in das Leben von Millionen eingegriffen, ohne Rücksicht auf die Folgen.

Im Nachhinein hat Facebook darauf verwiesen, dass es keine große Sache gewesen sei, schließlich werde der Newsfeed der Facebook-Nutzer auch ohne Experiment manipuliert. Man habe eben lediglich etwas an den Feineinstellungen gedreht. In der Tat musste für das Experiment das Rad nicht neu erfunden werden, denn Facebook filtert für uns Nachrichten vor. Tests haben gezeigt, dass Menschen auf Facebook mehr interagieren, wenn Facebook ihre Nachrichten in eine bestimmte Ordnung bringt. Das Unternehmen zeigt deshalb bestimmte Beiträge bevorzugt im Newsfeed seiner Nutzer an. Seit seiner Einführung wurde das System einer ständigen Verfeinerung und Anpassung unterzogen. Wenn Dinge in unserem Newsfeed aufpoppen, haben sie bereits einen komplexen Ausleseprozess durchlaufen. Der Filter-Algorithmus von Facebook umfasst heute wohl Tausende Faktoren, von denen niemand außerhalb des Unternehmens genau weiß, wie sie zusammenspielen. Viele Facebook-Nutzer zeigten sich nach dem Versuch trotzdem überrascht. Ihnen war bis dato gar nicht klar gewesen, dass ihr Newsfeed keine chronologische Anzeige aller von ihnen abonnierter Inhalte ist.

Wie funktionieren die Newsfeed-Filter? Im Kern basieren sie auf unseren Nutzerdaten. Bedeutsam ist vor allem, wie häufig wir bisher mit einem anderen Profil interagiert haben, das einen Post absetzt. Wenn wir oft auf »Gefällt mir« drücken oder kommentieren, geht Facebook davon aus, dass wir mehr Nachrichten dieser Person oder Organisation sehen wollen. Zusätzlich fließt die bisherige Beliebtheit eines Beitrags, insbesondere unter unseren Freunden, in die Berechnung mit ein. Wenn wir oft auf Videos klicken, werden uns bevorzugt Videobotschaften angezeigt. Wer sich stundenlang Fotos anschaut, bekommt bevorzugt Bilder-Postings präsentiert. Negative Interaktionen werden ebenfalls berücksichtigt. Beiträge, die von Freunden als negativ bei Facebook gemeldet wurden, haben schlechtere Chancen, auf den vorderen Plätzen unseres Newsfeeds zu landen. Posts von Familienmitgliedern bekommen außerdem regelmäßig eine bessere Platzierung. Und wer für seine Posts Werbung schaltet, kann sich sogar bei Fremden in den Newsfeed einkaufen.

Filter haben eine gewaltige Auswirkung darauf, wie erfolgreich sich Nachrichten auf Facebook verbreiten. Ein Top-Platz im Newsfeed bringt schließlich nachweislich 10 bis 15 Prozent mehr Aufmerksamkeit. Andy Mitchell, der bei Facebook den Bereich Nachrichten und Medienpartnerschaften managt, sagte bei einer Konferenz im Frühjahr 2015: »Facebook sollte für niemanden die primäre Nachrichtenquelle oder Nachrichtenerfahrung sein.« Doch laut einer Studie des Pew Research Centers aus dem Jahr 2018 beziehen 68 Prozent der erwachsenen US-Amerikaner zumindest gelegentlich und 20 Prozent häufig Nachrichten über soziale Netzwerke wie Facebook. In vielen anderen Ländern sieht es ähnlich aus.

Newsfeed-Filter können sogar beeinflussen, wie sich politische Stimmungen in sozialen Netzwerken fortpflanzen. Im Jahr 2015 veröffentlichte ein Forscherteam in Zusammenarbeit mit Facebook eine Analyse der Interaktionsdaten von 10,1 Millionen US-Nutzern, die sich selbst jeweils als konservativ oder liberal bezeichnen. Man wollte messen, ob der Facebook-Filter-Algorithmus die Wahrnehmung politischer Nachrichten beeinflusst. Das Ergebnis war eindeutig. Wenn uns ein Filter-System neue Optionen stets anhand unserer vergangenen Handlungen präsentiert, wirkt der Algorithmus wie ein Verstärker. Eine von zwanzig Nachrichten mit dem eigenen Weltbild zuwiderlaufendem Inhalt wurde aus dem Newsfeed der konservativen Gruppe herausgefiltert. Bei den Liberalen war es sogar jede dreizehnte Nachricht. Die aus solchen Studien ableitbaren Implikationen sind von immenser Bedeutung für die Bewertung des Einflusses von Facebook auf politische Debatten.

Zeitungen, Parteien und Unternehmen haben ihre Facebook-Strategie längst an das unsichtbare Facebook-Ranking angepasst. Dass davon nicht nur Nachrichten von der Sorte »10 Sex-Stellungen, die ihr Leben verändern werden«

profitieren, weiß auch die österreichische Journalistin Ingrid Brodnig zu berichten. Sie hat sich ausgiebig mit Hass und Lügen im Netz befasst und darüber Bücher geschrieben. Brodnig kommt zu dem Schluss: Verbale Brandstifter haben längst begriffen, wie sie von Ranking- und Filter-Algorithmen bei Facebook profitieren können. Vor allem emotionale, schockierende, angsteinflößende und überraschende Nachrichten erreichen eine hohe Reichweite auf Facebook.

Das spielt denjenigen in die Hände, die geschickt auf der Klaviatur unserer Sorgen und Ängste spielen. Facebook schließt aus hohen Klickzahlen, dass ein Post sich großer Beliebtheit erfreut. Daraufhin steigt die Wahrscheinlichkeit, im Newsfeed vieler Nutzer einen prominenten Platz zu bekommen. Das führt wiederum zu mehr Klicks, was wiederum die Reichweite verbessert, und so weiter. Facebook profitiert von dieser Schreispirale, weil den Werbekunden dadurch noch bessere Klick- und Interaktionsdaten präsentiert werden können. Wer hingegen Zivilcourage zeigt und Fake-News oder Hass kritisch kommentiert, bewirkt bei einem rein auf hohe Interaktionsraten optimierten Algorithmus womöglich das Gegenteil dessen, was er erreichen will. Ein kritischer Kommentar kann unabsichtlich zu mehr Reichweite für eine Hassmeldung führen. Die Facebook-Filter machen es so extrem schwierig, einen angemessenen Umgang mit Hass und Lügen im Netz zu finden. Die eigentlich auf Maximierung der Werbeeinnahmen getrimmten Algorithmen haben so unabsichtlich einen Mechanismus eingebaut, der einerseits zu Wegschauen und Schweigen und andererseits zu Eskalation ermutigt.

Aber auch abseits der politischen Debatte kann ein News-feed-Ranking unser Leben beeinflussen. Der Autor und ehemalige Executive Director der US-Nichtregierungsorganisation MoveOn.org Eli Pariser hat ein Buch über die Folgen der »Filterblasen« unserer digitalen Dienste geschrieben. Eine Filterblase ist nach Pariser wie folgt definiert: »Das persönliche Informationsuniversum, das Sie online bewohnen – einzigartig und nur für Sie aufgebaut von den personalisierten Filtern, die das Web jetzt antreiben«. Seine Diagnose ist mit einer Warnung verbunden: Die Algorithmen von Facebook & Co. können eine Blase schaffen, innerhalb derer uns nur noch bequeme Nachrichten serviert werden. Schwere Kost, die wir selten anklicken, wird uns irgendwann noch nicht einmal mehr zur Auswahl angeboten. Sie verschwindet. Wir werden dadurch kontinuierlich in unserem Verhalten und unseren Ansichten bestärkt, aber kaum noch herausgefordert.

Eine Gefahr ist, dass uns durch diese Feedback-Schleife der eigenen Vorlieben beispielsweise nur noch informationelles Fast Food serviert wird. Wer im Urlaub ausschließlich auf Promi- und Sport-Nachrichten geklickt hat, dessen Politik-Quote im Newsfeed sinkt. Klicken wir auch nach dem Urlaub die nun prominenter angezeigten leicht verdaulichen News an, trainieren wir den Algorithmus darauf, uns nur noch seichte Kost vorzusetzen. Wir müssten ihn erst wieder mühsam mit neuen Impulsen trainieren, anders auszuwählen. Doch wer bedenkt das schon? Beim TV-Programm können wir jederzeit umschalten, wenn uns das Programm nicht gefällt. Den Facebook-Filter auszustellen ist jedoch unmöglich.

Unsere Datenspur wird auch an anderer Stelle zur Personalisierung genutzt. Suchmaschinen wollen uns möglichst relevante Ergebnisse präsentieren. Google passt individuelle Suchergebnisse an mehr als 50 »Signale« an – auch dann, wenn wir nicht mit einem Nutzerprofil angemeldet sind. Dazu gehört auch der vermutete Standort, der sich aus der IP-Adresse ableiten lässt. Um herauszufinden, inwiefern sich mein Standort auf die Google-Suchergebnisse auswirkt, mache ich ein Experiment. Ich gebe den Suchbegriff »Flüchtlinge« in die Google-Suche ein. Dabei nutze ich jeweils eine IP-Adresse aus Deutschland, Österreich oder der Schweiz. Da die meisten Menschen nur die erste Seite der Suchergebnisse betrachten, gilt dieser mein Hauptinteresse. Ich bin sehr auf das Ergebnis gespannt. Das Thema hat schließlich die politische Debatte der letzten Jahre sowohl in Deutschland, Österreich als auch der Schweiz maßgeblich bestimmt.

Um es gleich vorwegzunehmen: Die Ergebnisse unterscheiden sich gravierend voneinander. In Deutschland bekomme ich als Top-Treffer Links zu aktuellen Artikeln bei »Zeit-Online« und der »FAZ« angezeigt, die sich mit Rückkehrprämien für Menschen aus Syrien befassen. Danach folgt ein Artikel bei der rechtslastigen »Epoch Times« über Boris Palmer, einen konservativen grünen Politiker. Es folgen weitere Zeitungsberichte mit unterschiedlichen Schwerpunkten. Mit der österreichischen IP-Adresse bekomme ich als ersten Treffer wieder einen Artikel von »Zeit-Online« zur Rückkehrprämie angezeigt. Der zweite Treffer präsentiert einen Beitrag zu einer Äußerung des polnischen Ministerpräsidenten. Der dritte Treffer verweist auf die Kategorie »Flüchtlinge« auf der rechten Plattform »Unzensuriert.at«. Ansonsten dominieren vor allem Nachrichten österreichischer Zeitungen die Ergebnisse. Eine schweizerische IP-Adresse produziert als Top-Treffer einen Beitrag in der »NZZ« über Auffanglager in Griechenland und das Themen-Dossier bei »blick.ch«. Danach folgt der Beitrag in der »FAZ« über Rückkehrprämien. Allerdings wird wenig später auch ein Wikipedia-Artikel empfohlen. Zuletzt werden die Internetseiten des Vereins »Wohnraum für Flüchtlinge« und eine Informationsseite des Schweizerischen Arbeitgeberverbands gelistet. Die unterschiedlichen Ergebnisse geben einen guten Eindruck davon, was die Debatte in den jeweiligen Ländern bestimmt.

Es gibt gute Gründe, die dafür sprechen, die Suchergebnisse regional anzupassen. Politisch relevant sind für uns schließlich vor allem die Debatten im eigenen Land. Wer in der Schweiz nach »Mindestlohn« sucht, würde sonst Informationen über die deutsche Gesetzeslage bekommen. Mein kleines Experiment soll den Sinn und Zweck dessen gar nicht infrage stellen. Es zeigt allerdings, dass es wichtig ist, sich eines bewusst zu machen: Bei einer Suchanfrage kommt es nicht nur darauf an, was wir fragen, sondern auch, von wo aus wir die Anfrage stellen. Der Blick auf ein Thema kann sich je nach Land, beziehungsweise der IP-Adresse, von der die Anfrage gestellt wurde, deutlich unterscheiden. Behalten Sie das ruhig beim nächsten Urlaub im Hinterkopf.

»Gib einfach den Begriff bei Google ein, der Link ist unter den ersten Treffern«, so oder so ähnlich lauten Hinweise von Freunden, wenn sie den Namen einer Webseite gerade nicht parat haben. Nach dem ersten Experiment frage ich mich allerdings, woher wir eigentlich die Gewissheit nehmen, dass die Suchmaschine anderen Personen tatsächlich dieselben Ergebnisse präsentiert. Kann es sein, dass sich die Antworten ebenfalls unterscheiden, je nachdem wer fragt?

Ich bat ein paar Freunde, für mich bei Google nach dem Begriff »TTIP« zu suchen und mir Screenshots der ersten Seite ihrer Suchergebnisse zu schicken. Das Ergebnis hat mich dann doch überrascht. Im Schnitt hatte jeder meiner Freunde zwei Ergebnisse angezeigt bekommen, die bei mir komplett fehlten. Eine Freundin bekam sogar auf Platz drei einen Link zu einer Unterschriftensammlung präsentiert, die bei mir nicht einmal unter den Top-Treffern war. Bei allen unterschied sich die Reihenfolge, in der die jeweiligen Ergebnisse angezeigt wurden. Während bei einer Freundin bis auf drei Links alle Ergebnisse identisch waren, betrug der Unterschied bei einem anderen Freund ganze acht Links. Vor allem die Links auf den hinteren Plätzen unterschieden sich häufig.

Anschließend ließ ich meine Freunde meinen Namen googeln. Hier erschien zwar bei allen als erster Treffer mein Wikipedia-Eintrag, doch bereits beim zweiten Link wichen die Ergebnisse deutlich voneinander ab. Mit Erstaunen stellte ich fest, dass ein Top-Treffer meiner Freunde bei mir noch nicht einmal auf der ersten Seite der Suchergebnisse aufgetaucht ist. Nach seinem eigenen Namen zu googeln, um zu erfahren, was andere über einen auf den ersten Blick erfahren können, ist eben nur begrenzt aufschlussreich. Der Grund: Durch das eigene Klickverhalten in der Vergangenheit nimmt man Einfluss auf die eigenen Suchergebnisse.

Es gibt viele Methoden, um Informationen zu sortieren und zu filtern. Die Antwort darauf, was das »beste« Ergebnis ist, hängt von den Kriterien der Bewertung ab. Google verändert laut Presseberichten seinen Suchalgorithmus bis zu 600 Mal pro Jahr. Im Juni 2017 wurde eine dieser Änderungen für Google richtig teuer. Die EU-Kommission verhängte nach Jahren der Prüfung eine Strafe von 2,42 Milliarden Euro gegen den Konzern. Google soll die Suchergebnisse zu seinem eigenen Vorteil manipuliert haben. Preisvergleichsportale für Online-Einkäufe wurden zugunsten von Googles eigenem Vergleichsdienst benachteiligt, so der Vorwurf. Der Fall verdeutlicht, warum wir keineswegs darauf bauen sollten, dass das präsentierte Ergebnis stets eine objektive »beste« Antwort auf unsere Anfrage anzeigt. Da die Algorithmen, mit denen die Suchergebnisse ermittelt werden, geheim gehalten werden, bleibt uns ein entscheidender Teil der Gleichung verborgen. Dabei gilt auch bei diesem Informationsfilter: Das Ergebnis kann empfindlichen Einfluss auf unsere Wahrnehmung haben.

Der Psychologe Dr. Robert Epstein, Forscher am American Institute for Behavioral Research and Technology, wollte in einem Versuch ergründen, ob die Anzeige von Suchergebnissen eine Wahlentscheidung beeinflussen kann. 102 US-Bürger nahmen an einem Laborversuch teil, bei dem sie Kandidaten für ein politisches Amt bewerten sollten. Nach einer kurzen Kandidaten-Vorstellung und der Abfrage, wen die Teilnehmer sympathischer finden, bekamen sie eine Viertelstunde Zeit für eine Online-Recherche zu den Kandidaten. Allerdings manipulierten die Forscher dabei die Ergebnisse der Suchanfrage. Alle Versuchsteilnehmer bekamen zwar dieselben 30 Suchergebnisse präsentiert – jedoch in unterschiedlicher Reihenfolge. Je nach Gruppe waren die positiven Berichte über einen Kandidaten weiter vorne oder weiter hinten platziert. Anschließend sollten die Teilnehmer erneut ihre Meinung zu den Kandidaten abgeben. Das Ergebnis zeigte, dass die Zustimmungswerte durch die Manipulation stark beeinflusst worden waren.

Die Forscher wiederholten den Versuch wenig später unter realen Bedingungen vor der Parlamentswahl in Indien im Jahr 2014 mit 2.150 Wahlberechtigten und Kandidaten, die tatsächlich zur Wahl standen. Sie wollten herausfinden, ob der Effekt auch unter den Bedingungen eines echten Wahlkampfs bestehen bleibt. Das Ergebnis war auch hier eindeutig: Die Zustimmungsrate konnte durch die Manipulation bei unentschiedenen Wählern um bis zu 20 Prozent verändert werden. Bei extrem knappen Ergebnissen kann eine Veränderung im Ranking einer Suchmaschine also durchaus den Ausschlag geben. Insbesondere dann, wenn unentschlossene Wähler sich unter Zeitdruck informieren wollen. Eine Veränderung des Google-Rankings zugunsten eines bestimmten Kandidaten kann wahlentscheidend sein.

Die Initiative »AlgorithmWatch« hat nach der Bundestagswahl im Jahr 2017 im Rahmen einer Studie fast 6 Millionen Suchergebnisse von 4000 Nutzern aus Deutschland ausgewertet, die ihnen auf freiwilliger Basis zur Verfügung gestellt worden waren. Die Forscher wollten wissen, wie viel Einfluss Personalisierung auf die Anzeige von Informationen über Politiker und Parteien hat. Bei Suchanfragen zu Politikern unterschieden sich im Schnitt nur ein bis zwei der neun Suchergebnisse. Bei Parteien variierten im Schnitt ein bis drei Links aufgrund der Personalisierung. Hier spielen regionale Ergebnisse wie etwa die Seite des Ortsvereins oder Nachrichten aus der Lokalzeitung eine größere Rolle. Die Forscher kommen zu dem Ergebnis, dass Personalisierung in der Praxis bei den untersuchten Suchbegriffen nur einen geringen Einfluss hatte. Allerdings stellten sie bei einer kleinen Gruppe der Teilnehmer auch extreme Abweichungen fest, bei denen sogar sechs bis sieben Links von dem Standardergebnis abwichen.

Keine Frage, Filter helfen uns, den Blick aufs Wesentliche zu konzentrieren. Sie pauschal als Manipulation zu verteufeln, wäre falsch. Ohne meinen Spamfilter wäre mein E-Mail-Postfach unbenutzbar. Eine Freundin von mir sagt, dass ohne ihre selbst gewählten Filter Online-Dating-Plattformen für sie unbrauchbar wären. Bei Twitter lese ich an manchen Tagen nur Nachrichten bestimmter Nutzergruppen, basierend auf einer Liste, die ich mir eigens zusammengestellt habe. Doch diese Filter habe ich selbst gewählt. Ich kann sie jederzeit ändern oder abstellen. Sie werden nicht für Experimente oder aus Gründen der Gewinnmaximierung verändert.

Problematisch wird es immer dann, wenn ich als Nutzer keine Möglichkeit habe, Einfluss darauf zu nehmen, welche Prioritäten ein Filter für mich setzt. Ein nützliches Werkzeug droht dann zur Scheuklappe zu werden, die meine Wahrnehmung fremdbestimmt. Wir können die Filter oft nicht einmal abstellen. Die meisten Filter sind unsichtbar. Wir sehen nicht, welche Informationen Facebook oder Google aus welchen Gründen auf einen hinteren Platz verschiebt. Dabei wüsste ich manchmal nur allzu gerne, was mir dadurch entgeht. Bei Suchmaschinen kann ich immerhin eine zweite Meinung bei einer Konkurrenz-Plattform einholen. Das ist beim führenden sozialen Netzwerk nicht ohne Weiteres möglich.

Vielleicht will ich an einigen Tagen in meinem Facebook-Newsfeed eher Inhalte sehen, die mein Weltbild herausfordern. Vielleicht möchte ich aus sentimentalen Gründen sehen, was alte Freunde machen, auch wenn die Interaktionsrate zwischen mir und der betreffenden Person niedrig ist. Wer sagt, dass ich den Algorithmus von Facebook überhaupt trainieren möchte, mich besser zu verstehen? Was wäre verkehrt daran, wenn Nutzer die Regeln für ihre Filter selbst bestimmen oder sie sogar vollkommen abschalten könnten? Und vielleicht wollen einige Menschen ja tatsächlich am liebsten einfach die Nachrichten in chronologischer Reihenfolge angezeigt bekommen. Derzeit haben wir bei vielen Online-Diensten schlichtweg keine Wahl. Es wäre ein guter erster Schritt, wenn Nutzer zumindest sehen könnten, nach welchen Kriterien gefiltert wird. Nur dann können wir das präsentierte Ergebnis für uns richtig einordnen.

Wenn ich über den Sinn und Unsinn der Facebook-Filter nachdenke, kommt mir der Spruch in den Sinn: »You get what you measure« – »Du bekommst, was du misst«. Facebook wurde lange Jahre darauf optimiert, im Rahmen der werbegetriebenen Aufmerksamkeitsökonomie zu einem möglichst großen Zeitfresser zu werden. Das gilt sowohl für den Aufbau und die Funktionen der Plattform, als auch für die Newsfeed-Filter. Einer der Entwickler des Like-Buttons sagt heute sogar, Facebook sei darauf optimiert, uns süchtig zu machen. Je mehr Zeit die Nutzer bei Facebook verbringen und je häufiger sie interagieren, desto höher sind die Werbeeinnahmen. Auch die Filter sind auf Gewinnmaximierung und nicht allein auf den Nutzen für die User optimiert. An einigen Tagen wünsche ich mir einen Filter gegen informationelles Fast Food, auf das ich in einem schwachen Moment dann doch häufig klicke. Doch so ein Filter wäre vermutlich schlecht für das Werbegeschäft.

Wir müssen wieder Souverän unserer eigenen Filter werden. Die Forderung nach mehr Transparenz für Algorithmen, die unsere Realität filtern, ist richtig und wichtig. Vor allem, wenn wir uns vor Augen führen, was für einen Einfluss selbst vermeintlich kleine Änderungen auf unsere Wahrnehmung haben können. Durch das Internet wurde die Machtstellung klassischer Medien als Gatekeeper aufgebrochen. Doch an die Stelle der alten Gatekeeper sind neue getreten. Sie können darüber entscheiden, was Millionen von Menschen sehen – und was nicht.

In Anbetracht dessen ist es unumgänglich, eine Debatte über unabhängige Kontrollen anzustoßen. Unternehmen halten ihre Filteralgorithmen heute als Geschäftsgeheimnis geheim. Sie begründen dies damit, dass Seitenbetreiber sonst versuchen würden, ihr Google- oder Facebook-Ranking zu verbessern. Dies darf aber nicht als Totschlagargument genutzt werden, um die berechtigten Interessen der Nutzer nach mehr Selbstbestimmung und Transparenz beiseitezuschieben und vollkommen außer Acht zu lassen.

Wirtschaftsprüfer dürfen schließlich auch dann einen Blick in die Bilanzen werfen, wenn sich die Unternehmen dagegen sträuben. Und gerade dann ist es meist besonders nötig.

Es ist heute so gut wie unmöglich, ohne fremdbestimmte Brille durchs Internet zu streifen. Um die eigene Filterblase zu durchstoßen, müssen wir uns zunächst bewusstmachen, dass es diese Mechanismen gibt und dass sie auf jeden eine Wirkung haben. Social Media als alleinige Quelle für Nachrichten zu verwenden, birgt das Risiko, immer nur in seinem eigenen Saft zu schmoren. Dasselbe gilt für Debatten, die wir immer nur im Kreise Gleichgesinnter führen, weil wir die Argumente der Gegenseite fürchten. Bei wichtigen Fragen holen wir mehrere Meinungen ein. Warum nicht auch bei Suchmaschinen? Filterblasen konstruieren eine Wohlfühl-Welt, die genau auf unsere Bedürfnisse zugeschnitten ist. Das ist bequem. Aber oft sind die Dinge, die uns weiter bringen, auf den ersten Blick unbequem. Nur wer die rosarote Brille, die uns unmerklich aufgesetzt wurde, ab und zu absetzt, kann die Welt mit eigenen Augen sehen.

Personalisierte Werbung: Der freie Wille

An meiner Bushaltestelle räkeln sich seit einigen Tagen H&M-Models in knappem Outfit. Sie bereiten mir ein schlechtes Gewissen, weil ich seit Wochen nicht mehr im Fitnessstudio war. Nachts weisen Leuchtreklamen mir den Weg zur Bahn. Berlin unterscheidet sich in dieser Hinsicht kaum von anderen Großstädten. Bis auf São Paulo. Im Jahr 2007 hatte der damalige Bürgermeister Gilberto Kassab genug von der Werbeflut in São Paulo. Er ließ sie per Gesetz verbieten. Die viertgrößte Stadt der Welt hat dadurch ihr Erscheinungsbild quasi über Nacht rundumerneuert. Die verordnete Reklamefreiheit setzte schon bald neue Impulse. Nicht wenige Bewohner waren überrascht über die Hässlichkeit der plötzlich leeren Fassaden. Viele begannen daraufhin, ihre Häuser in bunten Farben zu streichen. Findige Unternehmen umgingen das Werbeverbot, indem sie statt dem Standard-Großplakat von nun an farbenfrohe Graffitis in Auftrag gaben. Im Jahr 2011 wurde schließlich eine Umfrage unter den Stadtbewohnern durchgeführt. Das Ergebnis: 71 Prozent der Befragten fanden, ihre Lebensqualität habe sich durch das Gesetz verbessert.

Mit dem Internet brach für die Werbewirtschaft eine neue Ära an. Im Jahr 2017 betrug der weltweite Umsatz des Werbemarkts geschätzte 500 Milliarden US-Dollar. Die Hälfte davon fließt mittlerweile ins Online-Geschäft. Werbung ist Teil des Geschäftsmodells »kostenlos« vieler Diensteanbieter. Wer ohne Werbeblocker im Netz unterwegs ist, dem

mag es an einigen Tagen ähnlich wie Gilberto Kassab ergehen: überall nervige Pop-ups, Werbevideos und Anzeigen.

Das Problem, mit dem Werbetreibende am meisten zu
kämpfen haben, ist der Streuverlust. Die gewünschte
Zielgruppe für eine Werbebotschaft zu erreichen, ist ein
schwieriges Unterfangen. Denn ein und dieselbe Anzeige
kann bei zwei Menschen eine vollkommen unterschiedliche Reaktion provozieren. Der eine wird die neuen Mar-
ken-Sneaker für ein modisch hochinteressantes Angebot
halten, für den anderen bleiben sie trotz Promi-Werbeträ-
ger überteuerter Krempel. »Ich weiß, die Hälfte meiner
Werbung ist hinausgeworfenes Geld. Ich weiß nur nicht,
welche Hälfte«, soll schon Henry Ford gewusst haben.

Anstelle der Massenansprache ist heute die personalisierte
Werbung getreten. Statt von H&M-Models werde ich online
vom neuesten Angebot eines Elektronik-Fachgeschäfts
verfolgt. Mit Tracking-Technologien werden Tag für Tag
Informationen über Millionen Konsumenten gesammelt.
Kaum eine große Internet-Plattform hat keinen externen
Werbe-Dienstleister auf ihren Seiten eingebunden. Der Da-
tenumsatz großer Werbenetzwerke wie Google Analytics
ist gigantisch. Über Cookies und andere Technologien
forschen Werbetreibende unser Online-Verhalten systematisch über Seiten hinweg aus.

Anhand der Informationen über unsere Interessen kann
ein Profil erstellt werden, das Prognosen über unser zukünftiges Konsumverhalten erlaubt. Mein Profil legt offenbar nahe, dass ich öfter bei Technik als bei Mode schwach
werde. Ich kann nicht leugnen, dass das stimmt. Auch ich

nehme personalisierte Werbung meist als notwendiges Übel hin. Im Tausch gegen vermeintlich kostenlose Online-Angebote lassen wir die Werbeflut bereitwillig über uns ergehen. Ab und an freut man sich sogar, ein überraschend passendes Angebot zu bekommen.

Dass Werbung uns manipulieren will, ist kein Geheimnis. Die meisten von uns sind felsenfest davon überzeugt, gegen die Verlockungen der Werbung immun zu sein. Am Ende des Tages entscheidet schließlich immer noch unser freier Wille darüber, was im Einkaufskorb landet. Ich selbst bin natürlich ebenfalls überzeugt davon, dass Werbung bei mir keine Chance hat. Logisch ist das nicht. Warum sollten Unternehmen schließlich hunderte Milliarden für etwas ausgeben, das wir ausblenden können? Mache ich mir etwas vor?

Dass Werbung bei mir nicht wirkt, ist natürlich Unsinn. Ich will schlichtweg nicht wahrhaben, dass ich genauso beeinflussbar bin, wie jeder andere auch. Zu vielen Marken haben wir seit dem Kindesalter eine ganz eigene Beziehung entwickelt. In meinem Gehirn haben Werbetexte und -melodien ihren festen Platz. Schon im Kindergarten wusste ich, dass ein Überraschungsei »Spiel, Spaß, Spannung und Schokolade« verspricht. Der Slogan »Haribo macht Kinder froh und Erwachsene ebenso« hat sich in meinen Kindheitserinnerungen eingebrannt. Markennamen wie »Tesa«, »Tempo« und »Uhu« gehören zum Wortschatz von Millionen.

Es ist zwar deutlich angenehmer, an das Selbstbild des stets rational handelnden und nicht manipulierbaren Menschen zu glauben. Realistisch ist allerdings, dass Werbung einen großen Einfluss auf unsere Konsumentscheidungen hat. Das ist heute genauso der Fall, wie in unserer Kindheit. Nur sieht Werbung heute anders aus. Die Ergebnisse einer Studie der britischen Aufsichtsbehörde Ofcom aus dem Jahr 2015 stimmen nachdenklich: Zwei Drittel der Studienteilnehmer im Alter zwischen 12 und 15 Jahren konnten bei den Ergebnissen einer Google-Anfrage nicht zwischen Suchergebnis und Werbung unterscheiden.

Besonders erfolgreich ist Werbung genau dann, wenn sie unser Unterbewusstsein anspricht und dadurch unter dem Radar bleibt. Große Agenturen überlassen nichts dem Zufall. Plakate und Werbespots werden vorab mit Fokusgruppen getestet. Umfragen messen während einer Werbekampagne den Effekt. Dadurch wissen Werber heute, dass ein neutraler Gesichtsausdruck auf einem Plakat unsere Neugier stärker weckt als ein Lächeln. Produkte, die in der rechten Hand präsentiert werden, wirken auf Rechtshänder attraktiver. Nicht wenige Agenturen schwören darauf, dass brünette Models einen besseren Effekt bei Werbung für Kosmetikprodukte, Schokolade und Autos erzielen. Bei Haushaltsprodukten und Zeitschriften wird hingegen die Haarfarbe Blond bevorzugt. Werbung war schon vor dem Internet-Zeitalter hoch professionalisiert. Online ist es ungleich einfacher geworden, den Effekt von Werbung auf uns zu messen. Bei großen Unternehmen werden deshalb jeder Klick auf ein Werbebanner und alle danach folgenden Handlungen minutiös ausgewertet.

Das Internet und die damit verbundene Chance, personalisierte Werbung in einem ganz neuen Maßstab auszurollen, markierte einen Paradigmenwechsel. Eine im Jahr

2017 veröffentlichte britsch-amerikanische Studie bestätigte die Effektivität personalisierter Online-Werbung. Im Rahmen eines Experiments wurden maßgeschneiderte Werbebotschaften an drei Millionen Facebook-Nutzerinnen aus Großbritannien ausgespielt. Die Forscher ordneten die Nutzer anhand eines einzigen Likes pro Person in zwei Gruppen ein. Wer in der Vergangenheit beispielsweise bei »Stargate« oder »Computern« ein Like gesetzt hatte, wurde als introvertiert markiert. Wer »Partys« mag, wurde den Extrovertierten zugeteilt. Anschließend wurde den Versuchsteilnehmern personalisierte Werbung für Beauty-Produkte gezeigt. Hierbei bekamen die »Extrovertierten« Anzeigen mit einer lebhaft tanzenden Frau eingeblendet. Den »Introvertierten« wurde hingegen eine Anzeige mit einem schüchtern wirkenden Mädchen vor dem Schminkspiegel gezeigt. Die Forscher testeten außerdem, ob personalisierte Werbung für eine Kreuzworträtsel-App bei männlichen und weiblichen Versuchspersonen ebenfalls die Klick- und Downloadrate beeinflusst. Wieder wurden anhand eines einzigen Likes pro Person Annahmen abgeleitet. Diesmal aber darüber, ob Nutzer eher »offen für neue Erfahrungen« sind oder nicht. Anhand dessen wurden wieder zwei unterschiedliche Anzeigengruppen gebildet. Das Ergebnis der Versuche war eindeutig: Personalisierte Anzeigen brachten bis zu 40 Prozent mehr Klicks und bis zu 50 Prozent mehr Kaufabschlüsse. Aus Werber-Sicht sind das unglaublich hohe Zahlen. Und das alles – wohlgemerkt – nur dank der Analyse einer einzigen »Like«-Angabe pro Nutzer.

Würde man mehr als nur einen Like pro Nutzer in die Analyse mit einbeziehen, ließe sich noch deutlich mehr herausholen. Nicht nur Angaben über das Geschlecht, die sexuelle Orientierung, Drogenkonsum oder politische Einstellung sind daraus ablesbar. Eine Studie der Wissenschaftlerin Wu Youyou von der University of Cambridge und ihrer Kollegen bestätigt, dass es möglich ist, anhand der Facebook-Likes Einblick in die »Big Five« eines Menschen zu bekommen. In der Persönlichkeitspsychologie werden damit die fünf essenziellen Persönlichkeitseigenschaften des Menschen zusammengefasst: Offenheit für neue Erfahrungen, Gewissenhaftigkeit, Geselligkeit, Empathie und Neurotizismus. Wer die »Big Five« eines Menschen kennt, hat als Werber leichtes Spiel, denn unser Kaufverhalten wird nachweislich von den jeweiligen Ausprägungen dieser Charaktereigenschaften beeinflusst. Bereits zehn ausgewertete Likes erlaubten dem Algorithmus genauere Vorhersagen über unsere Persönlichkeit zu treffen, als ein Arbeitskollege. Bei 70 Likes übertaf er enge Freunde, bei 150 sogar Eltern oder Geschwister und bei 300 ausgewerteten Likes sogar die Genauigkeit der Einschätzung des Lebensgefährten.

Besonders bei sozialen Netzwerken lassen sich Zielgruppenansprachen durch die von den Nutzern bereitgestellten Informationen geradezu granular verfeinern. Auf Facebook können Werber beispielsweise aus Zielgruppen wie »kürzlich umgezogen«, »neue Arbeitsstelle«, »frisch verlobt (3 Monate)« oder »Eltern von Säuglingen 0-12 Monate« auswählen. Für viele Unternehmen markieren derartige Angaben attraktive Werbezielgruppen. Neue Lebensabschnitte sind schließlich mit einer höheren Bereitschaft zu Veränderungen verbunden. Die Forschung gibt Hinweise darauf, dass Menschen in solchen Zeitfenstern eher bereit sind, neue Produkte auszuprobieren. Die

Information über eine Schwangerschaft markiert deshalb für Werber die einmalige Chance, einen festen Platz im Einkaufswagen zu erobern. Doch auch Stresssituationen und Lebenskrisen können einen Umbruch im Leben ankündigen, der zu einem geänderten Konsumverhalten führt. Rein technisch wäre in Zukunft in dieser Hinsicht vieles möglich.

Im Mai 2017 berichtete die Zeitung »The Australian« unter Berufung auf interne Dokumente von Facebook, das Unternehmen könne emotional instabile Teenager gezielt aufspüren. Jugendliche, die sich »ängstlich«, »nervös«, »nutzlos«, »gestresst«, »überfordert«, »dumm« oder »wie Versager« fühlen, kann Facebook demnach anhand ihres Nutzerverhaltens identifizieren. Die Reporter bezogen sich dabei auf eine interne Unternehmenspräsentation, die ein australischer Facebook-Manager verwendet haben soll, um bei einer Bank personalisierte Werbung anzupreisen. Facebook sah sich daraufhin genötigt, ein Statement zu veröffentlichen. Darin betonte das Unternehmen, diese Forschungsergebnisse würden nicht für Werbung genutzt, sondern sollten nur dem besseren Verständnis für die Kommunikation von Menschen auf der Plattform dienen. Ob das auch für zukünftige Anpassungen der Werberichtlinien gilt, ist allerdings ungewiss. Der Fall zeigt, dass es technisch ohne weiteres machbar wäre, nicht nur Jugendliche in psychisch fragiler Verfassung gezielt zu manipulieren. Wer beispielsweise weiß, dass sich ein ehemals spielsüchtiger Mensch in einem schwierigen Lebensabschnitt befindet, könnte ein entsprechendes Lockangebot machen.

»Zeig mir deine Freunde, und ich sage dir, wer du bist«, lautet eine bekannte Binsenweisheit. Soziale Netzwerke sind auch deshalb für Werber hochinteressant, weil sie die dort verfügbaren Informationen über unser soziales Netz in ihre Werbestrategie mit einbeziehen können. Nicht umsonst werben Unternehmen ausgesprochen gerne mit den Likes unserer Freunde. Konsumentscheidungen von Menschen in unserem Umfeld beeinflussen uns schließlich mehr als jede Werbung. Es wäre schon heute möglich – wenn auch aufwendig –, den Freundinnen einer Kundin Anzeigen für das gerade von ihr gekaufte Sommerkleid anzuzeigen. Auch der Autokauf enger Freunde kann sich subtil auf unseren Wunsch, ein neues Auto anzuschaffen, auswirken. Insbesondere dann, wenn wir das Gefährt als Statussymbol begreifen. Diese Information kann sich ein Unternehmen zunutze machen. So können etwa nach dem Autokauf gezielt die Freunde von Kunden mit Werbeanzeigen für ähnliche oder gar bessere Modelle angesprochen werden. Das Kalkül dahinter: Unser unbewusstes Konkurrenzdenken wird getriggert.

Übrigens: Wer eine Eisprung-App benutzt, sollte lieber im Kleingedruckten nachschauen, ob die Daten auch zu Werbezwecken verwendet oder weitergegeben werden. Denn sogar Informationen zum Menstruationszyklus einer Frau können genutzt werden, um personalisierte Werbung zu verfeinern. Eine ganze Reihe von Studien hat in den vergangenen Jahren neue Erkenntnisse gebracht, die Werber aufhorchen lassen. Frauen haben vor dem Eisprung angeblich die Tendenz, verstärkt Nahrungsmittel zu kaufen. Während des Eisprungs greifen sie beim Einkauf angeblich häufiger zu sexy Kleidung und Statusprodukten. Nach dem Eisprung sollen Spenden-Aufrufe und Geschenke laut einiger Studien bessere Chancen haben. Für die Werbeindustrie sind solche Informationen Gold wert, schließlich geht es um Kaufentscheidungen von Millionen von Konsumentinnen. Anzeigen für attraktivitätsfördernde Produkte ließen sich demnach besser vermarkten, wenn man das Zeitfenster abpasst, an dem die meisten Frauen am stärksten von Selbstzweifeln gequält werden. Montags fühlen sich Frauen laut einer Studie übrigens angeblich besonders unwohl in ihrem Körper. Denken sie ruhig daran, wenn sie montags Werbung für eine Anti-Falten-Creme sehen.

Mit dem notwendigen Kleingeld kann sich jeder bei Facebook & Co. Reichweite kaufen. Parteien nutzen die Möglichkeiten von Facebook bereits heute, um potenzielle Wähler gezielt anhand ihrer Interessen anzusprechen. Das Projekt »Who targets me?« hat die personalisierte Werbung der AfD auf Facebook zur Bundestagswahl 2017 analysiert. Fans von »Angela Merkel« bekamen demnach Anzeigen zum Thema Zuwanderung zu sehen. Wer der FDP einen Like gegeben hatte, wurde mit Anzeigen zur Rückkehr der Deutschen Mark konfrontiert. Leser der Plattform »Nachdenkseiten« sahen in ihrem Newsfeed AfD-Anzeigen zur Ablehnung von Freihandelsabkommen. So gut wie alle Parteien und politischen Interessengruppen schalten heute auf diese oder ähnliche Weise personalisierte Werbung. Im September 2017 kam heraus, dass Facebook es sogar erlaubte, Gruppen anzusprechen, die »Judenhass« als Interesse angegeben hatten. Facebook zeigte sich daraufhin bestürzt und löschte unverzüglich die entsprechende Kategorie.

Für das Wahlkampfteam von Barack Obama hat der On-line-Wahlkampf wahrscheinlich die Entscheidung gebracht. Ein Team aus rund 300 Statistikern, Programmierern und sogar einigen Profi-Pokerspielern wurde damit betraut, die neuesten wissenschaftlichen Erkenntnisse in die Wahlkampfstrategie einzuweben. Am Ende hatte das Team eine Datenbank mit Informationen über 166 Millionen Wahlberechtigte mit teilweise Tausenden Datenpunkten pro Person gefüttert. Mithilfe von Indikatoren sollten Unentschlossene ausfindig gemacht werden. So wurden 15 Millionen Personen identifiziert, auf die man sich konzentrieren wollte. Zusätzlich wurden regelmäßig stichprobenartig Umfragen durchgeführt. Die als vielversprechend identifizierten Wahlberechtigten wurden gezielt durch personalisierte Werbung, Anrufe und Hausbesuche angesprochen. Unterstützer, die vor Ort Haustürwahlkampf machten, wussten durch die Datensammlung nicht nur, an welche Tür es sich zu klopfen lohnt. Die Teams der Wahlkampfhelfer in den unterschiedlichen Regionen speisten per Smartphone-App wiederum Gesprächsergebnisse ihrer Hausbesuche mit in die Datenbank ein. In Deutschland hat die Union mit »Connect17« zur Bundestagswahl zwar ebenfalls eine App für den Haustürwahlkampf genutzt, doch im Vergleich zu den USA steckt der datengetriebene Wahlkampf in Europa noch in den Kinderschuhen.

Insgesamt kann Online-Mobilisierung natürlich dazu beitragen, die Wahlbeteiligung zu steigern. Aber führen Parteien im Wahlkampf noch ein Gespräch auf Augenhöhe, wenn sie ihr Gegenüber vorab durchleuchten? Detaillierte Informationen über das politische Profil von Wählern können auch dafür genutzt werden, um Schmutzkampagnen gegen den politischen Konkurrenten zu fahren. Gezielt geschaltete Negativnachrichten können etwa Wähler anderer Parteien davon abhalten, zum Wahllokal zu gehen. Nicht umsonst gab es nach der US-Wahl im Jahr 2016 große Kontroversen um die Finanzierung von derartigen Kampagnen durch russische Interessengruppen. Untersuchungen kamen später zu dem Ergebnis, dass personalisierte Anzeigen, die geeignet waren, Hass zwischen sozialen Gruppen zu schüren, in der Zeit des US-Wahlkampfs bis zu 126 Millionen Nutzern angezeigt worden waren. Bei personalisierter Werbung ist zwar ein kleines »Gesponsert« am Rand zu sehen, in der Praxis macht sich aber kaum jemand die Mühe, genau hinzuschauen, wer dahintersteckt. Gerade wenn politische Organisationen Dritte wie PR-Agenturen mit der Schaltung von Anzeigen beauftragen, ist es für Nutzer nahezu unmöglich, die eigentlichen Geldgeber zu identifizieren.

Der US-Computerspezialist Brian Swichkow machte sich im Jahr 2014 die Tatsache zunutze, dass Werber bei Facebook Werbeanzeigen für sehr kleine spezifische Zielgruppen schalten können. Hierzu reicht es, die Kundendaten, wie beispielsweise E-Mail-Adressen, mit Facebook abzugleichen, um gezielt Werbung an die so identifizierten Profile auszuliefern. Brian Swichkows Zielgruppe sollte nur eine einzige Person beinhalten: seinen Mitbewohner. Sein Plan war es, sein Wissen über dessen Gewohnheiten zu nutzen, um ihm derart persönliche Werbebotschaften zu zeigen, dass er sich geradezu verfolgt fühlen müsste. Es sollte der ultimative Streich werden.

Die Werbeanzeigen sollten speziell auf private Details anspielen, die kein anderer wissen konnte. Sein Mitbewohner trat als Schwertschlucker professionell auf. Wenn er aber morgens seine Vitaminpillen schluckte, hatte er regelmäßig mit einem Würgereflex zu kämpfen. Swichkow beschloss daher, eine Werbeanzeige für ein Fake-Produkt zu schalten, welches Schwertschluckern das Schlucken von Pillen erleichtern soll. Es dauerte nicht lange, bis der Mitbewohner sich bei ihm über diese unglaublich personalisierte Werbung beklagte. Er rätselte, wie Facebook dieses sehr private Detail über ihn herausgefunden haben könnte.

Angespornt von dieser Reaktion entwickelte der Computerspezialist seine Idee weiter. Er kreierte weitere sehr spezifische Anzeigen. Eine richtete sich etwa an männliche Nutzer, die gerne Kaffee trinken und ein schwarzes Halstuch in der Hosentasche haben. Als der Mitbewohner schließlich den Verdacht äußerte, dass Brian hinter dem Ganzen stecken könnte, stritt dieser das entrüstet ab und ließ die Werbeanzeigen pausieren, um nicht aufzufliegen. Eigentlich könnte die Geschichte damit am Ende sein. Tatsächlich beginnt sie nun erst richtig interessant zu werden.

In den darauffolgenden Tagen begann der Mitbewohner sich zunehmend merkwürdig zu verhalten. Die Enthüllungen von Edward Snowden waren damals in aller Munde. In Kombination mit den Werbeanzeigen trug das dazu bei, dass der Mitbewohner zunehmend paranoid wurde. Seine Angst überwacht zu werden, ging sogar so weit, dass er private Gespräche nicht mehr über das Telefon führen wollte. Nach drei Wochen sorgte sich Brian Swichkow schließlich, sein Mitbewohner würde ernsthafte psychische Störungen entwickeln und entschloss sich, ihm reinen Wein einzuschenken. Er schaltete eine letzte Facebook-Anzeige mit folgendem Text: »Hey [Name]! Hattest du schon einmal dieses Gefühl, dass die Werbeanzeigen auf Facebook von deinem Mitbewohner geschaltet wurden, weil sie so genau auf dich und nur dich ausgerichtet sind?« Das Rätsel um die Anzeigen war damit aufgelöst. Zum Glück verzieh ihm sein Mitbewohner den Streich. Es bleibt aber eine erschreckende Erkenntnis. Swichkow hatte es geschafft, für Anzeigen im Wert von 1,70 US-Dollar einen Menschen fast in die Paranoia zu treiben.

Mir lassen die neuen Möglichkeiten, uns mithilfe unseres Datenschattens gezielt zu manipulieren, ehrlich gesagt einen kalten Schauer über den Rücken laufen. So gerne ich mein Selbstbild als unbeeinflussbares Individuum aufrechterhalten möchte – am Ende bin ich auch nur ein Mensch. Wer meine Schwachstellen kennt, kann mich gezielt in eine Richtung schubsen. Werbung appelliert oft daran, wie wir sein wollen: schöner, erfolgreicher, gesünder, beliebter. Dazu passend werden Produkte angeboten, die das nicht selten bewusst erzeugte Gefühl der Unvollkommenheit kitten sollen. Zu glauben, man sei gegen solche Mechanismen immun, wäre naiv. Egal für wie aufgeklärt und selbstbestimmt wir uns halten: Am Ende hat unser Unterbewusstsein mehr zu sagen, als uns lieb ist. Wer intime Details über einen Menschen weiß, kann ihn an der Leine seiner Sehnsüchte spazieren führen. Das gilt sowohl für die Werbung als auch für die Politik.

Chilling-Effects: Der Einschüchterungseffekt staatlicher Überwachung

Als ein Freund von mir im Sommer 2017 ein Foto von einem originellen Plakat am Berliner S-Bahnhof Friedrichstraße in sozialen Netzwerken postete, hätte er im Leben nicht gedacht, was für Konsequenzen das für ihn haben würde. Das Plakat auf dem Bild warb für Protest gegen den G20-Gipfel in Hamburg. Ihm war es beim Umsteigen aufgefallen, aber er vergaß es auch schnell wieder. Es war nicht mehr als eine flüchtige Momentaufnahme. Einige Wochen später bekam er allerdings Post. Die Bundespolizei beschuldigt ihn, Werbetafeln am Hauptbahnhof Hamburg beschädigt und die ursprünglichen Plakate gegen Protest-Aufrufe ausgetauscht zu haben. Als Beweis sollte ein Kamerabild herhalten, das schon auf den ersten Blick kaum Ähnlichkeit aufwies. Aufmerksam geworden waren sie auf ihn durch das Bild, welches er gepostet hatte.

Zum Glück hatte mein Freund für den angeblichen Tatzeitpunkt ein Alibi. Ich muss es wissen, denn das Alibi bin ich. Mit dem Austausch der Plakate hatte er nichts zu tun. Es bedrückte mich sehr mitzuerleben, wie mein Freund in den Tagen und Wochen, nachdem er das Schreiben der Polizei erhalten hatte, unter der Ungewissheit litt, ob im Zuge der Ermittlungen womöglich auch private Daten bei seinen Internetdiensten abgefragt worden waren. Auch wenn man nichts zu verbergen hat, heißt das noch lange nicht, dass man möchte, dass private Gespräche mit Freunden und der Familie von Wildfremden mitgelesen werden. Die Angst, überwacht zu werden, hat dazu geführt, dass er sein Verhalten geändert hat. Dabei hatte er überhaupt nichts verbrochen.

Jeder kennt diese Momente, die dem Leben eine neue Wendung geben. Die Einführung der Vorratsdatenspeicherung in Deutschland markierte für mich ein solches Schlüsselerlebnis. Beim Blick in die Zeitung kann man sich einen recht guten Überblick über das Elend des politischen Ist-Zustandes verschaffen. Doch bei den meisten Problembeschreibungen bleibt nach der Lektüre das warme Gefühl, dass zumindest irgendjemand sich dessen annimmt. Greenpeace wird womöglich nicht alle Eisbären retten können, aber sie tun ihr Bestes. Das ist im Zweifel mehr, als man selbst mit seinen bescheidenen Mitteln bewirken könnte. Bei der Debatte um die Einführung der Vorratsdatenspeicherung in Deutschland im Jahr 2006 war das anders. Die drohende Voll-Protokollierung unseres Kommunikationsverhaltens schien kaum jemanden zu kümmern. Das bequeme Argument, »Jemand kümmert sich schon darum«, griff plötzlich nicht mehr. Ich hatte das Gefühl, etwas tun zu müssen.

Vorratsdatenspeicherung bedeutet, dass unsere Internet- und Telefonanbieter dazu gezwungen werden, wochenlang zu speichern, wer wann von wo wen angerufen oder eine SMS geschickt hat und mit welcher IP-Adresse Bürger sich ins Internet einwählen. In einigen Ländern werden auch Informationen zu versendeten E-Mails erfasst. Ohne eine rechtliche Vorgabe zur Speicherung müssten unsere Anbieter viele dieser Daten überhaupt nicht über einen längeren Zeitraum aufheben. Es gibt keinen Grund, unsere verwendeten IP-Adressen der letzten Monate zu speichern, weil diese für die Abrechnung überhaupt nicht relevant sind. Auch Einzelverbindungsnachweise für Telefonanrufe sind bei Flatrates nicht länger notwendig. Die Vorratsdatenspeicherung verpflichtet die Anbieter jedoch dazu, diese Daten auf Vorrat zu speichern. Nur damit die Behörden diese Daten jederzeit rückwirkend für mehrere Wochen abfragen können. Durch die Vorratsdatenspeicherung steht damit ein umfassendes Profil über jeden Bürger bereit, welches verrät, was man so in den letzten Wochen getrieben hat.

Eine Studie der US-Universität Stanford zeigt, wie viel allein schon Telefondaten über unser Innenleben verraten. Die Forscher wollten herausfinden, was sie nur anhand der Verbindungsdaten rekonstruieren können. 546 Teilnehmer einer Studie willigten ein, ihr Anrufverhalten auswerten zu lassen. Vom Start der Studie im November 2013 bis zum Ende im März 2014 riefen die Teilnehmer 33.688 Nummern an. Das Ergebnis überraschte selbst die Forscher.

Bei der Analyse der Daten stießen die Wissenschaftler nicht nur auf Anrufe bei den Anonymen Alkoholikern, Abtreibungsberatungen, Gewerkschaften, Scheidungsanwälten, Spezial-Kliniken für sexuell übertragbare Krankheiten und sogar Strip-Clubs. Mehr als die Hälfte der Versuchsteilnehmer suchte per Telefon medizinischen Rat. Anhand der Telefonnummer ließ sich sogar recht genau sagen, ob jemand dabei unter Zahnproblemen, Gefäßerkrankungen oder psychischen Problemen litt – oder gar über eine Schönheitsoperation nachdachte. 40 Prozent der Teilnehmer nahmen Kontakt zu einem Finanzdienstleister auf. Jeder Zehnte telefonierte mit einer Jobvermittlung oder rief bei religiösen Organisationen an. Jeder Zwanzigste kontaktierte politische Organisationen.

Besonders brisant ist der Fall einer Teilnehmerin, die eines Tages in den frühen Morgenstunden ihre Schwester anrief und ein langes Gespräch mit ihr führte. Dies war reichlich ungewöhnlich im Vergleich zu ihrem sonstigen Telefonverhalten, denn die beiden schienen keinen engen Kontakt zu pflegen. Zwei Tage nach dem Anruf rief die Studienteilnehmerin dann bei einer Abtreibungsklinik an. Zwei Wochen darauf meldete sie sich dort erneut. Einen Monat später noch einmal. Die Daten lassen vermuten, dass die Frau schwanger war und sich für eine Abtreibung entschieden hatte. Der Anruf bei der Schwester diente wahrscheinlich dazu, ihr das Herz auszuschütten und Rat einzuholen. Der spätere Anruf bei der Abtreibungsklinik deutet erst auf eine Terminvereinbarung und später auf eine Nachuntersuchung hin.

Ein weiterer Studienteilnehmer tätigte häufig Anrufe bei Neurologen, suchte Kontakt zu einer spezialisierten Apotheke und einer Beratungsstelle für seltene Krankheiten. Durch den Anruf bei der Telefon-Hotline einer Pharmafirma, die sich ausschließlich an Patienten mit Multipler Sklerose richtet, war klar, woran dieser Patient litt. Die Forscher, selbst überrascht angesichts der Detailtiefe der Analysen, warnten bei der Veröffentlichung der Ergebnisse nachdrücklich vor der Sammlung derartig sensibler Daten. Schließlich könne niemand garantieren, dass derartige Informationen nicht auch missbraucht werden.

Eine staatlich verordnete Vorratsdatenspeicherung beinhaltet neben den Anruf-Informationen auch Daten zum Standort und der benutzten IP-Adressen. Aus Standortdaten anhand der verwendeten Telefon-Funkzelle ließe sich beispielsweise ohne Probleme die Teilnahme an Demonstrationen ablesen. Wer die durch uns verwendeten IP-Adressen kennt, kann diese mit anderen Datenquellen abgleichen, um beispielsweise Webseitenbesuche oder Suchanfragen zu rekonstruieren. Ein Abgleich mit Telefon- und Standortdaten zeigt außerdem, mit wem wir unsere Zeit verbringen. In einer Demokratie, die auf einem Gleichgewicht der Kontrolle zwischen den Gewalten beruht, ist das höchst brisant. Anhand der Daten lässt sich nicht nur ablesen, ob Opposition und zivilgesellschaftliche Organisationen miteinander in Kontakt stehen. Das Anrufverhalten von Journalisten kann Hinweisgeber enttarnen. Sogar der Anruf beim Seelsorger bleibt nicht unentdeckt. Der viel beschworene »gläserne Bürger« wird mit der Vorratsdatenspeicherung endgültig zum Fakt.

Vorratsdaten werden bei den Telefon- und Internetanbietern gespeichert und bei Bedarf von Behörden abgerufen. Behördenabfragen sollen durch einen Richter genehmigt werden müssen. In der Praxis hat jedoch kaum ein Richter die eigentlich notwendige Zeit, derartige Anfragen genau zu prüfen. Aus den Jahresberichten der Berliner Polizei zwischen 2008 und 2016 geht hervor, dass Berliner Richter innerhalb von neun Jahren 14.476 Überwachungsanordnungen der Berliner Staatsanwaltschaften für die klassische Telefonüberwachung genehmigt haben. Die letzte Ablehnung einer solchen Maßnahme wurde für das Jahr 2007 dokumentiert. Danach wurden alle Anfragen durchgewunken. In vielen anderen Staaten sieht der »Richter-vorbehalt« in der Praxis ähnlich aus. Vor allem dann, wenn die Zustimmung nur einer Unterschrift und die Ablehnung einer ausführlichen Begründung durch den Richter bedarf. Die Justiz ist schlichtweg überlastet. Beschwichtigungen, dass die Daten nur bei begründetem Verdacht abgerufen werden, beruhigen daher nicht. Eine wirksame Kontrolle findet nicht statt.

Dass es bei gezielten Datenabfragen der Polizei bei Un-ternehmen offenbar Defizite gibt, zeigt der Fall des deutschen E-Mail-Anbieters Posteo. Das Unternehmen beharrt darauf, Kundendaten nur dann herauszugeben, wenn es eine gesetzliche Grundlage gibt. Das ist tatsäch-lich nicht selbstverständlich, denn nicht alle Dienstean-bieter prüfen Behördenanfragen ausgiebig, schließlich bindet das Personal und verursacht Kosten. Posteo wirbt mit Datensparsamkeit, daher war es für den Anbieter nur konsequent, alle eingehenden Anfragen sorgfältig zu prüfen. Ergebnis: Im Jahr 2017 waren 42 Prozent der an das Unternehmen gestellten Gesuche rechtswidrig. Im Mai 2014 gab Posteo sogar bekannt, Strafanzeigen und Dienstaufsichtsbeschwerden gegen Kriminalbeamte ein-gereicht zu haben. Die Vorwürfe lauteten: Einschüchte-rungsversuch, Nötigung und Drohung.

Die Hintergrundgeschichte liest sich wie ein schlechtes Tatort-Drehbuch. Vier Polizisten wurden bei der Privat-wohnung des Posteo-Inhabers Patrik Löhr vorstellig. Laut Gedächtnisprotokoll des Betroffenen sagte ein Polizist: »Wissen Sie, ich habe hier einen Durchsuchungsbeschluss für Ihre Büroräume in meiner Tasche. Wenn ich den raushole, dann stellen wir hier alles auf den Kopf und nehmen alles mit. Das wollen Sie sicher nicht. Deshalb muss ich den Beschluss auch gar nicht erst aus der Tasche holen, wenn Sie mit uns kooperieren und uns den Namen des Postfachs freiwillig nennen. Das ist Ihnen sicher lieber.« Patrik Löhr war jedoch wenig beeindruckt und verlangte, den Durchsuchungsbeschluss zu sehen. Er wiederholte dabei, was er zuvor bereits schriftlich mitgeteilt hatte: dass man die gewünschten Daten gar nicht gespeichert habe und daher auch nicht herausgeben könne. Im vorgezeigten Durchsuchungsbeschluss stand dann wenig überraschend auch nichts davon, die komplette Büroeinrichtung und Geschäftsunterlagen mitnehmen zu dürfen. Es war ganz klar nur ein Einschüchterungsversuch gewesen. Nach einer hitzigen Debatte fragte der Polizist schließlich, ob Posteo nicht die IP-Adressen des fraglichen Kunden ermitteln könnte. Auf die Rückfrage Löhrs, auf welcher rechtlichen Grundlage das beruhen solle, antwortete der Polizist: »Ich interessiere mich dafür, was Sie technisch für uns tun können, nicht für Gesetze.« Dieser Satz aus dem Munde eines Gesetzeshüters wirkt wohl mehr als befremdlich.

In Deutschland wurde 2015 ein Gesetz zur Vorratsdatenspeicherung verabschiedet. Aufgrund einer erfolgreichen Klage ist die Speicherpflicht für Anbieter allerdings zunächst ausgesetzt worden. Das kann sich jederzeit ändern. In vielen anderen Staaten ist die Vorratsdatenspeicherung längst Realität. Wo Daten sind, da entstehen schnell Begehrlichkeiten. Das gilt auch für mein Geburtsland Polen, wo die Vorratsdatenspeicherung bereits vor vielen Jahren eingeführt wurde. Von der Ankündigung, man brauche das

Instrument, um im »Krieg gegen den Terror« die Oberhand zu behalten, ist wenig übrig geblieben. Es kam heraus, dass in Polen im Jahr 2012 die unglaubliche Zahl von rund 1,7 Millionen Datensätzen durch die Behörden abgefragt wurde. Wohlgemerkt, bei einer Bevölkerung von weniger als 40 Millionen Menschen.

Bereits kleinste Vergehen rechtfertigen heute in Polen die Durchleuchtung des Kommunikations- und Bewegungsverhaltens. Dabei geht es nicht immer um Strafverfolgung. In Polen wurden investigativ recherchierende Journalisten mittels Vorratsdaten nachweislich ausgespäht. Nach Berichten über Korruption versuchten Behörden mittels Vorratsdaten »Verräter« in den eigenen Reihen, also Whistleblower, zu finden. Seit dem Jahr 2015 ist die politische Situation in Polen angespannt. Bürgerrechtler und Opposition demonstrieren regelmäßig gegen die Beschneidung der Rechte von Medien und Justiz durch die rechtskonservative PiS-Regierung. Vor diesem Hintergrund machen mir diese Datensammlungen umso mehr große Sorgen, denn das Missbrauchspotenzial ist gewaltig.

Beispiele für Missbrauch gibt es nicht nur in Polen. Ein niederländischer Journalist und sieben Personen aus seinem Umfeld wurden 2009 anhand der Vorratsdaten ausspioniert. Der Grund: Der Journalist hatte eine politisch brisante Sicherheitslücke bei einer Behörde aufgedeckt und darüber geschrieben. In Frankreich wurden im Dezember 2011 Journalisten unter Verwendung der Verbindungsdaten ausspioniert. Sie hatten zu einem Skandal rund um illegale Parteispenden recherchiert. In Tschechien verschaffte sich ein Polizeibeamter im Juni 2011 Zugang zu den Verbindungsdaten von über 40 Personen. Unter den Opfern waren auch enge Mitarbeiter des damaligen Präsidenten Václav Klaus sowie der damalige Vorsitzende des Verfassungsgerichtshofs. Hinzu kommen Fälle in mehreren Ländern, in denen Behördenmitarbeiter dank der Daten illegal ihre Ex-Partner ausspioniert haben.

Wer garantiert uns eigentlich, dass unsere Vorratsdaten sicher sind? Die Bundestags-IT wurde bereits nachweislich gehackt, und die NSA hat nicht nur Angela Merkels Handy abgehört. Vor laufender Kamera habe ich im Jahr 2015 bei einer Demonstration den damaligen SPD-Fraktionschef Thomas Oppermann gefragt, ob er zurücktreten werde, wenn ein Sicherheitsleck bei der Vorratsdatenspeicherung unsere privaten Daten ins Netz spülen sollte. Auch nach dreimaliger Nachfrage kamen statt einer Antwort nur Ausflüchte. Selbst Spitzenpolitikern ist offenbar klar, wie riskant es wäre, die eigene politische Zukunft an die Sicherheit unserer Vorratsdaten zu knüpfen. Wer kann es ihnen verübeln? Es wäre schließlich naiv anzunehmen, dass unsere Vorratsdaten besser gegen fremden Zugriff abgesichert sind als das Handy der angeblich mächtigsten Frau Europas.

Als im Jahr 2015 im Zuge von Ermittlungen gegen den SPD-Abgeordneten Sebastian Edathy bekannt wurde, dass die Verbindungsdaten innerhalb des Bundestags für drei Monate gespeichert wurden, war die Empörung im politischen Berlin groß. »Wir müssen jetzt herausfinden, was genau wann gespeichert wird und wer auf die Daten der Abgeordnetenbüros Zugriff hat«, äußerte sich der Unions-Abgeordnete Thomas Jarzombek. »Wenn man sich vorstellt, dass wir einmal in weniger demokratischen Zeiten leben könnten, sind die Abgeordneten wie ein offenes Buch«, fügte er hinzu. Wie passt es da zusammen, dass eben dieser Bundestag wenig später die Vorratsdatenspeicherung für 80 Millionen Bundesbürger durchwinkt – mit Stimmen von Union und SPD? Ist es nicht genauso verwerflich, den Souverän in einer Demokratie, also uns, zu überwachen? Scheinbar wird beim Thema Privatsphäre in der Politik längst mit zweierlei Maß gemessen. Einige sind eben gleicher.

Sind wir in einer Demokratie, in der jeder Bürger Überwachung ausgesetzt ist, überhaupt noch frei? Die Forschung hat hierzu klare Erkenntnisse gesammelt: Wer überwacht wird, ändert nachweislich sein Verhalten – auch dann, wenn man meint, »nichts zu verbergen« zu haben. Eine Studie des Citizen Lab der Universität Toronto zeigte, dass die Aufrufzahlen brisanter Artikel in der Wikipedia nach dem Bekanntwerden der NSA-Überwachung um rund 30 Prozent eingebrochen sind.

Mit der Vorratsdatenspeicherung drohen eben solche »Chilling-Effects« (zu Deutsch Abschreckungseffekte). Die Hälfte der Deutschen gab in einer repräsentativen Forsa-Umfrage an, den Anruf bei einer Eheberatungsstelle, einem Psychotherapeuten oder einer Drogenberatungsstelle lieber zu unterlassen, wenn dies durch die Vorratsdatenspeicherung protokolliert würde. Laut einer repräsentativen Umfrage des Vodafone Instituts für Gesellschaft und Kommunikation aus dem Jahre 2016 mit Teilnehmern aus acht EU-Staaten vermeiden bereits heute 51 Prozent der Befragten, in E-Mails oder Textnachrichten sehr persönliche Dinge zu schreiben, da sie befürchten, dass Dritte auf diese Daten zugreifen könnten. Unter den deutschen Befragten teilen sogar 56 Prozent diese Sorgen.

Anlasslose Überwachung, die sich auf unser Verhalten auswirkt, nimmt nicht nur bei der Telekommunikation zu. In der Londoner City wurde bereits im Jahr 2007 jeder Bewohner im Schnitt von 300 Überwachungskameras pro Tag erfasst. Mittlerweile sind die Kameras nicht nur zahlreicher, sondern auch intelligenter geworden. Neue Videoüberwachungssysteme sind zu viel mehr in der Lage, als nur Bilder aufzuzeichnen. Statt Menschen über die Aufnahmen wachen zu lassen, wird diese Aufgabe immer häufiger an Algorithmen delegiert.

Kamerasysteme in New York schlagen schon heute Alarm, wenn sie in Bahnhöfen verwaistes Gepäck entdecken. Die neueste Software kann nicht nur mit hoher Treffsicherheit Gesichter erkennen. Man kann Algorithmen auch nach Verhaltensmustern suchen lassen. Graffiti-Sprayer können dank ihrer charakteristischen Handbewegungen ebenso erkannt werden, wie Obdachlose, die Flaschen sammeln oder betteln. Wenn ich aus der Bahn steige, habe ich die Angewohnheit, Menschen mit offenem Rucksack darauf anzusprechen und den Reißverschluss zuzumachen. Ein nicht ganz so gut trainierter Algorithmus könnte diese Bewegung auch als versuchten Taschendiebstahl werten und Alarm schlagen. Ich frage mich, ob ich mir meine gute Angewohnheit bald abgewöhnen muss. Was sagt das über unsere Gesellschaft aus?

Wenige Haltestellen von meiner Haustür entfernt wurde im Jahr 2017 am Berliner Bahnhof Südkreuz ein Pilotversuch zum Einsatz von Gesichtserkennungssystemen durchgeführt. Ein intelligentes Videoüberwachungssystem soll die Gesichter von Testpersonen automatisiert identifizieren. Für die Zukunft soll möglich sein, ein solches System mit Fahndungsbildern zu füttern. Es soll Alarm schlagen, wenn eine Zielperson in der Menschenmenge entdeckt wird. In der Politik mehren sich die Rufe nach einem landesweiten Einsatz solcher Technologien an öffentlichen Plätzen. Jeder Pendler, jedes Paar, jedes Kind würde dann automatisiert von Kameras an öffentlichen Plätzen abgetastet werden. Doch ich frage mich: Wenn es noch keinen Überwachungsstaat kennzeichnet, wenn eine Großmutter oder ein Schulkind nicht ohne Gesichtsscan die S-Bahnstation passieren kann – was eigentlich dann?

Natürlich muss die Polizei ihre Arbeit tun können, um Verbrechen aufzuklären. Wo aus zielgerichteter Ermittlung jedoch anlasslose Massenüberwachung wird, verändert sich der Charakter von Strafverfolgungsbehörden. Ich kann nicht leugnen, dass es Orte und Zeiten in meiner Stadt gibt, an denen ich mich nicht sicher fühle. Beispielsweise, wenn ich nachts am Bahnsteig warte und um mich herum grölen aggressive, betrunkene Männergruppen. Doch Videoüberwachung schreckt solche Täter nicht ab. Die können oft noch nicht einmal mehr die entsprechenden Schilder lesen. Was nachweislich mehr Sicherheit bringt, sind hingegen Notfallknöpfe, Zivilcourage und Sicherheitspersonal vor Ort. Statt einer Videokamera in meiner Straße würde ich mir tatsächlich mehr Straßenlaternen wünschen. Studien belegen außerdem, dass auch Kriminalität, die nicht im

Affekt geschieht, wie etwa Taschendiebstahl, sich durch Überwachung lediglich örtlich verlagert. Beseitigt wird sie dadurch nicht.

Wir sollten uns fragen, ob die Steuergelder, die derzeit in Systeme der Massenüberwachung gepumpt werden, nicht anderweitig besser angelegt wären, beispielsweise in Programmen zur zielgerichteten Strafverfolgung und Prävention. »Ich will kein Überwacher sein«, mag sich schließlich auch manch ein Polizist denken. Ein Kiez-Beamter steigert mein Sicherheitsempfinden deutlich mehr als eine Kamera – und mag sie noch so »intelligent« sein. Eine Kamera wirft sich schließlich nicht zwischen Angreifer und Opfer, sie schaut tatenlos zu.

Massenüberwachung klingt für die meisten Menschen abstrakt. Wenn ich an Massenüberwachung denke, denke ich an meine Freunde und meine Familie. Ich sehe ihre Gesichter vor mir und frage mich, warum diese Menschen in einer Demokratie nicht mehr darauf vertrauen können dürfen, dass ein Anruf beim Psychologen oder beim Arzt vertraulich bleibt. Dass ihre Kinder ohne Gesichtsscan zur Schule fahren können. Ich habe kein Problem damit, dass die Polizei zielgerichtet gegen Verdächtige ermittelt. Bei Massenüberwachung werden wir aber alle unter Generalverdacht gestellt. Sicherer fühle ich mich dadurch nicht, denn das Recht auf Privatsphäre ist nicht zuletzt ein Abwehrrecht des Bürgers gegen den Staat.

Unter dem SED-Regime wurden in der DDR unglaubliche Datenmengen von der Stasi gehortet. Telefone wurden ganz selbstverständlich abgehört. Auf einen Spitzel kamen weniger als 200 Bürger. Zuletzt sollen 189.000 Mitarbeiter und Informanten für die Stasi gearbeitet haben. Jeder hatte einen Kollegen oder Bekannten, über den man munkelte, er arbeite als Informant dem Staat zu. Niemand wusste damals, wer verdächtig und wer Spitzel ist. Laut Kritik am Regime zu äußern, und sei es nur im privaten Kreis, wurde so zum Risiko. Eine derart unsichtbare Überwachung ist die effektivste Form sozialer Kontrolle.

Nach der Wende konnten Bürger in der umgangssprachlich genannten »Gauck-Behörde« ihre Stasi-Akte einsehen. Eine Freundin meiner Mutter erfuhr aus ihrer Akte, dass Nachbarn haarklein jede Bewegung, die aus der Wohnung kam, dokumentiert hatten. Sogar ob das Erscheinungsbild gepflegt oder ungepflegt wirkte wurde festgehalten. Hätte die Stasi die heutigen Mittel der Datenerfassung gehabt, hätte sich das repressive Regime womöglich länger gehalten. Ein großes Datenzentrum mit einer Handvoll Mitarbeiter hätte anhand der Kommunikationsströme wesentlich effektiver Rädelsführer ausfindig machen können als Tausende von Spitzeln – und das auch noch zu einem Bruchteil der Kosten. Zum Glück ist uns diese Erfahrung damals noch erspart geblieben.

Dass Digitalisierung die Macht der Vielen stärkt, ist eben nur die halbe Wahrheit. Nie waren die Kosten von Überwachung und Kontrolle geringer als heute. Überwachung ist trotzdem ein Milliardengeschäft, denn die Nachfrage ist hoch. Nicht nur in Europa: Westliche Firmen exportieren seit Jahren ungehindert Überwachungstechnologien in Diktaturen des Nahen Ostens und Afrikas. Das ist ein gewaltiges Problem. Doch es gibt auch genug Länder, die auf diesen Export kaum mehr angewiesen sind und längst eine eigene Überwachungsindustrie hochgezogen haben.

Die chinesische Regierung testet seit 2017 in vielen Regionen des Landes, wie eine IT-Diktatur aussehen könnte. Unter dem freundlichen Etikett »Social Score« oder »soziales Kreditsystem« sollen sich Bürger dort ab 2020 einem Punktesystem unterwerfen, welches Daten aus der Privatwirtschaft und staatlichen Stellen vermengt und daraus einen Score ermittelt. Kaum ein Experte zweifelt daran, dass es gelingt, dieses Vorhaben umzusetzen. Der Markt für digitale Dienstleistungen ist in China ähnlich stark von einigen wenigen Akteuren bestimmt wie im Westen. Und diese sind auf Regierungslinie. Beim Bezahlen mit dem Smartphone ist China sogar Vorreiter. In ländlichen Regionen werden dort App-Bezahlsysteme auch deshalb besonders intensiv genutzt, weil die nächste Bank oft Kilometer entfernt ist.

Der chinesische IT-Gigant Alibaba hat mit »Sesame Credit« kürzlich ein System eingeführt, um die Kreditwürdigkeit der Nutzer anhand einer ganzen Reihe von Informationen zu bestimmen. Nicht nur die Daten zurückliegender Transaktionen, sondern auch Informationen staatlicher Stellen fließen in die Bewertung mit ein. Bei einem schlechten Score verlieren Nutzer das Recht, Tickets für Hochgeschwindigkeitszüge oder Flüge erster Klasse zu buchen. Die Teilnahme an »Sesame Credit« ist zwar freiwillig, trotzdem nutzen bereits Millionen Menschen dieses System. Ein guter Score wird durch eine Verknüpfung mit der in China beliebten Dating-App Baihe sogar dazu genutzt, potenzielle Partner für sich zu begeistern.

Ein ähnliches Prinzip der Datenzusammenführung will die chinesische Regierung ab 2020 zur Bewertung aller Staatsbürger nutzen. Von Freiwilligkeit wird dann keine Rede mehr sein. Bereits im Jahr 2005 wurde ein Prozess angestoßen, um staatliche Stellen und Privatwirtschaft zur Entwicklung von Konzepten zu ermuntern. Die Überwachung soll in China föderal geregelt werden. Die Provinzen können selbst entscheiden, ob sie ein eigenständiges System betreiben wollen oder auf Unterstützung aus der Wirtschaft setzen. Auch ein Nebeneinander ist denkbar. Mehr als ein halbes Dutzend Unternehmen konkurrieren derzeit in China darum, den Zuschlag für eines der lokalen Überwachungsprojekte zu bekommen. Es geht um viel Geld.

Der chinesischen IT-Konzern Kingdee hat für die Stadt Rongcheng ein Konzept entwickelt, welches die Zusammenführung von Daten aus rund 50 Regierungsstellen vorsieht. Hinzu kommen Daten von Unternehmen. Bei Einführung bekommt jeder Bürger 1.000 Punkte auf seinem Konto eingetragen. Straftaten und Verkehrsdelikte geben Minuspunkte. Das »Verbreiten von Gerüchten im Internet«, auch bekannt als Kritik an der Regierung, soll ebenso in die Bewertung einfließen. Eine schlechte Zahlungsmoral wirkt sich ebenfalls negativ auf den Punktestand aus. Bürger der Bewertungsstufe »A« mit 1.050 Punkten oder mehr genießen Privilegien wie etwa eine Sonderbehandlung bei der Schulwahl, aber auch das Anrecht auf besondere Sozialleistungen. Von dem Erreichen dieses Levels kann bei Beamten abhängen, ob sie befördert werden. Bürger der Gruppe »C« sollen hingegen regelmäßig kontrolliert werden, und ihre Sozialleistungen können gekürzt werden. Bürger der Gruppe »D«, mit weniger als 599 Punkten, dürfen schließlich keine Führungspositionen mehr einnehmen und bekommen keinen Kredit mehr.

Die chinesische Regierung ist stolz auf die Fortschritte und sieht sich als Vorreiter:»Die Vertrauenswürdigen sollen frei unter dem Himmel umherschweifen können, den Vertrauensbrechern aber soll kein einziger Schritt mehr möglich sein«, heißt es in einer Erklärung. Laufen die Experimente zufriedenstellend, werden sich 1,4 Milliarden Menschen bald dem perfekten totalitären Überwachungsstaat unterwerfen müssen. Momentan sieht es ganz danach aus. Die Systeme sind in der Bevölkerung nicht unbeliebt, da sie nicht ausschließlich auf Strafen setzen, sondern auch Belohnungen für konformes Verhalten versprechen. Die großen chinesischen Konzerne unterstützen das Projekt. Der perfekte Überwachungsstaat chinesischer Prägung erinnert weniger an die düstere Dystopie »1984« von George Orwell, vielmehr wird auf Gamification und Anreizsysteme wie bei einem Computerspiel gesetzt.

Der Ausspruch »Code is Law« (zu Deutsch: Code ist Gesetz) geht auf den amerikanischen Verfassungsrechtler und Internetenthusiasten Lawrence Lessig zurück. In vielen Ländern werden derzeit heftige Debatten darum geführt, ob es rechtlich und moralisch vertretbar ist, hoheitliche Entscheidungen staatlicher Institutionen mit Software zu verknüpfen. Oft geht es darum, wie verfügbare Daten genutzt werden können, um die Kriminalität zu senken. Ein Viertel aller Gefängnisinsassen auf diesem Planeten sitzen laut der UN ihre Strafe in einem US-Gefängnis ab. Um die Behörden zu entlasten, setzen einige US-Bundesstaaten seit Neuestem auf eine Software, die anhand von Datenanalysen vorhersagen soll, bei welchen Menschen das Risiko eines Rückfalls besonders groß sei. Auf diese Personen sollten sich Präventionsmaßnahmen konzentrieren. Nach kurzer Zeit stellte sich jedoch heraus, dass einige Systeme Mechanismen der Diskriminierung aus dem analogen System übernommen hatten. »Weißen« und »reichen« Straftätern wurde für das gleiche Vergehen systematisch eine geringere Rückfallquote vorhergesagt. Ein Grund dafür: Das soziale Umfeld und der Wohnort wurden in die Berechnung mit einbezogen. Wer in einer armen Gegend aufwächst, wird vom System eher als Risiko aussortiert.

Was bliebe übrig vom Rechtsstaat, wenn Algorithmen ein Strafmaß anhand von Faktoren wie Einkommen, Familie und Herkunft berechnen würden? Im US-Bundesstaat Wisconsin, wo Software zur Risikobewertung für die Bestimmung des Strafmaßes herangezogen werden darf, hatten ähnliche Mechanismen dramatische Folgen. Ein Richter setzte das Urteil für den Diebstahl eines Rasenmähers durch einen Afroamerikaner von einem Jahr auf Empfehlung einer Software auf zwei Jahre herauf und forderte noch zusätzlich drei Jahre auf Bewährung. Bürgerrechtler äußerten den Verdacht, dass die soziale Herkunft hier den Ausschlag gegeben haben könnte.

Bei einem Gesetz kann jeder schwarz auf weiß nachlesen, was Recht und was Unrecht ist. Sowohl staatliche Stellen als auch Hersteller sind allerdings äußerst zurückhaltend bei der Preisgabe von Informationen über die Kriterien, nach denen derartige Algorithmen Menschen beurteilen. Wenn ein solches System Wahrscheinlichkeiten einer erneuten Straffälligkeit anhand von sozialer Faktoren wie dem Wohnort berechnet, werden finanziell schlechter gestellte und diskriminierte Gruppen automatisch benachteiligt.

Problematisch ist auch die Frage, was für Daten in solchen Systemen verarbeitet werden. Wie weit wären solche Systeme noch von einer Dystopie entfernt, wenn sie auch soziale Kontakte, Bewegungsprofile und das Verhalten in sozialen Netzwerken mit einbeziehen würden? Statt den individuellen Fall zu betrachten, geht es dann nur noch um die Zugehörigkeit zu vermeintlichen Risikogruppen. Die Wahrscheinlichkeit wird im Einzelfall mit einem Mal wichtiger als die Wahrheit. Das bedeutet: Vermeintliche Effizienz wiegt schwerer als Gerechtigkeit. Es wäre zudem vorstellbar, dass Betroffene angesichts solcher Systeme ihr Verhalten dahingehend ändern, dass sie den Kontakt zu vermeintlichen Risikogruppen reduzieren – aus Angst vor negativen Folgen für sich selbst und ihre Familien. Eine neue Form der Ausgrenzung wäre geboren.

Überwachung, Zensur und soziale Kontrolle gehen in vielen Ländern dieser Welt Hand in Hand. Nur wer alle Daten hat, kann lückenlos sanktionieren. Dabei verdanken wir Fortschritt auch unangepasste Menschen, Dichter und Denker, die bestehende Normen infrage stellen. Wahllos alle unter Generalverdacht zu stellen zerstört letztlich das, was unsere Gesellschaft zusammenhält: das Grundvertrauen ineinander. Wer überwacht wird, kann sich weder frei bewegen noch frei handeln. Überwachung zementiert durch vorauseilenden Gehorsam und angepasstes Verhalten nicht zuletzt auch den Status quo. Aber ist das überhaupt gesellschaftlich wünschenswert?

3. Kapitel: **Es ist fünf vor zwölf**

Auf die unsichtbare Hand ist kein Verlass

»Personal Data ist the new oil of the internet and the new currency of the digital world«, sagte die einstige EU-Kommissarin für Verbraucherschutz Meglena Kunewa im Jahr 2009. Diese Metapher ist natürlich Unsinn, denn Daten und Öl sind allein schon aus ökonomischer Sicht auf vielen Ebenen grundverschieden. Auch ethisch ist der Vergleich fragwürdig, da er den Menschen damit implizit zum Abbaugebiet für eine Ressource degradiert. Persönliche Daten sind keine Ware, wie ein Stuhl oder ein Auto. Auch wenn sie heute als solche gehandelt werden.

In einer Hinsicht ist der Vergleich von Daten und Öl jedoch passend: Auf dem Fundament personenbezogener Daten werden heute Konzerne begründet, die mit den Imperien des Öl-Zeitalters vergleichbar sind. Daten sind zwar nicht das neue Öl, aber ohne Frage zum Schmiermittel weiter Teile der digitalen Wirtschaft geworden. Genauso wie Verbrennungsmotoren und die Industrialisierung die Gesellschaft verändert haben, wird es auch die Digitalisierung tun.

Im 20. Jahrhundert sagte die Verteilung von Zugriffsrechten auf Rohstoffe sowie die Kontrolle über Infrastruktur und Produktionsmittel viel über die Machtverhältnisse in der Welt aus. Das ist jetzt nicht viel anders. Nur geht es heute nicht mehr nur um Fabriken, sondern auch um Datenzentren. Die kritische Infrastruktur von modernen Staaten besteht längst nicht mehr nur aus Straßen und Schienen. Ohne digitale Infrastruktur ist heute kein Staat, keine Gesellschaft mehr handlungsfähig.

Dass der Schutz unserer Privatsphäre bei Staat und Wirtschaft keinen hohen Stellenwert genießt, ist nicht verwunderlich. Datenschutz wird von vielen Konzernen heute eher als Hindernis denn als Chance betrachtet. Wer seine Kunden maximal durchleuchtet, kann in der Tat oft höhere Gewinne erzielen. Die Situation gleicht einem Wettrüsten. In einer Situation, in der Unternehmen dazu übergegangen sind, möglichst viele Daten ihrer Nutzer zu horten und auszuwerten, droht demjenigen, der nicht mitsammelt, ein Wettbewerbsnachteil. Die Tendenz geht ganz klar in Richtung gläserner Nutzer. Die unsichtbare Hand des Marktes regelt eben alles Mögliche, aber nicht den Schutz unserer Privatsphäre.

Wer meint, das Problem lasse sich lösen, wenn nur genug Kunden Dienste mehr nach ihrem Datenschutzniveau bewerten würden, der hat die Rechnung ohne den Menschen gemacht. Zu viele psychologische Effekte sprechen dagegen. Zukünftige Risiken einzuschätzen und rechtzeitig vorzusorgen, ist nicht unsere Stärke. Daten sind ein immaterielles Gut. Sie sind unsichtbar. Wir fühlen den Verlust von Daten nicht. Wir spüren die Verletzung der Privatsphäre nicht in dem Moment, in dem sie passiert. Umso einfacher ist es, diesen Faktor einfach auszublenden. Es fällt leicht, die Lösung wichtiger Fragen auf ein unbestimmtes Morgen zu verschieben. Außerdem wissen wir uns dabei in der Gesellschaft von Millionen von Nutzern, die genauso denken und handeln.

Bei der Nutzung datenhungriger Dienste präsentieren sich den Nutzern Vorteile, die sofort ersichtlich sind. Wie viel mehr die Datenauswertungswerkzeuge der Zukunft aus unseren Profilen ablesen werden, können wir hingegen nur erahnen. In welcher Form die Daten eines Tages zu unserem Nachteil verwendet werden, ist nicht vorhersehbar. Wer Opfer datengetriebener Diskriminierung wird, merkt es meist erst hinterher. Wenn überhaupt. Ob wir anhand unserer Datenspuren gezielt manipuliert werden, erfahren wir nur in Ausnahmefällen. Bei staatlicher Überwachung tappen wir oft vollkommen im Dunkeln. Wie hoch der Preis unserer Datenhypothek ist, können wir heute gar nicht abschätzen. Dass aber unsere Datenspur nur zu unserem Wohle genutzt werden wird, glaubt niemand.

Außerdem ist es ja nicht so, dass die Preisgabe von Daten ein bewusster Prozess wäre. Wir gehen nicht zu Google, um unsere Krankheitssorgen protokollieren zu lassen, sondern um eine Suchanfrage zu tätigen. Wir gehen nicht zu Facebook, um unsere Beziehungen für Werbung durchleuchten zu lassen, sondern weil wir mit Freunden in Kontakt bleiben wollen. Wir lesen auf Amazon keine Rezensionen, um in einer Datenbank für die jeweilige Produktkategorie zu landen. Ein Großteil der besonders sensiblen Daten, die irgendwo da draußen verstreut sind, sind ein Abfallprodukt unserer

Handlungen. Das ist, als würde ein Unternehmen oder der Staat unser Abwasser abfangen, um unsere Ernährungsgewohnheiten zu analysieren. Diese Beiläufigkeit macht es einfacher, Überwachung auszublenden. Sie wird unsichtbar.

Als Gegenleistung für die Preisgabe unserer Daten locken Dienste, die sofort verfügbar sind. Maßnahmen zum Schutz unserer Daten manifestieren sich hingegen als sofortige Kosten. Unternehmen machen es ihren Nutzern oft absichtlich schwer, selbst kleine Verbesserungen zu erreichen. Jeder, der sich schon einmal durch die Privatsphäre-Einstellungen von Facebook gekämpft hat, kennt das Spiel. Die Standard-Einstellung ist meist auf den Gewinn des Unternehmens und nicht auf unseren Nutzen hin optimiert. Das ist auch kein Wunder bei Diensten, deren Geschäftsmodell auf der größtmöglichen Verfügbarkeit von Nutzerdaten fußt.

Vor allem das Informationsgefälle zwischen Anbietern und Nutzern ist ein echtes Problem. Um informationelle Selbstbestimmung ausüben zu können, muss ich im ersten Schritt überhaupt wissen, wer was über mich speichert. Ich kann nur bestätigen, dass es mehr als mühsam ist, allein seine eigene Datenspur zu rekonstruieren. Kaum ein Unternehmen reagiert zufriedenstellend auf Anfragen. Ich musste unzählige Schreiben aufsetzen und teilweise mit der Einschaltung von Aufsichtsbehörden drohen. Dabei fordere ich nicht mehr ein, als mein gutes Recht. In der Praxis gilt aber leider oft genug das Recht des Stärkeren.

Für die Wissenschaft stellt die neue Verfügbarkeit von Daten über unser Verhalten einen unschätzbaren Wert dar. Doch in der Praxis wird nur ein Bruchteil der gesammelten

Daten dafür verwendet, um unser Leben besser zu machen. Das gilt vor allem für die Werbewirtschaft. Es ist ja nicht so, dass ich auf Klick und Tritt durchleuchtet werde, damit die Welt zu einem besseren Ort wird. Es geht um Absatzsteigerung.

Der deutsche Naturwissenschaftler Alexander von Humboldt soll einst gesagt haben: »Wohlstand ist, wenn man mit Geld, das man nicht hat, Dinge kauft, die man nicht braucht, um damit Leute zu beeindrucken, die man nicht mag.« Werbung hat eine ähnliche Wirkung auf viele Menschen. Der Anteil der sinnvollen Produktinformationen ist erschreckend gering. Die meisten Werbespots und Plakate wecken die Sehnsucht nach Dingen, die man nicht kaufen kann. Die Autowerbung wirbt mit Freiheit. Das alkoholische Getränk mit Geselligkeit. Und Make-up verspricht das Gefühl, begehrt zu werden. Werbung macht nur selten, dass ich mich besser fühle. Meist schürt sie eher das Gefühl, nicht zu genügen. Wenn Nutzer durchleuchtet werden, damit man noch besser psychologische Verkaufstricks einsetzen kann, dann steht der Nutzen in keinem Verhältnis zu den Risiken.

Gesellschaftlich extrem schädliche Deals werfen nicht selten mehr Geld ab als Produkte, die die Welt besser machen. Das kennen wir vom Umweltschutz. Wir können nicht darauf vertrauen, dass die bestmöglichen Konzepte für eine digitale Welt zufällig auch für Konzerne den meisten Gewinn versprechen. Der Markt kann sicherlich ziemlich viel regeln. Der Schutz unserer Menschenrechte gehört jedoch nicht dazu. Geschäftsmodelle, bei denen wir mit unseren Daten bezahlen, verschieben die rote Linie der ökonomischen Verwertbarkeit still und heimlich bis in den Kernbereich unseres privaten Lebens. Bis ins Wohnzimmer, Schlafzimmer, Kinderzimmer. Das ist weder gesund noch nachhaltig.

Es gibt keinen Automatismus, der garantiert, dass jede neue Technologie unsere Welt besser macht. In jedem Fortschritt lebt der Geist schöpferischer Zerstörung. Bei jeder technologischen Revolution werden die Karten der Macht neu gemischt. Die Industrialisierung machte nicht nur aus der Stände- eine Klassengesellschaft. Sie hat auch unfassbares Elend und Ausbeutung gebracht. Das Recht, Gewerkschaften zu bilden, um angemessene Arbeitsbedingungen und Sozialstandards einzufordern, wurde erst nach und nach mühsam erkämpft. Heute ist es an uns, für einen angemessenen Schutz unserer Privatsphäre zu streiten. Denn das ist eine der großen Verteilungsfragen unserer Zeit. Auch wenn die Einforderung von Datenschutz den Gewinn einiger Konzerne schmälert. Heute wie damals gilt: Freiheit und Selbstbestimmung gibt es nicht geschenkt.

Neue Technologien sind nie von Anfang an perfekt. Ein Automodell, das die höchste Gewinnmarge verspricht, muss nicht unbedingt das sicherste sein. Oder das umweltfreundlichste. Für alle Autofahrer gelten heute Umweltauflagen, Straßenverkehrsregeln und eine Gurtpflicht. Unreguliert wäre der Straßenverkehr ein einziges Chaos. Ohne technische Auflagen für die Sicherheit wäre die Zahl der Unfälle um ein Vielfaches höher. Wenn Fahrzeuge ohne funktionierende Bremsen auf der Landstraße unterwegs sein dürften, würde sich manch einer gar nicht mehr trauen, mit dem Auto zu fahren. Es ist nicht naiv, eine Regulierung neuer Technologien zu fordern. Vielmehr ist es naiv davon auszugehen, dass die Wirtschaft uns von alleine die bestmögliche Lösung für ein Problem präsentieren wird.

Die Aufgabe der Politik müsste es sein, Grenzen für die Wirtschaft zu ziehen, statt sich von Unternehmen attestieren zu lassen, dass Grundrechte abträglich für den Unternehmensgewinn wären. Entscheidend ist nicht nur die Frage, wann unsere Daten wie verarbeitet werden dürfen, sondern auch, ob es nicht Bereiche gibt, in der die Verwertungslogik des Marktes grundsätzlich nichts verloren haben sollte. Vor allem gilt es zu hinterfragen, welche Entscheidungen anhand unserer Daten überhaupt getroffen werden dürfen. Denn auch ohne dass wir es merken, werden wir schon heute längst anhand unseres Datenschattens beurteilt.

Neues Recht, neues Glück?

Egal wie aussichtslos die Lage auch erscheinen mag, es gibt auch Hoffnungsschimmer. Ein sperriges EU-Rechtsdokument mit dem Namen »EU-Datenschutz-Grundverordnung« ist einer davon. Diese Verordnung gibt seit Mai 2018 beim Datenschutz einen neuen Rechtsrahmen in der EU vor. In den letzten Jahren habe ich den Entstehungsprozess intensiv verfolgt und auch eine Kampagne dazu für die Bürgerbewegung Campact geleitet. Den Geburtsprozess der Verordnung als Krimi zu beschreiben, wäre noch untertrieben. Am besten weiß das wohl derjenige, der an vorderster Front mit dabei war, der ehemalige Berichterstatter des EU-Parlaments für die Verordnung: Jan Philipp Albrecht.

Von 2009 bis 2018 saß der junge Deutsche für die Grünen im EU-Parlament. Er war 2012 bis 2016 dafür zuständig, den Vorschlag für das neue EU-Datenschutzrecht auszuarbeiten und dem EU-Parlament vorzulegen. Dass ein junger grüner Abgeordneter die Verantwortung für die bis dahin größte Reform des EU-Datenschutzrechts übernimmt, war damals nicht unumstritten. Eine Verordnung ist im Gegensatz zu einer Richtlinie unmittelbar in allen EU-Mitgliedsstaaten gültig, ohne erst in nationales Recht umgesetzt werden zu müssen. Ein neues EU-Datenschutzrecht drohte vielen datenhungrigen Geschäftsmodellen den Boden unter den Füßen wegzuziehen. Gleich zu Beginn gab es daher kräftigen Gegenwind. Hinter Albrechts Rücken versuchten andere Fraktionen, das Anrecht für die Besetzung des Berichterstatterpostens an sich zu ziehen. Da diese Bemühungen nicht von Erfolg gekrönt waren, wurde eine Abstimmung zur Umbesetzung des Postens angezettelt. Diese ging allerdings nach hinten los. Albrecht gewann die Abstimmung und hatte dadurch sogar mehr Rückendeckung durch die Parlamentarier als zuvor. Sein Team begann im April 2012 mit der Arbeit. Da war der junge Abgeordnete nicht einmal 30 Jahre alt.

Die Novelle des EU-Datenschutzrechts trat eine wahre Lobbyschlacht los. Kein Wunder, denn mit Geschäftsmodellen rund um die Verwertung unserer persönlichen Daten werden Jahr für Jahr Milliarden umgesetzt. Zahlreiche Dienste haben sich bequem darin eingerichtet, ihre Nutzer nahezu lückenlos zu überwachen, um daraus Profit zu schlagen. Für die Zeit zwischen April 2012 und Januar 2013 wertete Albrechts Büro aus, wer bei ihnen vorstellig wurde. »Etwa 90 Prozent der Lobbyeingaben stammten von Interessenträgern von staatlicher oder Unternehmensseite. Nur 10 Prozent derer, die bei uns auf der Matte standen, kamen aus der Zivilgesellschaft«, erklärt Albrecht. Doch das war nicht das einzige Problem. »Ansonsten ist es auch einfach die Fülle. Dass du ständig Leute hast, die dich in der Bar ansprechen oder hier oder da noch mal irgendwo volllabern und ins Büro kommen.« Es ist nicht untertrieben zu sagen, dass um kaum einen Gesetzgebungsprozess auf EU-Ebene derart gerungen wurde, wie um das neue EU-Datenschutzrecht.

Nicht immer sei es bei Stellungnahmen und Terminanfragen geblieben, berichtet Albrecht. »Sie haben extrem viel darauf gebaut, immer wieder die anderen Fraktionen oder auch meine eigenen Leute gegen mich aufzubringen, um mich zu isolieren.« Vor allem vonseiten der Wirtschaft sei mit Druck nicht gespart worden: »Es gab beispielsweise die Situation, dass die gesammelte Post-Wirtschaft vor mir saß und gesagt hat: ›Sie werden dann dafür verantwortlich sein, dass Zehntausende von Familien keinen Ernährer mehr haben, weil die Post dichtmachen kann, wenn sie keine personenbezogenen Daten mehr für Werbung verarbeiten kann.‹« Rückblickend ist er froh, alles gut überstanden zu haben. »Die Leute wären mich schon sehr gerne losgeworden. Bei dem wirtschaftlichen Faktor, der da mitspielt, weiß man dann schon: Das ist für die Leute kein Scherz oder Spiel mehr.«

Die nächsten Schauplätze der Lobbyschlacht waren das EU-Parlament und die Parlamentsausschüsse. Mehr als 3.000 Änderungsanträge reichten Abgeordnete zu dem von Albrecht vorgelegten Text ein. Schnell zeigte sich, dass die Lobbyisten den Weg über andere Abgeordnete gesucht hatten, um auf diesem Weg an der Verordnung mitzuschreiben. Viele der Forderungen von Amazon, der US-Handelskammer oder der Werbewirtschaft fanden sich teilweise wortgleich in Anträgen verschiedener Abgeordneter wieder. Der ehemalige EU-Kommissar und liberale belgische Abgeordnete Louis Michel ist für Albrecht in dieser Hinsicht ein besonders negatives Beispiel gewesen: »Er hatte als liberaler Abgeordneter Hunderte von Änderungsanträgen der Wirtschaft einfach so eingebracht. Später hat er sich dann tausendmal entschuldigt und das Ganze dann auf seinen Mitarbeiter geschoben – was natürlich Quatsch ist.«

Für die Verordnung war das ein sehr kritischer Zeitpunkt. Von der Entscheidung in den Ausschüssen und im EU-Parlament hing ab, ob das neue EU-Recht zum weichgespülten Papiertiger verkommen würde. An dieser Stelle wurde die Zivilgesellschaft aktiv. Um aufzudecken, wie groß der Lobbyeinfluss auf einzelne Abgeordnete war, begann das Projekt »lobbyplag.eu«, die mehr als 3.000 Änderungsanträge der Abgeordneten mit den Lobbyeingaben aus dem Büro Albrecht abzugleichen. »Lobbyplag« veröffentlichte auf einer Internetseite, welche Abgeordneten welche Lobbyforderungen oft wortgleich übernommen hatten. Die Zahlen waren erschreckend und hatten eine EU-weite Debatte um den Einfluss der Wirtschaft auf die Gesetzgebung zur Folge. Der Plan einiger Konzerne, die Verordnung über diesen Weg aufzuweichen, wurde auf diese Weise durchkreuzt. Für die Lobbyisten von Amazon & Co. wurde es unter dem immensen öffentlichen Druck nahezu unmöglich, ihre Forderungen im EU-Parlament durchzusetzen.

Das EU-Parlament schmetterte viele der Änderungsanträge ab, deren Forderungen am datenschutzfeindlichsten waren. Doch damit war der Prozess noch lange nicht abgeschlossen. In den daran anschließenden zähen Verhandlungen mit den Regierungsvertretern der EU-Mitgliedsstaaten unter Beteiligung der EU-Kommission wurde erneut versucht, viele Datenschutzvorgaben abzusenken. »In diesen Verhandlungen waren es immer wieder Großbritannien, Dänemark, Ungarn und Deutschland, die ein Problem damit hatten voranzuschreiten und am Datenschutz rumgemäkelt haben«, erklärt Albrecht. Der deutsche EU-Abgeordnete ist froh, dass die Bundesregierung sich am Ende in vielen Punkten nicht durchsetzen konnte.

»Natürlich hat die Auseinandersetzung um Snowden deutlich dazu beigetragen«, gibt er zu bedenken. In der heißen Phase der Verhandlungen war die von Snowden aufgedeckte NSA-Spionage ein heiß diskutiertes Thema. Für so manchen Politiker schien es wenig vertretbar, einerseits den Zugriff der NSA auf die Datenbanken großer US-Konzerne zu kritisieren und andererseits das Datenschutzniveau in der EU abzusenken. Am Ende wurde ein Verordnungstext verabschiedet, mit dem der Berichterstatter Albrecht im Großen und Ganzen zufrieden war. Seit Mai 2018 ist das neue EU-Recht für alle Unternehmen verbindlich.

Doch was bedeutet nun dieses EU-Datenschutzrecht für mich als Nutzer ganz konkret? Ich will mit Florian Glatzner über die Auswirkungen der EU-Datenschutzreform sprechen. Er ist Referent im Team Digitales und Medien beim Verbraucherzentrale Bundesverband (vzbv). Als Experte für Verbraucherschutz in der digitalen Welt ist er regelmäßig zu Anhörungen bei Gesetzgebungsprozessen geladen. Er ist ein Vertreter der besagten 10 Prozent, die im Büro Albrecht ihre Forderungen als Interessenvertreter der Zivilgesellschaft vorgetragen haben. Von dem Verbraucherschützer will ich wissen, was der neue Rechtsrahmen für uns bedeutet. Ist meine Hoffnung auf besseren Datenschutz berechtigt?

Das Wichtigste lässt er mich gleich zu Beginn wissen: Der neue EU-weit gültige Rechtsrahmen wird die maximalen Strafen für Datenschutzverstöße auf bis zu 4 Prozent des jährlichen weltweiten Umsatzes eines Konzerns anheben. Für ein Unternehmen von der Größe Facebooks stehen damit Strafen von bis zu einer Milliarde im Raum. Da wird auch ein Unternehmensvorstand hellhörig. »Die Aufsichtsbehörden haben bereits angekündigt, dass sie den erweiterten Spielraum auch wahrnehmen werden«, sagt Florian Glatzner. Zum Vergleich: In Deutschland waren die bisher höchsten verhängten Gesamtstrafen bei Datenschutzverstößen im Bereich von einer Million Euro angesiedelt. Bei Wettbewerbsverstößen, wie beispielsweise der Datenzusammenführung zwischen WhatsApp und Facebook, sind hingegen schon seit Langem höhere Strafen möglich gewesen. So musste etwa Facebook für seinen nicht genehmigten Datenabgleich mit WhatsApp 110 Millionen Euro Strafe zahlen. Florian Glatzner begrüßt die Annäherung: »Das eine schützt den Wettbewerb, das andere die Persönlichkeitssphäre der Nutzer. Es ist nur konsequent, wenn die Strafen mindestens angepasst werden.« Für die Nutzer bringt die neue Rechtslage auch deshalb Chancen, weil man bei Datenschutzverstößen nun leichter Schadensersatz für immaterielle Schäden einklagen können soll.

Mit der Datenschutz-Grundverordnung wird den Nutzern außerdem erstmals ein Recht auf Datenportabilität zugesprochen. Das bedeutet: Jeder Nutzer hat das Recht, seine Daten in einem maschinenlesbaren Format von einem Unternehmen anzufordern, um so sogar mit samt seinen Daten zu einem neuen Dienst umziehen zu können. Das soll mehr Wettbewerb zwischen Anbietern schaffen. Florian Glatzner warnt allerdings, dass die Datenportabilität keineswegs als Allheilmittel betrachtet werden sollte: »Beim sozialen Netzwerk hilft es mir wenig, wenn ich meine Daten mitnehmen und in ein anderes Netz übertragen kann, wenn alle meine Freunde noch in dem alten Netzwerk sind.« Von einer Situation wie bei der E-Mail, wo es für die Kommunikation egal ist, bei welchem Anbieter unsere Kommunikationspartner ihr Mailpostfach haben, ist man bei sozialen Netzwerken noch weit entfernt. Es fehlt ein gemeinsamer offener Kommunikationsstandard für soziale Netzwerke. Größere Chancen sieht der Verbraucherschützer an anderer Stelle: »Wenn ich aber einen Cloud-Anbieter nutze, um meine Daten dort zu speichern, und ich den Anbieter wechseln möchte, dann ist es derzeit umständlich, die ganzen Daten, die man über die Jahre hochgeladen hat, wieder einzeln umzuziehen. Künftig soll man unkompliziert mit seinen Daten umziehen können.«

Er weist mich darauf hin, dass ein anderer Punkt für mich von Interesse sein könnte: »Der Nutzer kann auch ohne einen Wechsel die persönlichen Daten in einem weiterverarbeitbaren Format erhalten. Das ist die viel größere Chance«. Das Recht auf informationelle Selbstbestimmung, also das Recht zu wissen, wer was über mich weiß, würde dadurch definitiv gestärkt. Aber was ließe sich mit den so erlangten Daten anstellen? Florian Glatzner hat auch hier ein konkretes Nutzungsbeispiel parat: »Wenn ich Kunde bei einem Energieversorger bin, dann kann ich beispielsweise sagen: ›Händige mir bitte meine Smart-Meter-Daten aus.‹ Dann könnte ich die Daten beispielsweise bei einem Vergleichsportal einspielen, das mir einen besseren Tarif empfehlen kann.« Daten in Nutzerhand – auch in meinen Augen ist das längst überfällig.

Mit der neuen EU-Gesetzgebung werden Unternehmen auch dazu verpflichtet, Datenschutzerklärungen einfach und verständlich zu formulieren. Doch hilft mir das leider wenig, wenn die Lektüre trotzdem in unter einer halben Stunde nicht zu schaffen ist. »Schade, dass mit der EU-Datenschutz-Grundverordnung keine verpflichtenden Datenschutz-Icons gekommen sind«, meint Florian Glatzner. Derartige Icons könnten auf einen Blick erkennbar machen, wie lange welche Daten gespeichert werden, ob es Löschfristen gibt oder Nutzerdaten an Dritte verkauft werden. »Auch wenn die Icons nun freiwillig sind, wäre es ein Schritt nach vorne. Denn es ist natürlich auch für Unternehmen, die es mit dem Datenschutz ernst meinen, ein Instrument, um das nach außen hin zu zeigen.« Wichtig wäre aus Sicht des Verbraucherschutzes, auch bei den freiwilligen Symbolen einheitliche Standards zu definieren. Nur so könne man als Nutzer lernen, was wofür steht und ein Symbol auf den ersten Blick wiedererkennen.

Mit der Verabschiedung der EU-Datenschutzreform ist im Büro Albrecht wieder mehr Ruhe eingekehrt. Obwohl der Abgeordnete insgesamt zufrieden ist, bleiben doch einige Wermutstropfen nicht aus. »Man kann sich natürlich mehr wünschen. Und wir hatten ja mehr vorgeschlagen«, sagt der junge Abgeordnete. Wie so häufig bei politischen Prozessen mussten an einigen Stellen am Ende doch Kompromisse eingegangen werden. Der Verbraucherschützer Florian Glatzner bemängelt, dass zwar besonders strenge Regeln für voll automatisierte Entscheidungen durch Maschinen eingeführt wurden. Überall dort, wo automatisierte Entscheidungen durch Menschen unterstützt werden, greifen diese speziellen Regelungen aber nicht. Er nennt als Beispiel Versicherungen, bei denen ein Algorithmus einem Sachbearbeiter einen bestimmten Umgang mit einem Antrag eines

Versicherten empfiehlt. Auch wenn der Sachbearbeiter niemals von der Empfehlung der Software abweicht, könnten die strikteren Vorgaben hier umgangen werden. Ein anderes Beispiel sind ähnliche Prozesse bei der Kreditvergabe.

Auch die Profilbildung zu Werbezwecken wird nur dann eingeschränkt, wenn es gravierende Auswirkungen für die Betroffenen hat. Dies im Einzelfall nachzuweisen, wird aber wohl nur in wenigen Fällen möglich sein, wie etwa bei der Verarbeitung von besonders sensiblen Gesundheitsdaten. Auch der Vorschlag, dass Unternehmen die »legitimen Interessen« zur Datenverarbeitung näher erläutern müssen, schaffte es nicht in die Verordnung. Der Abgeordnete Jan Philipp Albrecht hätte sich hier mehr gewünscht: »Jetzt gibt es diesen Artikel, bei dem sich jeder am Ende vor Gericht oder vor den Datenschutzbehörden wiederfinden wird, um zu schauen, wie er ausgelegt wird. Und das ist für die Verbraucher natürlich eine eher schlechtere Position, weil diese sich weniger Anwälte leisten können und weniger Klagen führen zur Klarstellung schwieriger Fälle.«

Mit Klagen kennt man sich in der Rechtsabteilung des Verbraucherzentrale Bundesverband aus. Stellvertretend für die Verbraucher ist man hier bereit – falls notwendig –, den Rechtsweg zu beschreiten. »Ganz viele Aspekte sind derzeit noch nicht zu 100 Prozent klar. Es sind sehr viele unbestimmte Rechtsbegriffe und schwammige Formulierungen enthalten. Vieles wird eine Auslegungsfrage sein«, gibt auch Florian Glatzner zu bedenken. Man habe sich darauf eingestellt. Die Datenschutz-Grundverordnung ist eben auch das Ergebnis eines politischen Kompromisses. Man wird mit dem arbeiten müssen, was da ist.

Obwohl noch viele praktische Fragen offen sind, bleibt der Verbraucherschützer optimistisch: »Im Gegensatz zu vorher ist die EU-Datenschutz-Grundverordnung sicher eine deutliche Verbesserung.« Positiv stimmt ihn vor allem die Tatsache, dass es nun beim Datenschutz einen einheitlichen Rechtsrahmen für ganz Europa gibt. Als bahnbrechend bezeichnet er die Verankerung des Marktortprinzips. Bisher konnten Konzerne durch die Wahl ihres Unternehmenssitzes den jeweilig günstigsten Rechtsrahmen wählen. Da beispielsweise Facebook seinen EU-Sitz in Irland hat, profitierte der Konzern nicht nur von geringeren Steuern, sondern auch von laxen Datenschutzgesetzen. Für die Nutzer wurde es so nahezu unmöglich, ihre Rechte vor Gericht durchzusetzen.

Der Datenschutzaktivist Max Schrems musste sich bei seiner Klage gegen den Konzern vor einem irischen Gericht von einem eigentlich auf Asylrecht spezialisierten Anwalt vertreten lassen. Denn trotz eines prall gefüllten Spendenkontos wollte keine auf Datenschutz spezialisierte irische Kanzlei ihn vertreten. Einige begründeten dies offenherzig mit »Interessenkonflikten«. Im Klartext bedeutet das: Man fürchtete um lukrative Aufträge von IT-Konzernen. Viele datenhungrige Unternehmen haben ihren EU-Sitz in Irland. Zukünftig können Nutzer in dem Land vor Gericht ziehen, in dem sie den Dienst nutzen. Schrems hat bereits angekündigt, das neue EU-Datenschutzrecht ausgiebig nutzen zu wollen. Er hat mit »noyb« eine Organisation zur Durchsetzung der Datenschutzregeln vor Gericht gegründet und dafür eine sechsstellige Spendensumme eingesammelt.

Mit Spannung erwarte ich die neue Pflicht für Anbieter, ihre Nutzer bei Datenpannen unterrichten zu müssen. Es bleibt abzuwarten, wie bereitwillig diese das umsetzen – oder ob erst Gerichte Strafen verhängen müssen. Falls es Probleme bei der Umsetzung des neuen EU-Datenschutzrechts gibt, weiß ich, an wen ich mich wenden werde. Ich habe keinen Zweifel daran, dass Verbraucherschützer und Datenschutzorganisationen ihren Beitrag dazu leisten werden, das neue Recht mit Leben zu füllen. Die Rechtsabteilung von Facebook wird sich in Zukunft hoffentlich nicht mehr trauen, mir rechtswidrige Klauseln im Kleingedruckten unterzuschieben. Und wenn doch, wird das hoffentlich teuer für den Konzern.

Auch wenn die EU-Datenschutz-Grundverordnung noch lange nicht perfekt ist und an einigen Stellen Kompromisse gemacht werden mussten, so ist das Ergebnis doch in vielen Bereichen eine Verbesserung im Vergleich zu den bisherigen Regeln. Vor allem die hohen Strafen für Konzerne bei Nichteinhaltung der neuen Spielregeln sind mehr als angemessen, angesichts der Bedeutung des Datenschutzes in der heutigen Welt. Trotzdem bleibt viel zu tun, damit das neue Recht umgesetzt wird. Die staatlichen Aufsichtsbehörden für den Datenschutz sind heute viel zu schlecht ausgestattet. Angesichts der gesellschaftlichen Bedeutung ihrer Aufgaben sind sie hoffnungslos unterfinanziert. Kurz vor dem Stichtag im Mai 2018 machte sich Panik breit. Zahlreiche Mittelständler bemängelten, dass es an Beratungsangeboten und Informationsmaterial zur Umstellung auf die neue Rechtslage fehlte. Das Unabhängige Landeszentrum für Datenschutz Schleswig-Holstein gab bekannt, dass man die Telefonberatung einschränken müsse aufgrund der vielen Anfragen. Es war einfach nicht genug Personal da. Von Seiten der Politik war versäumt worden, rechtzeitig die Mittel der Datenschutzbehörden aufzustocken.

Die Unsicherheit darüber, was das neue Recht nun in der Praxis bedeutet, war in den ersten Monaten groß. Das Erzbistum Freiburg kündigte an, keine Livestreams mehr ins Netz zu übertragen. Haus und Grund, Deutschlands größter Verein privater Immobilienbesitzer, war unsicher, ob Vermieter in Zukunft noch Klingelschilder anbringen dürfen. US-Zeitungen, darunter die Los Angeles Times, sperrten kurzerhand den Zugang zu ihren Webseiten bei Zugriffen aus der EU. Nach dem Marktort-Prinzip müssten nämlich auch ausländische Dienste sich an EU-Recht halten, wenn sie europäische Nutzer ansprechen. Viele kleine Blogs und Webseiten von Vereinen und Betrieben gingen aus Angst vor Abmahnungen von Netz.

Die große Abmahnwelle gegen kleine Blogs und Betriebe ist am Ende ausgeblieben. Die Bundesbeauftragte für den Datenschutz stellte klar, dass der EU-Datenschutz die Anbringung von Klingelschildern nicht einschränke. Viele der Internetseiten, die in der Hektik abgeschaltet worden waren, gingen wenige Wochen später wieder online. Auch das Erzbistum Freiburg streamt wieder. Kurz vor dem Stichtag verschickten zahlreiche Anbieter von Werbe-Newslettern Nachrichten an ihre Abonnenten. Sie versuchten das nachzuholen, was sie in den Jahren davor versäumt hatten: Eine klare Einwilligung der Nutzer, dass diese überhaupt im Verteiler sein wollen. Ohne etwas dafür tun zu müssen, waren viele Internetnutzer auf einen Schlag viele nervige

Mail-Abos los. Die Umstellung war ohne Frage mit Arbeit verbunden. Doch es gab auch positive Effekte. Das Interesse an datenschutzfreundlichen Alternativen ist in der Wirtschaft gestiegen.

Beim Online-Tracking hat sich in den Monaten danach leider wenig verbessert. Zwar können Nutzer auf vielen Seiten auswählen, welche Formen von Tracking sie zulassen und welche sie ablehnen. Doch wirklich alltagstauglich ist das nicht. Ein Studie der Anbieter Cliqz und Ghostery kam im Oktober 2018 zu dem Ergebnis, dass die Gesamtzahl der Online-Tracker innerhalb der EU zwar leicht zurückgegangen sei. Die Untersuchungen zeigten allerdings auch, dass der Marktanteil von großen Tracking-Anbietern wie Google leicht zugenommen hatte.

Es hat fast ein Jahrzehnt gedauert, bis aus der Idee eines neuen EU-Datenschutzrechts ein Gesetzestext geworden ist. Wenn wir die immer noch bestehenden Lücken, etwa bei der Profilbildung für personalisierte Werbung, schließen wollen, braucht es eine neue Debatte. Während ich dieses Buch schreibe, wird an einer neuen EU-Verordnung zur »ePrivacy« gefeilt, die sich explizit mit dem Thema Online-Werbung und Privatsphäre im Internet befasst. Auch hier tobte eine wahre Lobbyschlacht. Zum Abschluss unseres Gesprächs frage ich Albrecht deshalb noch, was sein Fazit aus der ganzen Erfahrung ist. Braucht es beim Lobbyismus mehr Kontrolle, damit derartig gravierende Beeinflussungsversuche, wie bei der EU-Datenschutz-Grundverordnung, nicht mehr vorkommen können? Er macht sich die Antwort nicht einfach. Man merkt dem jungen Abgeordneten an, dass er sich hierzu ausgiebig Gedanken gemacht hat. »Ich war lange immer der Auffassung, man müsse einfach die Lobbygesetze strikter machen. Aber wir haben im EU-Parlament heute bereits sehr scharfe Hausausweis-Regeln, und trotzdem finden die Leute Schlupflöcher. Dann sind es eben Familienangehörige oder Tagesgäste zu einer Veranstaltung«, gibt er zu bedenken. »Es gibt Bereiche, die bekommst du nicht durch verschärfte Regeln kontrolliert. Weil sie einfach schwer kontrollierbar sind. Die Leute können sich einfach in irgendeinem Café in einer zwielichtigen Ecke treffen und reden und irgendwas austauschen. Das wird man nicht 100-prozentig verhindern können.«

Verpflichtende Transparenzregister für Lobbyisten und Verbote von Lobby-Ausstellungen im Parlamentsgebäude sind für ihn trotzdem eine unterstützenswerte Forderung. Davon würde nicht nur der Datenschutz profitieren. Die Interessen der Verbraucher würden in all jenen Bereichen gestärkt werden, in denen es ein Ungleichgewicht zwischen der Interessenvertretung der Zivilgesellschaft und der Wirtschaftslobby gibt.

Das Wort »Lobbying« geht darauf zurück, dass Interessenvertreter einst Politikern in der Vorhalle (englisch »Lobby«) des Parlaments aufgelauert haben, um Einfluss auf Abstimmungen zu nehmen. Heute findet Lobbyismus viel subtiler, unsichtbarer statt. Der Verein LobbyControl hat sich ausgiebig mit der Frage befasst, wie man modernen Lobbyismus in seine Schranken weisen kann. Es brauche Karenzzeiten für Politiker, die nach ihrer politischen Karriere oft nahtlos in die Wirtschaft wechseln, so der Verein. Sonst steigt die Gefahr, dass Unternehmen sich wohlwollende Gesetzgebung mit einem gut dotierten Posten erkaufen. Es brauche außerdem ein Verbot der Mitarbeit von Lobbyisten in Ministerien. Politiker, die nebenbei von einem Konzern Honorare für Reden oder Beratung erhalten, sollten diese Nebeneinkünfte offenlegen müssen, fordert LobbyControl.

Das alles würde zwar helfen, jedoch nicht reichen. Viele Probleme auf EU-Ebene resultieren daraus, dass Politiker derzeit kaum für EU-Gesetze politisch haftbar gemacht werden. Eine europäische öffentliche Debatte über Abstimmungen im EU-Parlament findet nur selten statt, und fehlende Kontrolle durch eine kritische Öffentlichkeit begünstigt Lobbyismus.

Der Kern des Problems ist, dass es ein Waffenungleichgewicht zwischen Zivilgesellschaft und Wirtschaft gibt – in Bezug auf Personal, Geld und Ressourcen. Albrecht spricht sich dafür aus, dass die EU Finanzmittel, etwa für Reisekosten, bereitstellen sollte, um bisher unterrepräsentierte Akteure zu stärken. Ich muss zugeben, ich bin skeptisch, ob das eine gute Lösung wäre. Es führt kein Weg daran vorbei, dass wir als Bürger unser Schicksal selbst in die Hand nehmen und Organisationen, die für unser Recht auf Privatsphäre eintreten, den Rücken stärken.

Der Kollateralschaden der Überwachung

An einem schönen Frühlingsabend im Mai 2017 kam ich gerade vom Kino nach Hause, als ich am Fahrkartenschalter meiner S-Bahnstation kurz innehalten musste. Statt das Menü zum Fahrkartenkauf anzuzeigen, flackerten unverständliche Meldungen über den blauen Bildschirm. Der Automat war in einer endlosen Schleife gefangen und versuchte Microsoft Windows zu starten. Ich machte ein Foto und dachte mir nichts dabei. Zu Hause stellte ich dann am Rechner fest, dass ein Trojaner namens »WannaCry«, während wir im Kino gesessen hatten, eine Schneise der Verwüstung durch die IT-Systeme dieser Welt gezogen hatte. Alle großen Nachrichtenseiten hatten bereits darüber berichtet.

Dank einer Sicherheitslücke in alten Windows-Versionen konnten unbekannte Angreifer die Kontrolle über zahlreiche IT-Systeme gewinnen. WannaCry war so programmiert, dass es die Festplatten der Opfer verschlüsselte und Lösegeld forderte. Der Erpresserbrief mit Angaben zur Überweisung des Lösegelds flimmerte an diesem Abend auf Bildschirmen der Deutschen Bahn, Telefónica und Renault bis hin zum rumänischen Außenministerium. An einigen Bahnhöfen Deutschlands fielen die Anzeigen und Ticketautomaten aus. In britischen Krankenhäusern streikten Computersysteme. Das alles erinnerte an den schlechten Plot eines Bond-Films. Das Problem war nur: Das war kein Film. Es war echt. WannaCry traf die kritische Infrastruktur einiger Länder mit voller Härte.

Die Sicherheitslücke, die sich WannaCry zunutze machte, stammte ursprünglich aus dem digitalen Waffenarsenal der National Security Agency (NSA). Wie andere Geheimdienste auch hortet die NSA seit Jahren Informationen darüber, wie man in fremde IT-Systeme einbrechen kann. Teilweise werden derartige Informationen auf einem florierenden Schwarz- und Graumarkt gekauft. Behörden kaufen dort von Kriminellen. Während bei Geiselnahmen die Devise gilt, dass der Staat kein Lösegeld an Terroristen zahlt, um zukünftige Geiselnehmer nicht zu ermutigen, hat man kein Problem damit, die Konjunktur des Schwarzmarkts für Sicherheitslücken anzukurbeln. Ziel der Geheimdienste ist es nicht, die Informationen über Sicherheitsrisiken an die Hersteller zu melden, um Nutzer zu schützen. Ganz im Gegenteil: Geheimdienste halten die Informationen geheim, um mit ihrer Hilfe in fremde Systeme einbrechen zu können. Das setzt eine unheilvolle Eigendynamik in Gang. Wenn Geheimdienste auf dem Schwarzmarkt mit Steuergeld mitbieten, wird es umso attraktiver, Sicherheitslücken an den Meistbietenden zu verkaufen, statt sie beim Hersteller zu melden, um sie anschließend schließen zu können. Und: Eine Garantie, dass dieselbe Sicherheitslücke nicht gleichzeitig auch anderen Geheimdiensten oder Kriminellen bekannt ist, gibt es auf dem Schwarzmarkt selbstverständlich nicht. Die Gefährdung von Unternehmensgeheimnissen und der Sicherheit der Bürger wird damit bereitwillig in Kauf genommen. Wir werden zum Kollateralschaden erklärt.

Genau dieses Prinzip stellte sich am Abend der WannaCry-Attacke als lebensgefährlich für Krankenhauspatienten in Großbritannien heraus. In einigen britischen Krankenhäusern mussten wegen des Computervirus Operationen abgesagt werden. Die NSA hätte Microsoft bereits viel früher über die Sicherheitslücke informieren können. Doch sie tat es nicht. Erst als die Information aus dem System der NSA entwendet und ins Netz gestellt worden war, wurde die NSA aktiv. So verstrich wertvolle Zeit. Microsoft brachte zwar später ein Update heraus, welches die Lücke schloss. Doch die Zeit bis zum Ausbruch von WannaCry reichte nicht, damit alle Nutzer das Update rechtzeitig einspielten.

Immer wieder werden sogar Fälle bekannt, in denen Geheimdienste Anbieter dazu drängen, Produkte absichtlich mit Sicherheitslücken auszuliefern. Die Behörden schaffen sich so Hintertüren in Systemen, durch die sie jederzeit ein- und ausgehen können. Das ist ein echtes Sicherheitsrisiko. Denn wer am Ende dieselbe, absichtlich eingebaute Sicherheitslücke mitnutzt, ist nicht kontrollierbar. Neben Kriminellen kommen da vor allem »befreundete« oder gar verfeindete Geheimdienste infrage. Man stelle sich einmal vor, der Staat würde die Bürger dazu aufrufen, ihre sicheren Haustürschlösser gegen ein unsichereres Modell auszuwechseln, damit die Polizei besser Hausdurchsuchungen durchführen kann. Bei dem neuen Schloss wüsste allerdings niemand so genau, wer noch einen Zweitschlüssel hat. Die Sicherheit würde so ganz sicher nicht gesteigert werden. Dieses angebliche Handeln im Dienste der Sicherheit entpuppt sich damit als riskanter Deal. Die kritische Infrastruktur moderner Demokratien steht und fällt schließlich heutzutage mit vertrauenswürdiger Technik.

Auch an anderer Stelle wird versucht, die Sicherheit unserer IT-Systeme zu unterwandern. Viele Oppositionspolitiker in Unterdrückungsregimen sind auf Verschlüsselung und Anonymisierungsdienste angewiesen. Gegen den technischen Schutz guter Verschlüsselungssysteme für E-Mails kann selbst die Macht der NSA nichts ausrichten, so lange sie nur die Kommunikationsströme abfangen und keinen direkten Zugriff auf Geräte bekommen kann. Ich selbst gebe regelmäßig Workshops für Bürgerrechtler und Journalisten zum Gebrauch von Verschlüsselungstechnologien. In der heutigen Zeit ist dieses Wissen unverzichtbar für investigativ arbeitende Journalisten.

In regelmäßigen Abständen fordern jedoch Innenpolitiker, dass echte Verschlüsselung untersagt werden sollte. Sie wollen Verschlüsselungstechnologien verbieten oder mit einer Hintertür für den Staat versehen, also künstlich unsicher machen. Es ist wahrscheinlich allein dem Widerstand von Bürgerrechtlern und der Wirtschaft zu verdanken, dass sich diese Pläne bisher nicht durchgesetzt haben. Ohne echte Verschlüsselung wäre Online-Banking und Online-Shopping unmöglich, weil niemand riskieren wollen würde, seine Zahlungsdaten einem unsicheren System anzuvertrauen. Unternehmen könnten Geschäftsgeheimnisse nicht vor Wirtschaftsspionage schützen. Eine Welt ohne Verschlüsselung wäre nicht sicherer, sondern unsicherer. Der Tausch Freiheit gegen vermeintliche Sicherheit würde damit am Ende beides ruinieren.

Um Daten effizient abzugreifen, brauchen Geheimdienste nicht nur einen vollständigen Zugriff auf die Kommunikationsinfrastruktur und Unternehmensdatenbanken, sondern auch auf unsere Geräte. Letzteres erlaubt sogar, verschlüsselte Kommunikation auszulesen. Wer unbemerkt Lautsprecher und Mikrofone eines Rechners anschalten kann, kann meist ebenfalls die Festplatte per Fernsteuerung löschen oder verändern. Dieselbe Technologie, die für Überwachung eingesetzt werden kann, ist damit zugleich Angriffswaffe, weil damit auch die IT eines Krankenhauses manipuliert oder sogar ferngesteuert abgeschaltet werden kann.

Im Vergleich zum analogen Krieg sind die neuen Waffen günstig zu haben. Während ein bewaffnetes U-Boot schnell eine halbe Milliarde Euro kosten kann, ist eine kritische Sicherheitslücke für eine weit verbreitete Software schon für eine Million US-Dollar zu haben. Während die Verwendungsmöglichkeiten eines U-Boots beschränkt sind, können Sicherheitslücken auch für Wirtschaftsspionage, Sabotage und verdeckte Angriffe ohne Kriegserklärung eingesetzt werden. Das alles ist schon längst Realität. Im Jahr 2010 tauchte mit »Stuxnet« ein Computervirus auf, der die Fähigkeit besaß, gezielt Industrieanlagen zu manipulieren, die in Kernkraftwerken und Urananreicherungsanlagen eingesetzt werden.

Im analogen Krieg untersagt die Genfer Konvention Angriffe auf humanitäre Infrastruktur, wie Krankenhäuser oder Schulen. Für die neuen Kriege wurde dieses Gebot der Menschlichkeit schon längst außer Kraft gesetzt. Im Fall von WannaCry zeigt sich, wie durch die Politik der grenzenlosen Überwachung um jeden Preis ganz konkret IT-Systeme von Krankenhäusern zum Kollateralschaden erklärt wurden. Die Front des geheimdienstlichen Cyberkriegs verläuft heute direkt durch unser Wohnzimmer.

In Deutschland ist bereits heute ein staatlicher Smartphone-Trojaner im Einsatz, der genutzt wird, um verschlüsselte Nachrichten aus Messengern mitzulesen. In Großbritannien droht Beugehaft, wenn sich ein Verdächtiger weigert, seine Passwörter herauszugeben. Denken wir diese Entwicklung weiter, zeichnet sich das Bild einer Überwachungsgesellschaft ohne Rückzugsraum. Wenn unser Computer und unser Smartphone für uns eine Art externes Gehirn sind, muss die Frage gestellt werden, ob es nicht bereits übergriffig ist, wenn Behörden sich hierzu unbegrenzten Zugang verschaffen können. Diese Frage ist nicht trivial, wenn wir überlegen, dass Computer irgendwann tatsächlich physisch Teil unseres Gehirns sein könnten. Als Technikenthusiast halte ich das nicht für unwahrscheinlich. Die einzige Frage ist nur, ob ich es noch erleben werde. Menschen, die Gehörimplantate haben, sind heute schon Cyborgs. Im Jahr 2017 wurden in den USA fast eine halbe Million Herzschrittmacher zurückgerufen. Ohne ein wichtiges Update bestand das Risiko, dass sie per Fernzugriff gehackt werden könnten. Was würden Sie davon halten, wenn ein Geheimdienst Sicherheitslücken für einen Herzschrittmacher geheim halten würde, statt das Problem dem Hersteller zu melden?

Die Aushebelung von Verschlüsselung oder die Möglichkeit, Computer zu übernehmen, könnte im Einzelfall helfen, einen Anschlag zu verhindern. Aber wie steht das im Verhältnis zu der Gefahr, dass dadurch Sicherheitslücken in Krankenhäusern, Kraftwerken und anderen Bereichen unserer kritischen Infrastruktur gefördert werden? Statt mehr Sicherheit, werden so mehr Risiken geschaffen. Der Schaden, den diese Art der Überwachung anrichtet, wird gewaltig sein.

Die Debatte um die Grenzen des staatlichen Zugriffs auf die elektronischen Systeme der Bürger ist entscheidend für die Zukunft unserer Demokratie. Wenn der private Rückzugsraum, der Kernbereich privater Lebensgestaltung, in dem weder Konzerne noch der Staat etwas verloren haben, kleiner wird, dann schrumpft damit auch unser politischer Freiheitsgrad. Wirklich sicher sind wir nur, wenn wir frei von einer grenzenlosen Überwachung sind. Weder Bürgerrechte noch unsere Sicherheit dürfen zum Kollateralschaden von Überwachungsprogrammen erklärt werden, die aus dem Ruder laufen. Dazu ist beides viel zu kostbar.

Privatsphäre ist nicht nur ein schützenswertes Privatgut. Es ist das Fundament für eine freiheitlich-demokratische Gesellschaft, in der Bürger ihre Abwehrrechte gegen den Staat ausüben können. Das Mandantengeheimnis eines Anwalts wäre ohne das Recht auf Privatsphäre ebenso obsolet wie das Beichtgeheimnis Ihres Pfarrers und die Schweigepflicht Ihres Arztes. Wie sollen Journalisten die Mächtigen in diesem Land kontrollieren, wenn sie Gefahr laufen, dass sie und ihre Quellen ausspioniert werden? Wie können Bürgerrechtler gegen Überwachungsgesetze protestieren, wenn jedes Treffen und jede Absprache nachvollzogen werden kann? Selbst Meinungs- und Pressefreiheit können nicht gewährleistet werden, wenn der Staat mitlesen kann, wer mit wem kommuniziert. Unabhängige Medien und die Opposition müssen Geheimnisse vor dem Staat haben dürfen, sonst können sie ihren Job nicht machen. Ohne gelebte Gewaltenteilung wird der Demokratie ihr Fundament entzogen. Der Rechtsstaat gerät in die Schieflage.

Wenn es eines gibt, was uns der »Krieg gegen den Terror« und der Aufbau der NSA zum globalen Überwachungsapparat gelehrt hat, dann dies: Staatliche Überwachung wird immer zunächst an denen ausprobiert, die sich nicht wehren können. Ein ursprünglich als Anti-Terror-Maßnahme eingeführtes Gesetz in Deutschland zur Durchleuchtung der Finanzen von Bürgern wird heute exzessiv dazu genutzt, um Sozialhilfeempfänger zu durchleuchten. Ursprünglich für die soziale Arbeit erdachte Programme zur Identifizierung von Hilfsbedürftigen werden heute in einigen Ländern dazu genutzt, um Verdächtige zu identifizieren, denen die Polizei vorsorglich Hausbesuche abstattet. Empören wir uns nicht, wenn muslimische Studierende unter Generalverdacht gestellt werden, wenn minderjährige Flüchtlinge ihre Handys durchsuchen lassen müssen, wenn der Auslandsnachrichtendienst Journalisten ausspionieren darf und wenn Bürgerrechtlern die Einreise verwehrt wird, dann ist es irgendwann zu spät. Wer heute noch meint, ihn würde das alles nicht betreffen, kann schon morgen Teil einer Minderheit sein, der wichtige Grundrechte abgesprochen werden.

Von der Einschränkung von Pressefreiheit durch die Überwachung von Journalisten ist auch die Mehrheit betroffen. Denn Grundrechte sind eine wichtige Voraussetzung für die gesellschaftliche Begrenzung von Macht. Der Abbau von Grundrechten trifft oft als Erstes einzelne Gruppen. Langfristig betrifft es uns aber alle, denn eine Demokratie ist immer nur so stark wie ihre Bürger. Wer von seinem Gegenüber voll und ganz durchleuchtet wird, fühlt sich nicht stark, sondern ausgeliefert und ohnmächtig. Der kann nicht auf Augenhöhe verhandeln.

In diesen Tagen sind in vielen westlichen Demokratien rechtsextreme Parteien wieder auf dem Vormarsch. Die Annahme, dass wir in politisch sicheren Zeiten leben, ist trügerisch. Deutschland hat die Nazi-Diktatur hinter sich gelassen, Bewohner der ehemaligen Sowjetunion wurden jahrzehntelang ausspioniert und durften sich nicht frei politisch äußern. Leidvolle Kapitel in der europäischen Geschichte und auch der Blick nach Ungarn oder Polen verdeutlichen, dass Demokratie ein fragiles Gut ist. Es droht die Gefahr, dass ein schlüsselfertiger Überwachungsstaat in die falschen Hände gerät. Es ist höchste Zeit, etwas dagegen zu unternehmen.

Unter Nerds: Die Zukunft wird Science-Fiction sein

Der Himmel ist makellos blau an diesem schönen August-
tag. Die Sonne knallt erbarmungslos auf einen Zeltplatz
südlich von Amsterdam. Selbst mit geschlossenen Augen
erkennt man schnell, dass es sich um kein gewöhnliches
Feriencamp handelt. In regelmäßigen Abständen schnur-
ren nämlich Drohnen vorbei. Auf einer Wiese löten Jugendliche an einem ferngesteuerten Sessel auf Rädern. Zwischen
den Zelten durchziehen Netzwerkkabel den grünen Rasen
wie bunte Lebensadern. Sie führen von den Zelten zu umge-
bauten Dixi-Toiletten, die als Netzwerk-Schaltzentralen dienen. Nachts blinkt unter wetterfesten Planen Hardware um
die Wette. Wo sonst die niederländischen Pfadfindervere-
nigungen zusammenkommen, treffen sich in diesen Tagen
Tausende von Technik-Nerds aus ganz Europa.

Auf den ersten Blick wirkt die »SHA2017« wie ein chaoti-
sches Festival. Viele junge Leute haben hier ihr Zelt aufge-
schlagen. Die Headliner bei diesem Event sind allerdings
keine Bands, sondern US-Whistleblower wie William
Binney. Er ist einer der wenigen ehemaligen ranghohen
NSA-Mitarbeiter, die offen Kritik am Kurs der US-Geheimdienste üben. Nach seinem Vortrag gibt es Standing Ova-
tions.

Unter den Besuchern sind Hacker, die genug technisches
Wissen haben, um Stromnetze einer Stadt unter ihre Kontrolle bringen zu können. Doch statt an der Cyberapoka-

lypse zu arbeiten, die Inhalt zahlreicher Sensationsromane ist, machen sie gemeinsam Urlaub auf diesem Feld in den Niederlanden. Hier tüfteln sie an einer eigenen, positiven Utopie einer Welt ohne Überwachung. Ein bayerischer Hackerspace hat einen Maibaum aufgestellt. Die finnischen Hackerinnen liegen neben ihrer mitgebrachten Sauna in der Sonne. Der Himmel spiegelt sich in ihren aufgeklappten Laptop-Bildschirmen. Neben dem Hauptquartier italienischer Hacker-Gruppen stehen zwei Elektroautos bereit, deren IT-System auf Sicherheitsrisiken abgeklopft werden sollen. Zum Gelände gehört auch ein Hafen, der humorvoll nach dem wirkungslosen Datenschutzabkommen »Safe Harbor« benannt wurde. Am Wasser steht ein Feuerwehrauto und wartet auf ein kostenloses Sicherheitsaudit, das die Hacker spendieren. Die lokale Feuerwehr freut sich über diese Geste.

Wer sich fragt, was aus dem von Gemeinschaft und Kooperation getragenen Geist der Internetpioniere geworden ist, muss an Orte wie diesen gehen. Es gibt keine formelle globale Hacker-Organisation. Man kann sich diese Szene eher wie ein loses Netz aus lokalen Initiativen und großen Vereinigungen vorstellen. Lokal trifft man sich in »Hackerspaces«. Das sind Räume, in denen Technikbegeisterte zusammenkommen, um gemeinsam Software zu entwickeln oder neue Projekte zu planen. Statt neuer Geschäftsideen steht hier die Freude am Teilen von Wissen im Vordergrund.

Diese ganz eigene Subkultur freundlicher Nerds hat kein Problem damit, sich mit Staat und Konzernen gleichermaßen anzulegen, um den Interessen der Techniknutzer Gehör zu verschaffen. »Öffentliche Daten nützen, private Daten schützen«, lautet einer der Grundsätze des »Chaos Computer Clubs« (CCC), der größten deutschen Hacker-Vereinigung. Sie betrachten es als ihre moralische Pflicht, ihren technischen Sachverstand einzubringen, um für eine positive Techniknutzung zu streiten. In der Vereinssatzung heißt es: »Der Chaos Computer Club ist eine galaktische Gemeinschaft von Lebewesen, unabhängig von Alter, Geschlecht und Abstammung sowie gesellschaftlicher Stellung, die sich grenzüberschreitend für Informationsfreiheit einsetzt und mit den Auswirkungen von Technologien auf die Gesellschaft sowie das einzelne Lebewesen beschäftigt und das Wissen um diese Entwicklung fördert.«

Technik, das wissen die Hacker nur allzu gut, gehört zur kritischen Infrastruktur moderner Staaten. Vor der Bundestagswahl 2017 machten Mitglieder des Hacker-Clubs öffentlich, dass eine Software für die Auszählung der Stimmen schwere Sicherheitslücken aufwies. Statt die Information für sich zu behalten, veröffentlichten sie rechtzeitig vor der Wahl eine Anleitung, wie das System abgesichert werden kann. Heute werden Vertreter des CCC nicht nur als Sachverständige beim Bundesverfassungsgericht gehört. Sie sind auch regelmäßig Gast bei Anhörungen zu neuen Gesetzen. Der Club ist international vernetzt, sieht sich als Teil einer globalen Gemeinschaft. Für das Hacker-Camp in den Niederlanden sind viele Mitglieder eigens angereist.

Eine Woche verbringe ich an diesem wunderbaren Ort, der Lust auf mehr macht. Das niederländische Hacker-Camp »SHA2017« ist nicht die einzige Zusammenkunft dieser

Art. Mit rund 15.000 Besuchern ist der vom CCC zwischen Weihnachten und Neujahr veranstaltete Chaos Communication Congress das größte Hacker-Treffen Europas. Von der Moderation bis hin zu Aufräumdiensten wird hier so gut wie alles durch Ehrenamtliche gestemmt. Dass fast jeder dritte Besucher mindestens eine Arbeitsschicht übernimmt, ist Ehrensache. Mit meinem fast fertigen Manuskript in der Tasche mache ich mich im Winter 2017 auf den Weg nach Leipzig. Ich sehne mich nach positiven Impulsen und melde mich als Helfer.

Der Kongress steht in diesem Jahr unter dem Motto »Tuwat«. Was das heißt, erklärt der Podcaster Tim Pritlove gleich in der Eröffnungsrede: »Kanalisiert eure Wut, und wandelt sie in etwas Produktives. Etwas Tolles.« Tausende Hacker klatschen Beifall für diese Worte. »Der Kongress ist eine gelebte Utopie«, erzählt mir eine Hackerin später am Abend. Dabei zeigt sie mit einem breiten Grinsen in die Messehalle, durch die Tausende Menschen aller Altersgruppen wuseln.

An unzähligen liebevoll verzierten Ständen informieren zahllose große und kleine Initiativen über ihre Projekte. Die nicht-kommerzielle OpenStreetMap ist über die Jahre zu einer echten Alternative zu Google Maps angewachsen. Das Team von diaspora* hat eine dezentrale Alternative zu Facebook aufgezogen. Auch das Leuchtturmprojekt des freien Wissens ist hier vertreten. Wer schon immer einmal wissen wollte, wie man Wikipedia-Artikel verfasst, kann sich beim Stand von Wikimedia Deutschland informieren.

Am Stand der Free Software Foundation Europe wird Besuchern erklärt, wie sie ihr Android-Smartphone von Google entkoppeln können. Schräg gegenüber treffen sich Unterstützer von Tails, einem freien Betriebssystem, das auf die Schutzbedürfnisse von Journalisten und Whistleblowern ausgelegt ist. Der prominenteste Nutzer ist Edward Snowden.

Am Abend frage ich bei einer Unterhaltung einen Gast, was diese Veranstaltung für ihn bedeutet. Er denkt erst nach und sagt dann: »Bei der Überwachung gibt es ein Wettrüsten. Aber jedes Mal, wenn ich hier bin, habe ich das Gefühl: Wir holen auf.«

Man muss kein Experte sein, um sich einzuklinken. Bei einer »Cryptoparty« kann jeder lernen, wie E-Mail-Verschlüsselung funktioniert. Die Software dafür ist sogenannte Freie Software; Software, die allen Menschen erlaubt, die Software für jeden Zweck zu verwenden, ihnen ermöglicht, deren Funktionsweise zu verstehen, sie selbst oder zusammen mit anderen zu verändern sowie sie – meist kostenlos – weiterzugeben. »An Orten wie diesen werden grenzübergreifende Bündnisse für eine bessere vernetzte Zukunft geschmiedet«, erklärt mir ein Aktivist. »Egal ob Protest gegen Überwachung oder ein Softwareprojekt zum Schutz der Privatsphäre – hier finde ich Gleichgesinnte.«

Der Kongress ist ein eigener Mikrokosmos, eine Stadt auf Zeit. Sogar für den Nachwuchs wird gesorgt. Projekte wie »Chaos macht Schule« und »Jugend hackt« richten sich gezielt an Kinder und Jugendliche und vermitteln neben technischem Sachverstand vor allem ein kritisches Bewusstsein. Technik ist nicht in Stein gemeißelt, heißt es hier. Wir können Software an unsere eigenen Bedürfnisse anpassen, statt unser Handeln und unsere Bedürfnisse den Vorgaben eines Anbieters anzupassen. Denn »hacken« bedeutet für die freundlichen Nerds keineswegs, etwas kaputtzumachen, sondern eher etwas aus Wissbegier verstehen zu lernen – um es besser machen zu können. Kindern, die hier löten und coden lernen, wird eine wichtige Botschaft mit auf den Weg gegeben: Wir dürfen nicht aufhören zu hinterfragen, wie eine gesellschaftlich bestmögliche Umsetzung von digitaler Technik aussehen könnte. Im Zweifel bauen wir sie selbst neu. Nur besser.

Statt sich damit zu begnügen, sich über den bedauernswerten Status quo zu beklagen, bauen die Hacker und Aktivisten längst an einem alternativen Ökosystem. »Wir zeigen hier, dass wir unsere eigene Infrastruktur hochziehen können«, sagt mir ein Besucher. Tatsächlich haben die Hacker für die Zeit der Konferenz sogar ein eigenes Telefonnetz geschaffen. Die Aktivisten des Vereins »Freifunk« arbeiten daran, möglichst viele Gebiete mit freiem Zugang zum Internet zu versorgen. Zugang zum Internet ist schließlich heutzutage unverzichtbar für gesellschaftliche Teilhabe. Auch in meinem Haus steht deshalb ein solcher »Freifunk«-Router.

Auf vielen Laptops, die in den großen Hallen aufgebaut wurden, läuft Linux, ein freies Betriebssystem. Da der Software-Code frei zugänglich ist, können unabhängige Stellen die Sicherheit des Systems überprüfen. Die Free Software Foundation Europe wirbt dafür, dass dieses Prinzip des frei einsehbaren Software-Codes zum Standard bei jeglicher mit öffentlichen Geldern finanzierter Software gemacht werden sollte. Edward Snowden unterstützt die Forderung, schließlich können nur so Geheimdienst-Hintertüren in unserer kritischen Infrastruktur gefunden und geschlossen werden. Hacker tun gut daran, auch einem geschenkten Gaul ins Maul zu schauen – schließlich könnte es sich um einen Trojaner handeln.

Viele Projekte, die hier vertreten sind, eint eine gemeinsame Grundüberzeugung: Wenn wir es allein den großen Konzernen überlassen, Regeln für die vernetzte Zukunft zu entwerfen, werden wir fremdbestimmt leben. Wir können und dürfen uns nicht darauf verlassen, dass sich für jedes Problem ein passendes Geschäftsmodell findet. Als Zivilgesellschaft dürfen wir uns nicht darauf verlassen, dass die Wirtschaft und die Politik alle Probleme für uns lösen werden. Es gilt, selbst aktiv zu werden.

Was die Hacker ebenfalls eint, ist die Ablehnung der ausufernden staatlichen Überwachung. Auf der Konferenz in Leipzig werben Bürgerrechtsorganisationen für die Unterstützung von Verfassungsbeschwerden gegen die Vorratsdatenspeicherung und den »Staatstrojaner« (das ist ein Computervirus, der durch Behörden entwickelt wurde). Viele der hier vorgestellten gemeinschaftlich entwickelten Software-Projekte sind speziell darauf ausgelegt, Journalisten und Bürgerrechtler vor Überwachung zu schützen. Amnesty International ist hier genauso vertreten, wie zahllose Graswurzelprojekte aus ganz Europa. Am letzten Tag moderiere ich im Rahmen meines ehrenamtlichen Helfer-Dienstes auf der großen Bühne den Vortrag einer niederländischen Aktivistin an. Sie ist Teil einer Gruppe, die es geschafft hat, mehr als 380.000 Unterschriften zu sammeln, um ein Referendum gegen ein neues Überwachungsgesetz zu erwirken. Der ganze Saal jubelt ihr dafür zu.

Viele Lösungen für eine technische Infrastruktur, die uns mehr Selbstbestimmung ermöglicht, sind bereits da: intelligente Netze in Nutzerhand, dezentrale Systeme ohne zentralen Datenpool, Verschlüsselungstechnologien und Anbieter, die ganz bewusst dem Prinzip Datenhunger trotzen. Im Schatten großer Konzerne proben Hacker und Aktivisten den Ausbruch aus der Unmündigkeit. Ihre These: Es ist möglich, den Menschen die Kontrolle über die Technologie ihres Alltags zurückzugeben. Wir brauchen dazu keine Maschinenstürmer, sondern neue Maschinen, die unserem Willen und nicht der Logik der Profitmaximierung gehorchen. Für ein paar Tage werde ich Teil dieser Gemeinschaft. »Wenn Besucher nach der Veranstaltung mit dem Gefühl nach Hause gehen, dass wir keineswegs machtlos sind, dann haben wir unser Ziel erreicht«, erklärt mir eine Besucherin. Bei mir zumindest hat es geklappt.

Es beruhigt mich sehr, dass die Kritik an der ausufernden Überwachung durch Geheimdienste und Konzerne nicht denjenigen überlassen wird, die Technik als natürlichen Feind des Menschen betrachten. Denn ich bin überzeugt davon: Die Zukunft wird Science-Fiction sein. Was wir uns alle wünschen, ist Technik, die uns mehr Möglichkeiten eröffnet. Die unser Leben besser macht. Die uns zu mehr befähigt statt uns zu entmündigen. Zu einer elektronischen Sehhilfe würde ich im Alter nicht Nein sagen, wenn sie meine Lebensqualität verbessert. Wenn sich der Staat aber Zugriff auf mein Sichtfeld verschaffen will, dann habe ich Redebedarf. Ebenso wenig möchte ich, dass mir Unternehmen über meine Sehhilfe eines Tages personalisierte Werbung einblenden, wenn ich mit meinen Enkeln spiele. Oder meine Krankenversicherung meine Wachzeiten protokolliert. Technik wird in Zukunft mit immer mehr Bereichen unseres Seins verankert sein. Umso wichtiger ist es, dass wir uns heute als Gesellschaft fragen, welche Grenzen morgen für Staat und Unternehmen gelten müssen. Damit Technik uns dabei unterstützt, unsere hart erkämpften Menschenrechte zu bewahren, anstatt uns daran zu hindern.

Zukunft ist immer neu und unbekannt. Die Digitalisierung wird unsere Gesellschaft verändern. Das kann Angst machen, aber es lässt sich auch Hoffnung daraus schöpfen. Wir dürfen niemals vergessen: Das World Wide Web haben wir keinem Konzern zu verdanken, sondern einem Idealisten. Der Entwickler des Internet-Protokolls Tim Berners-Lee weigerte sich einst, seine Idee für ein neues Kommunikationsprotokoll zu Geld zu machen. Er hatte die Hoffnung, dass die Menschheit so einen alten Traum verwirklichen kann. Das Internet war ein gewaltiger Emanzipationsmotor. Das ist es heute noch, wenn man genau hinschaut.

Technik entsteht nicht im luftleeren Raum, sondern in einem sozialen Kontext. Es wäre naiv anzunehmen, dass sich Ungerechtigkeiten im Hier und Jetzt durch Digitalisierung in Wohlgefallen auflösen. Konzerne und Staaten haben ein großes Interesse daran, uns weiszumachen, der Status quo sei alternativlos. Doch ist er das wirklich? Was mir der Besuch der Hacker-Konferenz in Leipzig vor Augen geführt hat, ist Folgendes: Es gibt nicht die eine »Digitalisierung«, sondern viele. Die Frage ist, für welchen Weg wir uns entscheiden.

Es ist kein Widerspruch, ein Smartphone zu nutzen und gleichzeitig zu fordern, Geheimdienste sollten sich nicht herausnehmen dürfen, unsere persönlichen Assistenten zu Wanzen zu machen. Es ist großartig, dass ein zwölfjähriges Kind heute durch das Internet Zugang zu mehr Wissen hat, als früher in allen Bibliotheken der Welt zu finden gewesen wäre. Gerade deshalb müssen wir darauf bestehen, dass sich unsere Kinder online bewegen können, ohne dass Unternehmen von ihnen Verhaltensprofile anlegen. Insbesondere dann, wenn diese Daten später womöglich darüber entscheiden, was für Optionen ihnen offenstehen werden. Die Weichen für die vernetzte Zukunft werden heute gestellt.

Was heute noch wie Science-Fiction klingt, wird uns noch zu Lebzeiten einholen. Wenn wir es schaffen, mit den neuen Mitteln der Digitalisierung Transparenz von den Mächtigen einzufordern und Selbstbestimmung und Privatsphäre der Bürger zu bewahren, wäre bereits viel gewonnen. Wir brauchen eine Digitalisierung, die sich danach richtet, was der Gesellschaft nützt, und nicht danach, was dem Profitinteresse einiger weniger Konzerne dient. Als Dank für meine übernommene Helfer-Schicht als Moderatorin bekomme ich am Ende der Konferenz ein T-Shirt. Darauf steht in großen Lettern: »Tuwat«. ›Eigentlich ein guter Vorsatz für das neue Jahr‹, denke ich, als ich, einen Tag vor Silvester, in den Zug steige. Wenn nicht wir etwas ändern, wer dann?

Die Machtfrage der vernetzten Welt

Ich bin ein großer Freund neuer Technologien. Die Frage ist nur, ob die Art von Diensten, die wir heute nutzen, um unser Leben zu organisieren, tatsächlich die bestmöglichen sind, um unser Leben, unsere Gesellschaft besser zu machen. Oder ob sie nicht vielmehr darauf zugeschnitten sind, maximalen Gewinn für das jeweilige Unternehmen zu erwirtschaften – oder maximale Überwachung für Regierungen zuzulassen. Kein Mensch würde doch von sich aus auf die Idee kommen zu sagen: »Klasse, dass der Staat endlich meinen Telefonanbieter auf Vorrat speichern lässt, wann ich beim Urologen anrufe!« Oder: »Ich fände es super, wenn ein Unternehmen private Daten meines Beziehungsstreits auswerten würde, um mir personalisierte Werbung anzuzeigen«. Niemand würde sagen: »Endlich erstellt mein Supermarkt ein Profil der Essgewohnheiten meiner Familie!«

Je mehr ich darüber nachdenke, desto mehr reift in mir folgende Erkenntnis: Der Status quo ist nicht das bestmögliche Ergebnis, wie Technik unser Leben bereichern kann, sondern einfach das Ergebnis, welches in den bestehenden Marktstrukturen das meiste Geld für Dienstanbieter abwirft. Oder das Ergebnis einer politischen Debatte, bei der es weniger um Sicherheit, als vielmehr um die Vermittlung des Gefühls geht, »etwas getan« zu haben – ohne Rücksicht auf den langfristigen Schaden am Fundament unserer Demokratie.

Eine pauschale Ablehnung von Technik bringt uns nicht weiter. Sie verfehlt den Kern des Problems. Es gibt kein analoges Leben in der digitalen Welt. Keine Daten zu produzieren, ist in unserer Gesellschaft heute so gut wie unmöglich. Selbst wer als Datenasket in eine Hütte ohne Netz aufs Land zieht, dessen Daten werden trotzdem irgendwo in Rechenzentren verarbeitet. Sei es nun durch den Staat oder aber durch private Anbieter, weil Freunde ohne böse Absicht unsere Adressdaten hochladen. Der neuen Überwachung kann man sich nicht mehr entziehen.

Die ökonomische Verwertungslogik hat mit neuen Geschäftsmodellen Einzug genommen in Lebensbereiche, die zutiefst privat sind. Das was hier passiert, ist nicht eine zwingend aus der Technologie folgende Entwicklung. Technisch könnte man Kommunikation auch so anlegen, dass der Betreiber einer Plattform private Kommunikation nicht mitlesen kann. Es gibt keine technische Notwendigkeit dafür, dass soziale Netzwerke nach einem zentralisierten Prinzip funktionieren müssen. Es gibt keine technische Notwendigkeit, sensible Daten bis in alle Ewigkeit zu speichern oder überhaupt zu erheben. Es wäre ein Kinderspiel, Nutzern zu erlauben, ihre eigenen Daten einzusehen. Und ihre Informationsfilter selbst zu wählen. Aber das verspricht eben nicht den größten Gewinn. Wer so tut, als gäbe es einen Automatismus, als seien Überwachung und Manipulation ein Naturgesetz, der spielt Konzernen und Geheimdiensten in die Hände. Vielleicht ist es auch einfach bequemer, so zu tun, als könne man nichts ausrichten. Doch so einfach dürfen wir es uns nicht machen. Das Internet ist kein Neuland, sondern Teil der bestehenden Ordnung. Der Schutz von Menschenrechten war schon immer eine Frage der richtigen Gesetze.

Es gibt Stimmen, die behaupten, es sei zu spät für diese Debatte. Facebook, Google und Co. seien längst »too big to regulate« – zu groß, um sie staatlich zu regulieren. Und die Geheimdienste machen sowieso, was sie wollen. In den letzten Jahrzehnten wurden Fakten geschaffen. Gesetze gebrochen. Gesellschaftliche Normen, die dem Geschäftsmodell abträglich sind, als »veraltet« gebrandmarkt. Bürgerrechte bis zur Unkenntlichkeit beschnitten. Wer Überwachung durch Geheimdienste kritisiert, dem wird die Hinnahme von Attentaten unterstellt. Wer gegen den Datenhunger der Konzerne auf die Barrikaden geht, bekommt schnell einen Stempel als Technikfeind und Ewiggestriger aufgedrückt. Die Allgemeine Erklärung der Menschenrechte und die Europäische Menschenrechtskonvention definieren das Recht auf Privatsphäre als fundamentales Menschenrecht. Wenn Unternehmen und Regierungen Menschen, die auf ein Menschenrecht pochen, als altmodisch bezeichnen, sagt das leider viel über ihre Einstellung zur Würde des Individuums aus. Das Konzept der Menschenwürde steht einer Degradierung des Menschen zu einem willenlosen Datengeber diametral entgegen. In einer Welt, in der Menschenrechte als veraltet gelten, möchte ich persönlich nicht leben.

Wenn Wissen Macht ist, dann bedeutet die Konzentration großer Mengen privater Informationen in den Händen einiger weniger Konzerne ein gewaltiges Machtgefälle. Wenn der Staat unkontrolliert Daten über seine Bürger abfragt und anhäuft, gefährdet das die durch Grundrechte abgesicherte Machtbalance jeder Demokratie. Der gläserne Mensch macht die Demokratie zerbrechlich. Der deutsche Comedian Nico Semsrott hat recht, wenn er resigniert feststellt: »Freiheit ist, wenn man selbst wählen kann, von wem man sein Smartphone überwachen lassen will – Apple, Google oder Microsoft«.

Die Zukunft ist nicht in Stein gemeißelt. Früher oder später wird alles – von meiner Waschmaschine bis zu meinem Kühlschrank – vernetzt sein. Die Autos der Zukunft werden fahrende Computer sein. Mein Staubsauger wird ein Roboter sein, der den Grundriss meiner Wohnung ausmessen kann. Ein Smart Meter wird den Stromverbrauch bis auf die elektrische Zahnbürste und damit unser Verhalten in den eigenen vier Wänden nachvollziehbar machen. Die Datenschutzdebatten, die wir heute führen, sind nur ein Vorgeschmack auf morgen – wenn mittels eines Luftfeuchtigkeitsmessers in smarten Wohnungen erfasst werden kann, wann wir Sex haben und wie viele Menschen anwesend sind.

In Zukunft wird nicht nur unser Laptop oder unser Smartphone gehackt werden können, sondern unsere ganze Wohnung. Wer heute meint, ein Vollzugriff des Staats auf unsere digitalen Assistenten sei notwendig, wird das vielleicht im Alter von 70 Jahren mit einem smarten Herzschrittmacher anders sehen. Der Preis, den wir als Gesellschaft zahlen werden, wenn wir keine vernünftigen Regeln für den Schutz unserer kritischen Infrastruktur und Privatheit finden, wird gewaltig sein. In der vernetzten Welt stellt Datenschutz eine der entscheidendsten Machtfragen.

Viele Vertreter großer US-Konzerne, wie etwa der Chef von Google oder Facebook, vertreten öffentlich die Ansicht, Datenschutz sei ein veraltetes Konzept, das in der vernetzten Welt der Zukunft keinen Platz habe. Nun mag es kein Zufall sein, dass ausgerechnet dieselben Unternehmen einen Löwenanteil ihres Umsatzes mit personalisierter Werbung auf der Basis umfassender Datensammlungen erwirtschaften. Wenn Filter-Algorithmen privater Dienstleister zunehmend unser Leben kontrollieren, jedoch zugleich nur dem Profitinteresse gehorchen, ist der gesellschaftliche Konflikt vorprogrammiert. Eine Datenökonomie, in der kein Platz für Privatsphäre und Selbstbestimmung bleibt, ist nicht vereinbar mit der Demokratie. Was wir brauchen, ist ein Gegenmodell zur digitalen Entmündigung.

In der analogen Welt haben die meisten Staaten klare Regeln für den Umgang mit Monopolisten gefunden, die eine marktbeherrschende Stellung ausnutzen. Der digitale Raum wurde jedoch viele Jahre weitgehend der freien Hand des Marktes überlassen. Dabei wusste bereits Adam Smith, dass es die Pflicht des Staates ist, einzugreifen, wenn ein Missstand Überhand nimmt. Es braucht nicht nur strengere Datenschutzgesetze und mehr Geld für eine effektive Kontrolle der Einhaltung von Recht. Wenn einige wenige Konzerne den Markt so weit unter sich aufgeteilt haben, dass Nutzer keine echte Wahl mehr haben, dann müssen auch die Wettbewerbshüter aktiv werden. Wenn wir als demokratische Gesellschaft nicht darüber entscheiden, welche Art von Marktstrukturen und Geschäftsmodell wünschenswert sind – wer tut es dann? Die gesellschaftlich bestmögliche Lösung gleichzusetzen mit der Maximierung des Shareholder-Value für einige wenige Konzerne ist ein denkbar schlechtes Kriterium, meinen Sie nicht?

Facebook-Gründer Mark Zuckerberg scheint übrigens selbst wenig von seinem öffentlichen Abgesang der Privatsphäre zu halten. Im Jahr 2013 soll er zahlreiche Grundstücke im Umkreis seines Hauses aufgekauft haben, um sich vor dem Zuzug neugieriger Nachbarn zu schützen. Laut dem »Spiegel« ließ er sich diese Maßnahme zum Schutz der Privatsphäre seiner Familie rund 30 Millionen US-Dollar kosten. Auf einem Foto von sich, das Zuckerberg im Sommer 2016 auf Facebook postete, sieht man auf seinem Schreibtisch einen Rechner mit abgeklebter Webcam und Mikrofon stehen. Zuckerberg ist ein Mensch wie jeder andere. Jeder Mensch braucht Privatsphäre, um gut leben zu können. Digitalisierung bedeutet keineswegs das Ende der Privatsphäre. Vielleicht ist nur ein Neuanfang notwendig.

Schlusswort: **Die Daten, die ich rief**

Wer erwartet hat, dass ich am Ende dieses Buches verkünde, mein Smartphone wegzuwerfen und mein Facebook-Konto zu kündigen, den muss ich leider enttäuschen. Stattdessen treffe ich mich mit einem alten Freund in einem Berliner Club. Am Eingang müssen die Besucher unter Aufsicht von Türstehern ihre Handy-Kameras abkleben. Das ist in vielen Techno-Schuppen in Berlin normal. Die angeblich so freizügige Generation der Digital Natives feiert tatsächlich am liebsten unbeobachtet. In Momenten, in denen ich daran zweifle, ob es sich heutzutage überhaupt noch lohnt, für Datenschutz zu kämpfen, denke ich an Abende wie diesen. Denn als ich auf die baldige Vaterschaft meines alten Freundes anstoße, frage ich mich, in was für eine Welt sein Kind geboren werden wird.

Meine Eltern hatten, was meine Zukunft anbelangt, ganz andere Sorgen. Als die nukleare Katastrophe im ukrainischen Atomkraftwerk Tschernobyl ihren Lauf nahm, war meine Mutter gerade mit mir schwanger. Meine Eltern lebten damals im Süden von Polen. Meine Mutter sagt, sie habe bis heute noch den strahlend blauen Himmel jener Tage vor Augen. Wochenlang herrschte perfektes Frühlingswetter, keine Wolke weit und breit. Die Nachricht von einem Unfall in der Ukraine wirkte vor dieser Kulisse irgendwie irreal, wie nicht von dieser Welt. Dann begann die BRD LKWs mit Obst und Gemüse aus Osteuropa an der Grenze zurückzuweisen. Die polnische Regierung verteilte Jod-Tabletten an die Kinder.

Selbst wenn das Staatsfernsehen damals Zahlen zur radioaktiven Belastung veröffentlicht hätte – kaum einer hätte sie geglaubt. Wenige Jahre vor dem Fall des Eisernen Vorhangs brodelte es bereits in der polnischen Bevölkerung. Meine Eltern waren damals beide Chemiker. Ein Freund meines Vaters fing in diesen Tagen an, mit einem Geigerzähler heimlich Messungen außerhalb des Labors zu machen. Über das Telefon gab er die Messdaten an meine Eltern weiter. Mit dem ersten Niederschlag stieg die Strahlung merklich an. Meine Mutter ernährte sich deshalb in den Monaten vor meiner Geburt vor allem von Eingemachtem. Eine für undenkbar gehaltene Katastrophe hatte über Nacht das Leben auf den Kopf gestellt. Sie fühlten sich ausgeliefert, sagen viele Zeitzeugen heute.

»Was hat das mit Datenschutz zu tun?«, fragen Sie sich vielleicht. Für mich persönlich sehr viel. Was Tschernobyl für die Umweltbewegung war, sind die Snowden-Enthüllungen für viele Bürgerrechtler und Datenschützer: ein Weckruf. Wenn wir wollen, dass unsere Kinder in einer Gesellschaft aufwachsen, in der Privatsphäre und Selbstbestimmung einen Platz haben, müssen wir Konsequenzen daraus ziehen – sowohl was die Überwachung durch Unternehmen als auch durch Staaten angeht. Denn Überwachung funktioniert ein bisschen wie Radioaktivität. Man sieht sie nicht. Man schmeckt sie nicht. Als Individuum kann ich mich ihr kaum entziehen. Ein Kind, das heute geboren wird, hat noch vor seiner Geburt durch das Einkaufsverhalten seiner Eltern eine Datenspur gelegt.

Nach Tschernobyl lag die Forderung nach einem Atomausstieg auf der Hand. Bei der Überwachung ist es komplizierter. Snowden wäre der Letzte, der die Menschen dazu aufrufen würde, keine Technik mehr zu nutzen. Stattdessen setzt er sich heute für eine Digitalisierung ein, die ohne Massenüberwachung und Manipulation auskommt und uns die Freiheit gibt, die uns zusteht. Eigentlich sollte das eine Selbstverständlichkeit sein. Grenzenlose Überwachung, davon bin ich überzeugt, ist tödlich für jede demokratische Grundordnung.

Was wir vor allem in dieser Debatte brauchen, ist mehr Solidarität zwischen den Starken und den Schwachen dieser Gesellschaft. Zwischen denen, die noch eine Wahl haben, und denen, die sich Privatsphäre schon heute nicht mehr leisten können. Denn für viele ist datengetriebene Diskriminierung heute schon Alltag. Der eigene Datenschatten stört oft erst, wenn der Einzelne einen konkreten Nachteil dadurch befürchten muss. Wer in einer Villa in Berlin-Grunewald residiert, den stört ein algorithmisches Kredit-Scoring nach Wohnort eher weniger. »Selbst schuld, wenn du einwilligst, dass deine Daten weiterverkauft werden«, heißt es nicht selten herablassend von privilegierter Seite, wenn neue Geschäftsmodelle Rabatte für Daten bieten. Für all diejenigen, die jeden Cent zweimal umdrehen müssen, ist das Leben aber nicht so einfach. Die Würde des Einzelnen und das Recht auf Privatsphäre sollten nicht vom Geldbeutel abhängen müssen. Wenn wir keine rote Linie ziehen, wo die ökonomische Vermessung des Menschen haltmachen muss, dann haben wir irgendwann keinen Rückzugsort mehr, an dem wir unbeobachtet sein können. Privatsphäre ist aus gutem Grund ein Menschenrecht und kein Luxusgut für Gutbetuchte.

Auch die staatliche Überwachung betrifft uns alle. Es geht dabei um weitaus mehr als »nur« um die Privatsphäre des Einzelnen. Es geht um die Machtverhältnisse in unserer Gesellschaft. Edward Snowden bringt es in einem Interview auf den Punkt: »Das Argument, dass Ihnen das Recht auf Privatsphäre egal sei, weil Sie nichts zu verbergen hätten, ist nichts anderes als zu behaupten, Ihnen sei das Recht auf freie Meinungsäußerung egal, weil Sie nichts zu sagen hätten. Eine freie Presse nützt nicht nur denjenigen, die Zeitung lesen.«

Beim Datenschutz geht es nicht um den Schutz von Daten, sondern um den Schutz von Menschen. Informationelle Selbstbestimmung bedeutet nicht, dass man keine Daten von sich preisgeben darf. Es geht darum, die Entscheidungsfreiheit darüber zu behalten, welche Informationen wir mit wem teilen wollen. Diese essenzielle Freiheit ist längst zu einer wichtigen Voraussetzung für das Funktionieren moderner Demokratien geworden.

Zu glauben, man könne die Digitalisierung genauso wenig beeinflussen wie eine Naturgewalt, muss ganz schön befreiend sein. Wer nichts ausrichten kann, trägt schließlich auch keine Verantwortung – weder für sich noch für andere. Manchmal wünschte ich mir, es wäre tatsächlich so einfach. Aber die Digitalisierung ist keine Naturgewalt. Maschinen-Code wird von Menschenhand geschrieben. Es bringt nichts, pauschal über die »Algorithmen« zu schimpfen, denn die sind nicht das Problem. An der Spitze von Unternehmen, die Überwachung und Entmündigung zum Geschäftsmodell erheben, stehen Menschen aus Fleisch und Blut. Wenn Geheimdienste ein Netz grenzenloser Überwachung über den Globus spannen, dann nur, weil unsere politischen Vertreter dies zugelassen haben. Weil wir es zugelassen haben.

Dieses Buch begann mit der Geschichte, dass ein Unternehmen, ohne dass ich es merkte, Nacktaufnahmen von mir gemacht hat. Während ich über den letzten Zeilen des Manuskripts brüte, trifft eine Nachricht in meinem E-Mail-Postfach ein. Absender ist die Berliner Datenschutzbehörde. Es geht um meine Beschwerde gegen die Videokameras im Umkleidebereich meiner Sauna. Auf Druck der Behörde soll der Betreiber die Kameras in vielen Gemeinschaftsumkleiden nun abhängen. Gäste sollen nun am Eingang mündlich gefragt werden, ob sie sich lieber in Umkleiden mit Kameras oder ohne umziehen wollen. Ich vermute, die meisten Kunden werden sich eher für Letzteres entscheiden. Auch wenn ich es lieber gesehen hätte, wenn alle Kameras abgehängt werden müssten, bin ich doch zufrieden, zumindest einen Teilerfolg errungen zu haben. Ich werde in den nächsten Wochen nachprüfen, ob der Betreiber sich daran hält. Ein Dreivierteljahr, nachdem ich unwillentlich nackt gefilmt wurde, scheint zumindest dieser Fall übergriffiger Datensammlung abgeschlossen. So schwer war das gar nicht. Eine einfache E-Mail an die Behörde hat ausgereicht. Man muss kein Hacker oder Datenschutzexperte sein, um etwas zu verändern. Es bleibt viel zu tun. Worauf warten wir eigentlich noch?

Erste Hilfe für Ihre Privatsphäre

Erkunden Sie Ihren Datenschatten

Wenn Sie wissen, wer welche Daten über Sie speichert, können Sie diese Daten im Anschluss korrigieren oder löschen lassen. Fehlerhafte Daten oder Falschangaben kommen leider häufig vor. Vor allem bei Auskunfteien können Falscheinträge gravierende Folgen haben. Schließlich wird anhand der Daten bestimmt, ob Sie einen Kredit oder die Wohnung Ihrer Träume bekommen oder für bestimmte Zahlungsmittel in Frage kommen. Über den Dienst *selbstauskunft.net* können Sie kostenlos Abfragen zu Ihren gespeicherten Daten bei vielen großen Unternehmen und Auskunfteien wie z. B. der Schufa tätigen. Alternativ können Sie die Unternehmen auch direkt anschreiben.

Zahlreiche Datenabfragen von Journalisten in den letzten Jahren haben gezeigt, dass man sogar bei staatlichen Datenbanken nicht darauf vertrauen darf, dass alles seine Richtigkeit hat. Es ist Ihr gutes Recht, auch bei staatlichen Stellen eine kostenlose Auskunft anzufordern. Machen Sie davon Gebrauch. Auf der Internetseite *datenschmutz.de* finden Sie einen PDF-Generator für Auskunftsersuchen an staatliche Stellen, wie etwa die Polizei oder Inlandsgeheimdienste.

Geizen Sie mit Ihren Daten

Neben den Pflichtangaben werden bei Online-Diensten häufig allerhand Zusatzinformationen abgefragt. Ein Tipp: Füllen Sie nicht jedes Formularfeld bereitwillig aus. Es gibt keinen Grund, Ihrem E-Mail-Anbieter das Einkommen Ihres Haushalts zu verraten. Erst recht gibt es keine Notwendigkeit, bei jedem Dienst Ihr richtiges Geburtsdatum anzugeben, soweit dies nicht für eine Altersprüfung notwendig ist. Gleiches gilt für Ihre private Telefonnummer, wenn Sie nicht angerufen werden wollen. Sie können sich auch eine Zweit-E-Mail-Adresse zulegen, die Sie nur bei unwichtigen Diensten angeben, um das Werbeaufkommen in Ihrem eigentlichen Postfach zu reduzieren.

Lernen Sie, systematisch Risiken und Nutzen abzuwägen und an den richtigen Stellen auch einmal »Nein« zu sagen. Hierbei hilft eine kritische Haltung. Fragen Sie sich vor einer Dateneingabe: »Ist es wirklich in meinem Interesse, diese Information jetzt und hier über mich preiszugeben?« Das gilt nicht nur für Online-Dienste. Viele Unternehmen sind es auch einfach gar nicht mehr gewohnt, dass Kunden kritisch nachfragen. Das lässt sich ändern.

Lassen Sie sich nicht verführen
Kundenkarten mit Datensammelfunktion führen uns mit dem Versprechen auf Rabatt regelmäßig in Versuchung. Es ist wichtig, im Hinterkopf zu behalten, dass wir die Preisnachlässe mit der Durchleuchtung unseres Konsumverhaltens bezahlen. Treuekarten ohne Namensbindung sind eine gute Alternative. Hierbei ist es nicht notwendig, sich mit Namen zu registrieren.

Vergessen Sie niemals: Nicht immer spart man durch eine Kundenkarte langfristig. Es gibt einen guten Grund, warum die meisten Unternehmen solche Bonusprogramme anbieten. Meist verführen solche Programme dazu, mehr zu kaufen, als eigentlich beabsichtigt. Wer anfällig ist für Impulskäufe, wird durch seinen Beitritt in ein Kundenprogramm womöglich kein Geld sparen, sondern im Gegenteil, sogar mehr Geld ausgeben. Viele Bonus-Prämien entpuppen sich außerdem bei näherer Betrachtung als gar kein großes Schnäppchen.

Verträge nicht blind absegnen

Es ist nahezu unmöglich, die Allgemeinen Geschäftsbedingungen (AGB) und Datenschutzerklärungen aller Dienste zu lesen, die wir in unser Leben lassen. Verträge stets blind abzusegnen ist aber definitiv keine Lösung. Schließlich gilt ein Vertrag auch dann, wenn wir ihn nicht gelesen haben. Bei Diensten, die besonders sensible Informationen von Ihnen verarbeiten, wie etwa eine Fitness-App oder ein soziales Netzwerk, wäre es sinnvoll sich einmal die Zeit zu nehmen, um die wichtigsten Passagen durchzulesen. Das sollten Sie sich wert sein. Gegen einzelne Passagen zur Datenverarbeitung können Sie im Anschluss sogar Widerspruch einlegen. Der Dienst »Terms of Service – didn't read« hat unter *tosdr.org* die wichtigsten Fakten der amerikanischen AGB aller großen Anbieter mit Icons zusammengefasst. Zu beachten gilt hierbei allerdings, dass sich die AGB und Datenschutzerklärungen für Nutzer aus der EU häufig unterscheiden.

Machen Sie einen Datenschutz-Check

Viele Dienste sind in ihrer Standard-Einstellung wenig datenschutzfreundlich. Nehmen Sie sich deshalb stets genug Zeit, um die Privatsphäre-Einstellungen bei wichtigen Diensten und Geräten vorab zu überprüfen.

Fangen Sie am besten bei Ihrem Smartphone an. Die Smartphone-Betriebssysteme Android (ab Version 6) und iOS (Apple) ermöglichen ihren Nutzern, nachträglich die Zugriffsrechte von Apps in Schranken zu weisen. Es gibt keine Notwendigkeit, warum beispielsweise eine Taschenlampen-App auf unsere Standortdaten oder unser Adressbuch zugreifen dürfen sollte. In den Einstellungen können Sie außerdem die Werbe-Identifikationsnummer (auch Ad-ID oder Werbe-ID genannt), die Ihr Smartphone beim Surfen mitsendet, regelmäßig zurücksetzen. Unter *mobilsicher.de* finden Sie allerhand Tipps zu Ihren Smartphone-Einstellungen.

Auch bei den Einstellungen Ihres PC-Betriebssystems können Sie schrauben. Hierbei geht es darum, welche Nutzungsdaten im Hintergrund beispielsweise an Apple oder Microsoft übertragen werden. Die Verbraucherzentrale hat unter *verbraucherzentrale.de/windows10* eine gute Übersicht zu allen relevanten Einstellungen für Microsoft Windows zusammengestellt.

Bei sozialen Netzwerken und anderen Online-Diensten lohnt es sich ebenfalls, die eigenen Privatsphäre-Einstellungen durchzugehen und anzupassen. Oft können Sie dort abstellen, dass bestimmte Datenkategorien für personalisierte Werbung benutzt werden dürfen. Vermeiden Sie es, sich bei externen Diensten mit Ihrem Facebook-Account anzumelden, wenn Sie nicht möchten, dass das betreffende Unternehmen auf Daten Ihres öffentlichen Facebook-Profils zugreifen darf.

Machen Sie Ihren Browser fit

In den Einstellungen Ihres Browsers können Sie nicht nur einsehen, welche Cookies dort bereits abgelegt worden sind. Es ist auch möglich einzustellen, dass Cookies jedes Mal, wenn Sie den Browser beenden, automatisch gelöscht werden. Alle großen Browser-Anbieter erlauben außerdem, das Signal »Do not Track« auszusenden. In den Datenschutz-Einstellungen kann man dies einschalten. Doch leider respektieren nicht alle Anbieter den Wunsch ihrer Nutzer, nicht verfolgt zu werden.

Es gibt eine Vielzahl von Browser-Erweiterungen zur Minimierung von Tracking. Die Electronic Frontier Foundation (EFF) stellt beispielsweise unter *eff.org/privacybadger* eine kostenlose Erweiterung für Firefox, Chrome und Opera bereit, die Überwachung durch Online-Tracking reduziert. Ebenfalls geeignet zur Minimierung von Spuren ist die kostenlose Erweiterung »uBlock Origin«, ein Werbeblocker für Firefox, Chrome und Opera. Wer sich erst einmal einen Überblick verschaffen möchte, kann unter *mozilla. org/de/lightbeam* auf die Firefox-Erweiterung Lightbeam zurückgreifen. Diese visualisiert die Datenströme, die bei Seitenbesuchen durch Online-Tracking entstehen.

Löschen, aber richtig

Wenn Sie alte USB-Sticks, Festplatten und Geräte entsorgen oder weiterverkaufen, sollten Sie sichergehen, dass Ihre persönlichen Daten richtig gelöscht worden sind. Denn wenn Sie Daten per Mausklick löschen oder in den Papierkorb verschieben, sind sie trotzdem mit etwas Sachverstand noch wiederherstellbar. Meist wird dabei nur der Verzeichniseintrag und nicht die Datei selbst gelöscht. So als würde bei einem Buch lediglich das Inhaltsverzeichnis herausgerissen. Um Daten nachhaltig zu entfernen, sollten Datenträger mehrfach überschrieben werden. Hierfür gibt es spezielle Programme. Das Bundesamt für Sicherheit in der Informationstechnik (BSI) hat hierzu einen Leitfaden veröffentlicht: *www.bsi-fuer-buerger.de/BSIFB/DE/Empfehlungen/RichtigLoeschen/richtigloeschen_node.html*

Anonym surfen

Mit dem »Tor Browser« kann jeder ganz einfach online unterwegs sein, ohne seine IP-Adresse preisgeben zu müssen. Der Anonymisierungsdienst wurde speziell auf die Bedürfnisse von Journalisten und Bürgerrechtlern zugeschnitten und ist kostenlos sowie vollkommen legal. Die Software leitet jede Anfrage seiner Nutzer an mit dem TOR-Netzwerk verbundene Rechner, die jedes Datenpaket so lange weiterreichen, bis der letzte Datenpunkt nicht mehr die IP-Adresse des ersten Datenpunkts kennt. Der Tor Browser kann unter *torproject.org/projects/torbrowser.html.en* heruntergeladen werden. Bitte beachten Sie, dass hierdurch lediglich Ihre IP-Adresse verschleiert wird und Sie trotzdem z. B. anhand Ihres Nutzerverhaltens identifiziert werden können.

Verschlüsseln lernen

Man braucht kein Hacker zu sein, um seine Daten sicher zu verschlüsseln und so vor dem Zugriff Dritter zu schützen. Eine E-Mail ist wie eine Postkarte, die an jeder Zwischenstation, die Sie im Internet passiert, mitgelesen werden kann. Um seine E-Mails zu verschlüsseln, und dadurch quasi mit einem »Briefumschlag« zu versehen, nutzt man am besten ein Mailprogramm, das auf dem eigenen Gerät installiert ist.

Es gibt viele Alternativen zu Microsoft Outlook. Das kostenlose Mailprogramm »Thunderbird« bietet mit »Enigmail« eine einfache Erweiterung für die Verschlüsselung von E-Mails und kann hier heruntergeladen werden: *mozilla.org/de/thunderbird*. Wer Microsoft Windows nutzt, muss unter *gpg-4win.de* zunächst noch eine zusätzliche Verschlüsselungssoftware herunterladen. Apple-Nutzer finden die entsprechende Erweiterung unter *gpgtools.org*.

Verschlüsselung funktioniert nicht nur für die E-Mail. Die App »Signal« ist ein Messenger mit eingebauter Verschlüsselung, basierend auf dem Prinzip Freier Software. Die PC-Software »VeraCrypt« verschlüsselt Festplatten, Dateien und USB-Sticks. Das Programm kann unter *veracrypt.fr* kostenlos heruntergeladen werden. Für alle Verschlüsselungsprogramme gilt: Merken Sie sich das Passwort gut – Sie können ohne nicht mehr auf die Daten zugreifen.

Im Internet finden Sie zahlreiche Anleitungen für sowohl E-Mail- als auch Festplattenverschlüsselung. Alternativ können Sie aber auch eine »Cryptoparty« in Ihrer Nähe besuchen. Der Videokünstler Alexander Lehmann hat außerdem kurze und leicht verständliche Erklärvideos erstellt, in denen das Prinzip der Verschlüsselung bei Festplatten und E-Mails erklärt wird: *alexanderlehmann.net/Verschluesselung/*

Bezahlen Sie für wichtige Dienste
Die E-Mail ist für die meisten Menschen ein zentraler Dienst, mit dem zahllose weitere Nutzeraccounts (z. B. Facebook, Amazon, etc.) verknüpft sind. Es ist der Kern unserer digitalen Identität. Anbieter, die den Schutz der Privatsphäre ihrer Nutzer ernst nehmen, werten Ihre Nut-

zerdaten nicht zu Werbezwecken aus. Es ist eine Überlegung wert, ob man für seinen digitalen Briefkasten nicht einen geringen Geldbetrag in die Hand nehmen sollte. Für rund einen Euro im Monat kann man sich ein vollkommen werbefreies Mailpostfach kaufen. In Deutschland bieten etwa die Unternehmen *Posteo.de* und *Mailbox.org* solche kommerziellen Dienste an. Außerdem versprechen diese Anbieter ihren Kunden, Behördenanfragen auf Herausgabe von Nutzerdaten stets sorgfältig zu prüfen.

Updates, Updates, Updates!
Sicherheit ist in der IT immer nur ein temporärer Zustand. Nicht nur die Sicherheitssysteme werden immer ausgefeilter, sondern auch die Möglichkeiten, sie zu umgehen. Um bei diesem Wettrüsten nicht abgehängt zu werden, ist es extrem wichtig, seine Geräte immer auf dem neuesten Stand zu halten und angebotene Sicherheitsupdates regelmäßig zu installieren. Das gilt sowohl für das PC- als auch für das Smartphone-Betriebssystem, aber auch für Software und Apps. Wer das nicht tut, macht seine eigenen Geräte unnötig angreifbar. Daher: Updates, Updates, Updates!

Datenlecks im Blick
Kaum ein Monat vergeht ohne Meldungen von Sicherheitslücken bei populären Diensten. Wer wissen möchte, ob die eigenen Zugangsdaten in den letzten Jahren von einem Sicherheitsleck betroffen gewesen sein könnten, kann dies über spezielle Informationsportale herausfinden. Das Bundesamt für Sicherheit in der Informationstechnik (BSI) bietet unter *sicherheitstest.bsi.de* eine solche Datenabfrage an. Alternativ können Sie auch bei *haveibeenpwned.com* eine Anfrage stellen. Falls ein genutzter Dienst von einer Sicher-

heitslücke betroffen war, sollten Sie unverzüglich das Passwort ändern.

Starke Passwörter

Bei der Sicherheit unserer Geräte verhält es sich ähnlich wie beim Einbruchschutz unserer vier Wände. Man kann noch so viel Geld in einbruchsichere Fenster und eine dicke Eichentür stecken – wenn wir ein billiges Schloss benutzen, war alles vergeblich. Übertragen auf die digitale Welt heißt das: Unsere Daten sind nur so sicher wie das Passwort, das wir wählen.

Bei einer sogenannten »brute force«-Attacke lassen Angreifer eine Software automatisiert in kurzer Zeit die häufigsten Passwortkombinationen eingeben. Kombinationen wie »Maria1986« oder Geburts- oder Jubiläumsdaten werden so schnell geknackt. Alles, was in einem Wörterbuch wiedergefunden werden kann, wird in verschiedenen Variationen ausprobiert. Ein gutes Passwort sollte unbedingt lang sein. Eine Möglichkeit ist etwa, eine Reihe zufälliger Wörter aneinander zu reihen. Wenn Sie dann noch Sonderzeichen oder Zahlen in der Mitte hinzufügen, ist es extrem schwer Ihr Passwort zu knacken. Kurze Wörter, bei denen beispielsweise ein O durch eine Null ersetzt wurde, bieten hingegen keine Sicherheit. Gleiches gilt für einzelne Wörter mit einer Zahl oder Sonderzeichen am Anfang oder Ende. Wichtig: Wenn Sie Ihr Passwort ändern, sollten Sie dies stets umfassend tun und nicht nur einzelne Zeichen austauschen. Wer ihr altes Passwort kennt, kann das neue sonst leicht erraten.

Viele Passwörter statt einem

Zu den größten Sicherheitsrisiken gehört die Unsitte, ein und dasselbe Passwort für eine Vielzahl von Accounts zu verwenden. Das kann sich bei einer Sicherheitslücke als fatal herausstellen. Wenn nur bei einem einzigen der Anbieter Passwortdaten an die Öffentlichkeit gelangen, sind dann gleich alle Dienste mit dem gleichen Passwort gefährdet. Benutzen Sie deshalb unbedingt immer einzigartige Passwörter. Wenn es Ihnen schwerfällt, sich viele Passwörter zu merken, nutzen Sie am besten einen Passwort-Safe oder Passwort-Manager, wie z. B. »KeePass«. Das sind Programme, die Ihre Passwörter verwalten. So müssen Sie sich nur noch ein Passwort, statt vieler merken. Überlegen Sie sich außerdem gut, an welchen fremden Geräten Sie ein wichtiges Passwort eingeben wollen. Schließlich weiß man besonders bei Internet-Cafés oder in der Hotellobby nie, ob der Rechner nicht mit Computerviren verseucht ist. Melden Sie sich bei Diensten außerdem möglichst nie per Google- oder Facebook-Login an, um Ihre Datenspur zu minimieren.

Unsichere Sicherheitsfragen

Bei Sicherheitsfragen zur Wiederherstellung Ihres Accounts sollten Sie immer lügen. Warum das wichtig ist, zeigt der Fall eines Prominenten-Stalkers aus den USA. Dieser hatte sich im Jahr 2012 Zugriff auf mehr als 50 Accounts von berühmten Stars verschafft. Möglich machte dies der laxe Umgang mit Sicherheitsfragen. Paris Hilton hatte als Sicherheitsfrage etwa den Namen ihres Haustiers gewählt. Die Antwort »Tinkerbell« war dank ausgiebiger Medienberichterstattung Millionen von Menschen bekannt. Auch wenn das eigene Haustier keinen Promi-Status genießt, heißt das nicht, dass nicht eine Vielzahl von Freunden, Familienmitgliedern, Ar-

beitskollegen und Ex-Partnern ebenfalls über diese Information verfügen. Daher: Lügen Sie bei Sicherheitsfragen. Immer. Aber merken Sie sich die »falsche« Antwort.

Grundlegender Smartphone-Schutz
Auch wenn es trivial klingen mag: Denken Sie daran, den
Zugriff auf Ihr Smartphone mit einem Code zu schützen.
Ist ein ungeschütztes Smartphone einmal geklaut oder
verloren, hat der Finder sonst gleich nicht nur Zugriff auf
Ihre Nachrichten und Fotos, sondern auch auf alle Dienste,
die Sie mit dem Gerät verknüpft haben. Es gibt Dienste, die
erlauben, das Handy aus der Ferne zu lokalisieren und die
Daten per Fernzugriff zu löschen. Bei Apple heißt die entsprechende offizielle App »Mein iPhone suchen«. Für Android-Smartphones bieten unterschiedliche Anbieter solche
Dienste an. Allerdings müssen derartige Apps hierzu z. B.
auf Ihre GPS-Daten zugreifen dürfen.

Mit dem Smartphone auf Tauchstation gehen
Wer in einem modernen Einkaufszentrum mit seinem
Smartphone und aktivierter WLAN-Funktion unterwegs
ist, kann anhand dieser Datenspur wiedererkannt werden.
Deshalb gilt: Schalten Sie die WLAN- und Bluetooth-Funk-
tion ab, wenn Sie diese gerade nicht brauchen. Schalten
Sie zusätzlich in den Einstellungen ab, dass Ihr Telefon
im Hintergrund nach aktiven WLAN-Verbindungen sucht.
Ganz nebenbei schonen Sie damit auch Ihren Akku.

Vorsicht beim öffentlichen WLAN
Wer ein öffentliches WLAN benutzt, sollte sich darüber im
Klaren sein, dass die darüber ausgetauschten Daten un-
ter Umständen von Dritten mitgeschnitten werden kön-

nen. Egal ob im Zug, im Hotel oder im City-Hotspot – Sie sollten auf gar keinen Fall vertrauliche Daten über eine unsichere Verbindung austauschen. Um die Sicherheit zu erhöhen bietet sich die Nutzung eines »Virtual Private Networks« (VPN) an. Die Gefahr des ungewollten Mitlesens durch Dritte kann so minimiert werden. Ein solches VPN schafft einen künstlichen Tunnel, durch den alle Informationen geschleust werden. Auf diese Weise können Sie sich mit einem vertrauenswürdigen Netz verbinden, z. B. dem Router daheim oder einem kommerziellen Dienstleister (dem Sie allerdings dann vertrauen müssen). Mehr Informationen zum Thema VPN finden Sie auf der Seite des Bundesamts für Sicherheit in der Informationstechnik (BSI): bsi-fuer-buerger.de/BSIFB/DE/DigitaleGesellschaft/FremdeWLAN/fremdeWLAN_node.html

Gesundes Misstrauen
Viren und Trojaner werden häufig über E-Mail verbreitet. Lassen Sie deshalb bei Nachrichten mit unbekanntem Absender Vorsicht walten. Öffnen Sie keine Anhänge von unbekannten Verfassern und klicken Sie auf keine Links in merkwürdig anmutenden Nachrichten. Wenn Sie per E-Mail nach dem Passwort, beispielsweise zu Ihrem Paypal-Account, gefragt werden, schauen Sie sich die Nachricht lieber vorher ganz genau an. In 99 Prozent der Fälle stecken Betrüger dahinter, die Sie auf eine ähnlich aussehende Seite locken wollen, um Ihr Passwort abzugreifen und damit anschließend Ihr Konto zu plündern. Betrüger und Identitätsdiebe sind erfinderisch und denken sich immer neue Maschen aus. Auf der Seite des Bundesamts für Sicherheit in der Informationstechnik (BSI) finden Sie viele Informationen zu aktuellen Sicherheits- und Betrugswar-

nungen: *bsi-fuer-buerger.de*. Ebenfalls wichtig: Laden Sie sich Software immer nur aus einer vertrauenswürdigen Quelle (z.B. direkt beim Hersteller) herunter. Sonst riskieren Sie, sich Schadsoftware einzufangen.

Webcam-Schutz

In der Verfilmung der Erlebnisse von Edward Snowden vom Regisseur Oliver Stone gibt es eine Szene, bei der ein Geheimdienst-Mitarbeiter die Webcam eines Rechners aus der Ferne anschaltet und einer Frau dabei zuschaut, wie sie sich umzieht. Das ist technisch tatsächlich machbar. Wer Zugriff auf einen Rechner hat, kann auch aus der Ferne unbemerkt die Webcam anschalten. Mittlerweile gibt es für wenige Euro Webcam-Abdeckungen zu kaufen, die man je nach Bedarf auf- oder zuschieben kann.

Digitaler Frühjahrsputz

Über die Jahre melden wir uns bei vielen Online-Diensten ab und installieren zahllose Apps auf unserem Smartphone. Viele Anbieter haben keine Löschfristen für Nutzerdaten. Auch wenn wir die Angebote längst nicht mehr nutzen, sind dort oft noch nach Jahren immer noch unsere Nutzerdaten hinterlegt. Gerade wenn ein Anbieter nach anfänglicher Popularität in finanzielle Bedrängnis gerät, ist die Sorge berechtigt, ob er noch genug in die Sicherheit unserer Daten investiert. Bei Unternehmensübernahmen können unsere Nutzerdaten außerdem, ohne dass wir es merken, den Besitzer wechseln. Daher ist es ratsam, Accounts bei Diensten, die man nicht mehr nutzt, zu löschen. Der Dienst *namechk. com* fragt automatisiert eine ganze Reihe von Diensten an und ermittelt, ob dort Accounts mit dem angegebenen Nickname oder Namen existieren. Im Zuge eines digitalen

Frühjahrsputzes lohnt es sich außerdem, per Online-Suche nachzuschauen, was für Spuren sich zum eigenen Namen finden lassen. Haben Sie bei E-Bay-Kleinanzeigen vor Jahren einmal Ihre Telefonnummer ins Netz gestellt oder in einem Forum Ihren richtigen Namen verwendet? Auch hier gilt: Löschen Sie regelmäßig unnötigen Datenballast.

Nicht alles auf eine Karte setzen

Datenprofile werden umso aussagekräftiger, je mehr Einzeldaten darin zusammengeführt werden können. Ein Datenleck bei einem Anbieter ist umso bedrohlicher, je mehr Informationen davon betroffen sind. Prüfen Sie daher, ob Sie sich bereits heute zu sehr von einem einzigen Anbieter abhängig machen. Wer von der Internetsuche über Navigation bis hin zum E-Mail-Postfach alles über Google abwickelt, schiebt eine ganze Menge Daten in ein und denselben Pool. Ratsamer ist es, unterschiedliche Anbieter für unterschiedliche Dienste zu nutzen. So weiß zwar jeder ein bisschen, keiner hat aber alle Puzzleteile, um ein umfassendes Profil von Ihnen zu erstellen.

Geben Sie Alternativen eine Chance

Es gibt mittlerweile viele gute Alternativen zu datenhungrigen Diensten. Statt Google Maps können Sie sich Orte von *openstreetmap.org* und Routen bei *maps.openrouteservice.org* anzeigen lassen. Wer auf die Google-Suchergebnisse nicht verzichten will, kann stattdessen *startpage.com* nutzen. Dieser Dienst leitet unsere Anfrage an Google weiter, ohne unsere IP-Adresse und Browserangaben mitzusenden. Als datensparsame Suchmaschinen bieten sich ebenfalls *duckduckgo.com* oder *ixquick.de* an. Mit der App *Signal* ist sogar eine sehr gute verschlüsselte Alternative zu WhatsApp für Android und iPhone verfügbar. Die Mozilla Foundation stellt mit ihrem Firefox-Browser und dem freien Mailprogramm Thunderbird kostenlose Alternativen basierend auf Freier Software bereit, die von Millionen Menschen weltweit genutzt werden. Geben Sie diesen Alternativen eine Chance!

Pseudonyme nutzen

Es gibt viele gute Gründe, warum man nicht jedem Dienst seinen Vor- und Nachnamen mitteilen sollte. Wenn Sie nicht mit Ihrem richtigen Namen unterwegs sind, ist es schließlich deutlich schwieriger, Ihre Nutzerdaten mit Ihnen zu verknüpfen. Für viele Menschen sind Pseudonyme beispielsweise bei Datingplattformen oder Internet-Foren unverzichtbar zum Schutz vor Stalkern. Phantasienamen haben den Vorteil, dass Sie hierdurch Ihre Spur verwischen und bei Bedarf sogar den Namen wechseln können. Wichtig ist hierbei nur, dass Sie Ihre »Identitäten« klar voneinander trennen. Wenn der Nickname-Account beispielsweise mit einer E-Mail-Adresse oder Telefonnummer angemeldet wurde, die durch andere Dienste mit Ihrem Vor- und Nachnamen verknüpft ist, und dies leicht recherchierbar ist, dann ist es leicht, eine Verbindung herzustellen. Vergessen Sie nicht: Pseudonyme sind nichts Schlechtes, sie haben tatsächlich eine lange Tradition. Der amerikanische Autor Samuel Langhorne Clemens ist etwa ausschließlich unter seinem Künstlernamen »Mark Twain« bekannt.

Aktives Identitätsmanagement

Nicht jeder Ihrer Arbeitskollegen oder entfernten Bekannten muss alles über Sie wissen. Bei Facebook sollten Sie deshalb die Sichtbarkeit der einzelnen Datenkategorien und Posts für Dritte unter *facebook.com/settings* auf Ihre Bedürfnisse anpassen und regelmäßig überprüfen. Nicht vergessen: Die umsichtigsten Einstellungen sind womöglich für die Katz, wenn man einfach ungeprüft Freundschafts-Anfragen Wildfremder annimmt. Außerdem gilt nach wie vor: Der Betreiber der Plattform kann trotzdem alles sehen.

Datenschutz am Arbeitsplatz
Darf mein Chef meine E-Mails lesen? Wie schaut es mit Videokameras in Geschäftsräumen aus? Wo darf der Betriebsrat mitreden? Die Gewerkschaft ver.di hat einen umfassenden Antwortkatalog zu allen Rechtsfragen rund um das Thema Überwachung am Arbeitsplatz zusammengestellt, in dem diese und andere Fragen ausführlich beantwortet werden: *http://www.msgler.verdi.de/informationen-zum-arbeitsrecht/++co++e5225bce-421f-11e3-9fac-52540059119e*

Holen Sie sich Unterstützung
Keiner erwartet von Ihnen, dass Sie als Einzelperson gegen einen großen Konzern vor Gericht ziehen. In jedem EU-Mitgliedsstaat gibt es Aufsichtsbehörden, die über die Einhaltung von Datenschutzbestimmungen wachen. In Deutschland gibt es 16 Landesbehörden für den Datenschutz sowie die Behörde der Bundesbeauftragten für den Datenschutz und die Informationsfreiheit (BfDI). Unter *datenschutz.de* finden Sie viele Infos und Kontaktadressen. Beschwerden können für gewöhnlich einfach per E-Mail eingereicht werden. Je nach Auslastung der Aufsichtsbehörde kann es allerdings einige Zeit dauern, bis eine Prüfung eingeleitet wird. Liegt ein Rechtsbruch vor, setzt sich die Behörde mit dem Beschuldigten in Verbindung und versucht den Missstand zu beheben. Notfalls können auch Bußgelder verhängt werden.

Dic Verbraucherzentralen unterhalten ein bundesweites Netz, das Rechtsberatung für Betroffene bietet und Meldungen zu Missständen aufnimmt. Unter *verbraucherzentrale.de/beratung* finden Sie Beratungsstellen in Ihrer Nähe. Das Projekt Marktwächter Digitale Welt sammelt außerdem unter *marktwaechter.de/mitmachen/beschwerdeformular* Beschwerden von Verbrauchern mit einem Online-Briefkasten.

Wählen Sie Datenschutz

Machen Sie sich vor der nächsten Wahl schlau, wie die einzelnen Parteien zum Thema Datenschutz stehen. Erkundigen Sie sich vor allem über die Positionen der Direktkandidaten in Ihrem Wahlkreis. Über die Plattform *abgeordnetenwatch. de* können Sie Kandidaten öffentlich anschreiben und zu politischen Themen befragen. Es ist einfacher, als man denkt, bei seinem Bundestagsabgeordneten einen Termin in der Bürgersprechstunde zu bekommen. Fordern Sie Ihre politischen Vertreter auf, sich für das Thema Datenschutz einzusetzen. Machen Sie vor allem klar, dass das Thema Ihre Wahlentscheidung beeinflussen wird. Wenn Sie Mitglied einer Partei sind: Setzen Sie sich für eine klare Ablehnung von Massenüberwachung im Parteiprogramm ein.

Investieren Sie in eine gerechte vernetzte Zukunft

Große Verbände wie Greenpeace konnten in den vergangenen Jahrzehnten nur deshalb so erfolgreich für einen stärkeren Umweltschutz streiten, weil Tausende von Mitgliedern sie finanziell unterstützen. Es gibt zahlreiche Organisationen und Vereine, deren erklärtes Ziel es ist, sich für das Recht auf auf Privatsphäre und Selbstbestimmung in der vernetzten Welt einzusetzen. Sie organisieren kreative Protestaktionen, Klagen vor Gericht und vertreten die Interessen der Nutzer bei Gesetzgebungsprozessen. Helfen Sie mit, dieses unabhängige Gegengewicht zu den Lobbyaktivitäten von Geheimdiensten und Konzernen zu stärken. Unterstützen Sie diese Arbeit mit einer regelmäßigen Spende.

Weiterführende Links
- Der Bürgerservice des Bundesamts für die Sicherheit in der Informationstechnik (BSI): https://www.bsi-fuer-buerger.de
- Das virtuelle Datenschutzbüro: https://www.datenschutz.de
- Die Marktwächter Digitale Welt: https://ssl.marktwaechter.de/digitalewelt
- Mobilsicher – Erste Hilfe für das Smartphone: https://mobilsicher.de
- Der Blog des IT-Sicherheitsexperten Mike Kuketz: https://www.kuketz-blog.de
- Tipps für Eltern & Kinder von der Initiative »Klicksafe«: https://www.klicksafe.de
- Unabhängiges Landeszentrum für Datenschutz (ULD) Schleswig-Holstein: https://www.datenschutzzentrum.de/

Diese Liste mit Links und Tipps ist auch online in meinem Blog verfügbar und wird dort regelmäßig aktualisiert: http://kattascha.de/erstehilfe

Dank

Ein Buch zu schreiben ist ein langer Prozess mit Höhen und Tiefen. Autoren sind keine Einzelkämpfer. Im Hintergrund standen mir eine ganze Reihe von Menschen mit Rat und Tat zur Seite. Allen voran möchte ich meiner Familie und meinem Lebensgefährten für ihre Unterstützung danken. Mein ganz besonderer Dank gilt ebenfalls meiner Lektorin Cindy Witt und dem Verlag Lübbe für die Begleitung dieses Buchprojekts.

Für dieses Buch habe ich viele Gespräche mit Experten geführt. Ich danke Heiko Dünkel und Florian Glatzer vom Verbraucherzentrale Bundesverband für das Beisteuern ihrer Expertise sowie Jan Philipp Albrecht für bereichernde Gespräche. Auch all jenen Gesprächspartnern, die nicht zitiert wurden, möchte ich danken. Ihre Perspektiven haben das Buch in vielerlei Hinsicht bereichert.

Mein Dank gilt ebenfalls den vielen Menschen – Freunden, Weggefährten und Arbeitskollegen –, die mich dabei unterstützt haben dieses Buch zu schreiben und während des Schreibprozesses wichtige Impulse beisteuerten. Ich danke Kevin für Analyse meines Twitter-Accounts, Pia für ihre psychologische Analyse meines Einkaufsprofils und Jacob für die Bereitschaft, seine Meldedaten abfragen zu lassen. Mein Dank gilt außerdem Niels, Britta, Kevin, Dennis, Viola und Jan für die Bereitstellung ihrer Google-Suchergebnisse sowie meinem Hausarzt für die Bewertung meiner Gesundheitsdaten. Patrick Breyer und Dennis

Romberg danke ich für ihren kritischen Blick und wertvolle Anregungen. Ich danke Peter Knaak für seine Anmerkungen zur aktualisierten zweiten Auflage.

Nicht zuletzt danke ich den vielen Menschen und Organisationen, mit denen zusammen ich in den letzten Jahren Petitionen, Verfassungsbeschwerden und Demonstrationen für digitale Selbstbestimmung auf die Beine stellen durfte. Es macht mich immer wieder froh zu sehen, wie groß und vielfältig die Bewegung derer ist, die für Bürgerrechte im digitalen Zeitalter einstehen. Ihr gebt vielen Menschen Kraft.

Vielen, vielen Dank!

Literaturverzeichnis

Amann, Susanne u. a. (2009): Überwachungsskandal: Bahn-Spitzelei entsetzt Datenschützer, in: Spiegel Online, 28.01.2009.
Unter: http://www.spiegel.de/wirtschaft/ueberwachungsskandal-bahn-spitzelei-entsetzt-datenschuetzer-a-604124.html (aufgerufen am: 02.01.2018).

Amann, Susanne; Grill, Markus (2009): Interne Papiere im Mülleimer. Datenschützer prüfen geheime Krankenakten bei Lidl, in: Spiegel Online, 06.04.2009.
Unter: http://www.spiegel.de/wirtschaft/interne-papiere-im-muelleimer-datenschuetzer-pruefen-geheime-krankenakten-bei-lidl-a-617693.html (aufgerufen am: 03.01.2018).

Amnesty International (2018): Der Taser: Ein gescheitertes Experiment, in: Amnesty International, 07.03.2018.
Unter: http://amnesty-polizei.de/der-taser-ein-gescheitertes-experiment/ (aufgerufen am 04.11.18).

Angwin, Julia; Larson, Jeff; Mattu, Surya; Kirchner, Lauren (2016): Machine Bias, in: ProPublica, 23.05.2016.
Unter: https://www.propublica.org/article/machine-bias-risk-assessments-in-criminal-sentencing (aufgerufen am: 04.01.2018).

Backstrom, Lars (2013): News Feed FYI: A Window Into News Feed, in: Facebook Business, 06.08.2013.
Unter: https://www.facebook.com/business/news/News-Feed-FYI-A-Window-Into-News-Feed (aufgerufen am: 05.01.2018).

Backstrom, Lars; Kleinberg, Jon (2013): Romantic Partnerships and the Dispersion of Social Ties: A Network Analysis of Relationship Status on Facebook, in: CSCW '14, Proceedings of the 17th ACM Conference on Computer supported cooperative work & social computing, S. 831-841, ACM New York, 15.02.2014.

Barbaro, Michael; Zeller, Tom Jr. (2006): A Face Is Exposed for AOL Searcher No. 4417749, in: The New York Times (online), 09.08.2006. Unter: http://www.nytimes.com/2006/08/09/technology/09aol.html (aufgerufen am: 02.01.2018).

Barlow, John Perry (1996): A Declaration of the Independence of Cyberspace, in: EFF – Electronic Frontier Foundation, 08.02.1996. Unter: https://www.eff.org/de/cyberspace-independence (aufgerufen am: 30.12.2017).

Berger, Daniel (2018): Untersuchung: Zahl der Tracker sinkt nach DSGVO, in: heise online, 11.10.2018. Unter: https://www.heise.de/newsticker/meldung/Untersuchung-Zahl-der-Tracker-sinkt-nach-DSGVO-4188974.html (aufgerufen am 04.11.18).

Bernau, Patrick (2018): Was der neue Datenschutz angerichtet hat, in: Frankfurter Allgemeine, 28.05.2018. Unter: http://www.faz.net/aktuell/wirtschaft/diginomics/skurrile-folgen-der-dsgvo-15609815.html (aufgerufen am 04.11.18).

Bienert, Magdalena; Meschkat, Sonja (2017): Werbung in der Stadt: Darf's ein bisschen weniger sein?, Redaktionskonferenz, in: Deutschlandfunk Nova, 03.07.2017. Unter: https://www.deutschlandfunknova.de/beitrag/new-entry-12 (aufgerufen am: 03.01.2018).

Biermann, Kai; Thurm, Frida (2018): Anschlag am Breitscheidplatz: Acht Ungereimtheiten im Fall Amri, in: Zeit Online, 31.01.2018. Unter: http://www.zeit.de/politik/deutschland/2018-01/amri-untersuchungsausschuss-bundestag-fragen (aufgerufen am: 31.01.2018).

Böcking, David (2014): Verweigertes Visum. USA bestreiten Schikane gegen Freihandelskritikerin, in: Spiegel Online, 04.04.2014. Unter: http://www.spiegel.de/wirtschaft/soziales/ttip-usa-bestreiten-schikane-gegen-freihandelskritikerin-a-962640.html (aufgerufen am: 30.12.2017).

Borchers, Detlef (2016): Demonstration gegen BND-Gesetz: Nein zur deutschen NSA, in: heise online, 26.09.2016. Unter: https://www.heise.de/newsticker/meldung/Demonstration-gegen-BND-Gesetz-Nein-zur-deutschen-NSA-3332315.html (aufgerufen am: 22.01.2018).

boyd, danah (2014): It's complicated. The Social Lives of Networked Teens. Yale University Press. Yale.

bp – Global. Life Benefits (Webseite): http://hr.bpglobal.com/LifeBenefits/Sites/ core/BP-Life-benefits/Employee-benefits-handbook/BP-Medical-Program/How-the-BP-Medical-Program-works/Health-Savings-OOA-Option-summary-chart/ BP-Wellness-Program.aspx (aufgerufen am: 05.01.2018).

Breithut, Jörg (2016): Personen, die du vielleicht kennst. Wie Facebook Ihren Freundschaften nachspioniert, in: Spiegel Online, 15.09.2016. Unter: http://www.spiegel.de/netzwelt/web/so-findet-facebook-ihre-freunde-a-1111698.html (aufgerufen am: 25.01.2018).

Briegleb, Volker (2017): Eltern überwachen Kinder: Bundesnetzagentur verbietet Kinderuhren mit Abhörfunktion, in: heise online, 17.11.2017. Unter: https://www.heise.de/newsticker/meldung/Eltern-ueberwachen-Kinder-Bundesnetzagentur-verbietet-Kinderuhren-mit-Abhoerfunktion-3892498.html (aufgerufen am: 10.01.2018).

Brodnig, Ingrid (2018): Ingrid Brodnig: Negativfaktor Frau, in: profil (online), 20.10.2018. Unter: https://www.profil.at/meinung/ingrid-brodnig-negativfaktor-frau-10422551 (aufgerufen am: 04.11.2018).

Bruns, Michael (2017): Telematik in der Autoversicherung: Fahrstil per App kontrollieren, in: Stiftung Warentest (online), 13.04.2017. Unter: https://www.test.de/Telematik-in-der-Autoversicherung-Fahrstil-per-App-kontrollieren-5165759-0/ (aufgerufen am: 06.01.2018).

Byers, Philipp (2016): Darf der Arbeitgeber meinen Browserverlauf auswerten?, in: Die Welt (online), 11.04.2016. Unter: https://www.welt.de/wirtschaft/karriere/article154202363/Darf-der-Arbeitgeber-meinen-Browserverlauf-auswerten.html (aufgerufen am: 04.01.2018).

Campact! Bewegt Politik (2014): USA verweigern TTIP- und NSA-Aktivistin die Einreise, Pressemitteilung vom 03.04.2014, in: Campact (online), 03.04.2014. Unter: https://www.campact.de/presse/mitteilung/ttip/appell/03-04-2014usa-verweigern-ttip-und-nsa-aktivistin-die-einreise/ (aufgerufen am: 15.01.2018).

Collins, Keith (2017): Google collects Android users' locations even when location services are disabled, in: Quartz Media, 21.11.2017. Unter: https://qz.com/1131515/google-collects-android-users-locations-even-when-location-services-are-disabled/ (aufgerufen am: 05.01.2018).

Cranor, Lorrie Faith; McDonald, Aleecia M. (2009): The Cost of Reading Privacy Policies, in: I/S: A Journal of Law and Policy for the Information Society, ISJLP Band 4, S. 543–897, 01.01.2009.

Culter, David M.; Reber, Sarah J. (1998): Paying for Health Insurance: The Trade-Off between Competition and Adverse Selection, in: The Quarterly Journal of Economics, Band 113/2, S. 433–466, the MIT Press, 1998.

Dachwitz, Ingo (2017): Verhaltensbasierte Werbung: Facebook identifiziert emotional verletzliche Jugendliche, in: Netzpolitik.org, 02.05.2017.
Unter: https://netzpolitik.org/2017/verhaltensbasierte-werbung-facebook-australien-analysiert-emotionen-und-aengste-von-jugendlichen/ (aufgerufen am: 03.01.2018).

Dachwitz, Ingo (2018): Von Datenhändlern und Datengerechtigkeit: Frederike Kaltheuner im Interview, in: Netzpolitik.org, 20.09.2018.
Unter: https://netzpolitik.org/2018/von-datenhaendlern-und-datengerechtigkeit-frederike-kaltheuner-im-interview/ (aufgerufen am: 04.11.2018).

Die Bundesbeauftragte für den Datenschutz und die Informationsfreiheit (2018): Statement der BfDI zur Entfernung von Klingelschildern, in: bfdi.bund.de, 18.10.2018.
Unter: https://www.bfdi.bund.de/DE/Home/Kurzmeldungen/Klingelschilder.html (aufgerufen am 04.11.18).

Diuk, Carlos Greg (2014): The Formation of Love, in: Facebook Data Science, 14.02.2014.
Unter: https://www.facebook.com/notes/facebook-data-science/the-formation-of-love/10152064609253859/?fref=mentions (aufgerufen am: 18.01.2018).

DIVSI-Umfrage (2015): So gehen Internet-Nutzer in Deutschland mit AGB und Datenschutzbedingungen um, in: DIVSI-Deutsches Institut für Vertrauen und Sicherheit im Internet, 22.10.2015.
Unter: https://www.divsi.de/publikationen/studien/divsi-umfrage-gehen-internet-nutzer-deutschland-mit-agb-und-datenschutzbedingungen-um/agb-lesertypen-nichtkaum-lesen-vs-genaudetailliert-lesen/ (aufgerufen am: 30.12.2017).

Dorloff, Axel (2017): Pläne in Peking. Überwachung total made in China, in: tagesschau.de, 26.05.2017.
Unter: https://www.tagesschau.de/ausland/china-ueberwachung-101.html (aufgerufen am: 05.01.2018).

Drosdowski, Johannes (2017): Privatsphäre vs. Sicherheit. Kritik an Videoüberwachung in Berliner Edel-Spa, in: Der Tagesspiegel (online), 18.11.2017.
Unter: http://www.tagesspiegel.de/berlin/privatsphaere-vs-sicherheit-kritik-an-videoueberwachung-in-berliner-edel-spa/20601076.html (aufgerufen am: 30.12.2017).

Drösser, Christoph (2016): Total berechenbar? Wenn Algorithmen über uns entscheiden. Carl Hanser Verlag. München.

Duhigg, Charles (2012): How Companies Learn Your Secrets, in: The New York Times Magazine (online), 16.02.2012.
Unter: http://www.nytimes.com/2012/02/19/magazine/shopping-habits.html (aufgerufen am: 04.01.2018).

Duportail, Judith (2017): I asked Tinder for my data. It sent me 800 pages of my deepest, darkest secrets, in: The Guardian (online), 26.09.2017.
Unter: https://www.theguardian.com/technology/2017/sep/26/tinder-personal-data-dating-app-messages-hacked-sold (aufgerufen am: 04.01.2018).

Durante, Kristina M.; Griskevicius, Vladas; Hill, Sarah E.; Perilloux, Carin; Li, Norman P. (2010): Ovulation, Female Competition, and Product Choice: Hormonal Influences on Consumer Behavior, in: Journal of Consumer Research, JCR Band 37/6, S. 921–934, Oxford University Press, 01.04.2011.

Durante, Kristina M.; Rae, Ashley; Griskevicius, Vladas (2013): The Fluctuating Female Vote: Politics, Religion, and the Ovulatory Cycle, in: Sage Journals, Psychological Science, Band 24/6, S. 1007–1016, 01.06.2013.

Eggers, Dave (2015): The Circle, Kiepenheuer & Witsch.

Epstein, Robert (2015): How Google Could Rig the 2016 Election. Google has the ability to drive millions of votes to a candidate with no one the wiser, in: Politico Magazine (online), 19.08.2015.
Unter: https://www.politico.com/magazine/story/2015/08/how-google-could-rig-the-2016-election-121548 (aufgerufen am: 05.01.2018).

Falk; Armin; Kosfeld, Michael (2004): Distrust : The Hidden Cost of Control, in: Institute of Labor Economics, IZA, Discussion paper series, Nr. 1203, 2004.

Farrall, Kenneth (2012): Online Collectivism, Individualism and Anonymity in East Asia, in: Surveillance & Society 9 (4), Juni 2012.
Unter: https://ojs.library.queensu.ca/index.php/surveillance-and-society/article/view/collectivism/collectivism (aufgerufen am 04.11.18).

Fitbit – Group Health (Webseite): https://www.fitbit.com/de/group-health (aufgerufen am: 06.01.2018).

Fox-Brewster, Tom (2014): Londoners give up eldest children in public Wi-Fi security horror show, in: The Guardian (online), 29.09.2014.
Unter: https://www.theguardian.com/technology/2014/sep/29/londoners-wi-fi-security-herod-clause (aufgerufen am: 05.01.2018).

Fraunhofer-Institut für Sichere Informationstechnologie: Track your Tracker. Tracker-Analysetool des Fraunhofer Instituts. Unter: https://www.sit.fraunhofer.de/de/track-your-tracker/ (aufgerufen am: 06.01.2018).

Friggeri, Adrien (2014): When Love Goes Awry, in: Facebook Data Science, 15.02.2014. Unter: https://www.facebook.com/notes/facebook-data-science/when-love-goes-awry/10152066701893859/?fref=mentions (aufgerufen am: 18.01.2018).

Gauvry, Isabelle (2013): New Beauty Study Reveals Days, Times And Occasions When U.S. Women Feel Least Attractive, in: Cision PR Newswire, 02.10.2013. Unter: https://www.prnewswire.com/news-releases/new-beauty-study-reveals-days-times-and-occasions-when-us-women-feel-least-attractive-226131921.html (aufgerufen am: 06.01.2018).

Generali Vitality: Was zahle ich, was spare ich?, in: Generali, Vitality erleben (online), 02.01.2017. Unter: https://www.generali-vitalityerleben.de/noch-fragen.html#kosten (aufgerufen am: 06.01.2018).

Gierke, Sebastian (2013): Videoüberwachung in München. Bitte recht freundlich, in: SZ.de, Süddeutsche Zeitung (online), 02.08.2013. Unter: http://www.sueddeutsche.de/bayern/videoueberwachung-in-muenchen-bitte-recht-freundlich-1.1735940-2 (aufgerufen am: 04.01.2018).

Glatzner, Florian (2008): Die staatliche Videoüberwachung des öffentlichen Raumes als Instrument der Kriminalitätsbekämpfung – Spielräume und Grenzen, VDM Verlag Dr. Müller, 2008.

Gobbin, Martin (2018): Tracking: Was ein einziger Tag am Handy über Surfer verrät, in: Stiftung Warentest (online), 28.10.2018. Unter: https://www.test.de/Tracking-Was-ein-einziger-Tag-am-Handy-ueber-Surfer-verraet-5391040-0/ (aufgerufen am: 04.11.2018).

Goel, Sharad; Hofman, Jake M.; Sirer, M. Irmak (2012): Who Does What on the Web: A Large-scale Study of Browsing Behavior, in: AAAI Publications, sixth International Conference on Web and Social Media, ICWSM, S. 130-137, the AAAI Press, 2012.

Gribbin, Caitlyn (2017): Revenge porn: Facebook teaming up with Government to stop nude photos ending up on Messenger, Instagram, in: ABC News (online), 02.11.2017.

Unter: http://www.abc.net.au/news/2017-11-02/facebook-offers-revenge-porn-solution/9112420 (aufgerufen am: 06.01.2018).

Gründel, Verena (2017): Magna-Studie: Werbemarkt 2017: Online überholt erstmals TV, in: W&V – Werben und Verkaufen (online), 15.06.2017. Unter: https://www.wuv.de/medien/werbemarkt_2017_online_ueberholt_erstmals_tv (aufgerufen am: 30.12.2017).

Hagen, Lara (2015): Wann Arbeitnehmer überwacht werden dürfen, in: Der Standard (online), 05.03.2015. Unter: https://derstandard.at/2000012431379/Wann-Arbeitnehmer-ueberwacht-werden-duerfen (aufgerufen am: 04.01.2018).

Hamann, Götz (2017): 2,42 Milliarden Euro. Eine so hohe Geldbuße verhängte die EU gegen Google. Zu Recht?, in: Zeit Online, 28.06.2017. Unter: http://www.zeit.de/2017/27/google-eu-geldbusse-preisvergleich (aufgerufen am: 06.01.2018).

Hannak, Aniko; Soeller, Gary; Lazer, David; Mislove, Alan; Wilson, Christo (2014): Measuring Price Discrimination and Steering on E-commerce Web Sites, in: IMC '14 , Proceedings of the 2014 Conference on Internet Measurement Conference, S. 305–318, ACM New York, 2014.

Hecking, Claus (2017): Anonyme Bewerbung. Hanna wird eingeladen – Ismail nicht, in: Spiegel Online, 22.06.2017. Unter: http://www.spiegel.de/wirtschaft/service/diskriminierung-anonyme-bewerbungen-sind-unpersoenlich-aber-gerecht-a-1152960.html (aufgerufen am: 06.01.2018).

Heise Online, Redaktion (2016): Arbeitgeber darf Browserverlauf der Mitarbeiter auswerten, in: heise online, 21.03.2016. Unter: https://www.heise.de/newsticker/meldung/Arbeitgeber-darf-Browserverlauf-der-Mitarbeiter-auswerten-3145793.html (aufgerufen am: 02.01.2018).

Henze, Arnd (2017): Affäre um G20-Akkreditierungen. Das große Löschen, in: tagesschau.de, 03.10.2017. Unter: http://www.tagesschau.de/inland/g20-akkreditierungen-107.html (aufgerufen am: 06.01.2018).

Hern, Alex (2017): Hacking risk leads to recall of 500,000 pacemakers due to patient death fears, in: The Guardian (online), 31.08.2017. Unter: https://www.theguardian.com/technology/2017/aug/31/hacking-risk-recall-pacemakers-patient-death-fears-fda-firmware-update (aufgerufen am: 10.01.2018).

Hern, Alex (2018): Facebook admits tracking users and non-users off-site, in: The Guardian (online), 17.04.2018.
Unter: https://www.theguardian.com/technology/2018/apr/17/facebook-admits-tracking-users-and-non-users-off-site (aufgerufen am 04.11.18).

Hildebrand, Axel (2008): Mitarbeiterüberwachung. Versteckte Kameras auch bei Aldi, in: Stern (online), 17.04.2008.
Unter: https://www.stern.de/wirtschaft/job/mitarbeiterueberwachung-versteckte-kameras-auch-bei-aldi-3087590.html (aufgerufen am: 04.01.2018).

Hill, Kashmir (2016): Facebook recommended that this psychiatrist's patients friend each other, in: Splinter News, 29.08.2016.
Unter: https://splinternews.com/facebook-recommended-that-this-psychiatrists-patients-f-1793861472 (aufgerufen am: 06.01.2018).

Hill, Kashmir; Mattu Surya (2018): Facebook Knows How to Track You Using the Dust on Your Camera Lens, in: Gizmodo (online), 11.01.2018.
Unter: https://gizmodo.com/facebook-knows-how-to-track-you-using-the-dust-on-your-1821030620 (aufgerufen am: 11.01.2018).

Hockling, Sabine (2016): Big Data: Sagt der Bewerber die Unwahrheit?, Interview mit Tim Oliver Pröhm, in: Zeit Online, 02.05.2016.
Unter: http://www.zeit.de/karriere/bewerbung/2016-04/big-data-personalsuche-ueberwachung-bewerber (aufgerufen am: 06.01.2018).

Holl, Jürgen; Kernbeiß, Günter; Wagner-Pinte, Michael (2018): Das AMS-Arbeitsmarktchancen-Modell, in: SYNTHESISFORSCHUNG Gesellschaft m.b.H., Oktober 2018.
Unter: http://www.forschungsnetzwerk.at/downloadpub/arbeitsmarktchancen_methode_%20dokumentation.pdf (aufgerufen am: 04.11.2018).

Holland, Martin (2013): Neues NSA-Rechenzentrum soll massive technische Probleme haben, in: heise online, 08.10.2013.
Unter: https://www.heise.de/newsticker/meldung/Neues-NSA-Rechenzentrum-soll-massive-technische-Probleme-haben-1974062.html (aufgerufen am: 20.01.2018).

Holland, Martin (2014): Snowden: NSA-Mitarbeiter tauschen erbeutete Nacktbilder, in: heise online, 18.07.2014.
Unter: https://www.heise.de/newsticker/meldung/Snowden-NSA-Mitarbeiter-tauschen-erbeutete-Nacktbilder-2262547.html (aufgerufen am: 01.01.2018).

Holpuch, Amanda (2012): McAfee confirms he is in Guatemala after Vice magazine reveals location, in: The Guardian (online), 04.12.2012. Unter: https://www.theguardian.com/world/2012/dec/04/john-mcafee-confirms-guatemala-vice (aufgerufen am: 12.01.2018).

Hoock, Silke; Humpfle, Jennifer (2015): Bespitzelung von Mitarbeitern ist keine Ausnahme, in: Der Westen (online), 19.02.2015. Unter: https://www.derwesten.de/politik/bespitzelung-von-mitarbeitern-ist-keine-ausnahme-id10374657.html (aufgerufen am: 04.01.2018).

Horchert, Judith (2018): Neue Gesundheits-App Vivy „Ich kann von einer Nutzung nur abraten", in: Spiegel Online, 19.09.2018. Unter: http://www.spiegel.de/netzwelt/apps/vivy-sicherheitsexperte-kritisiert-von-krankenkassen-angebotene-gesundheits-app-a-1228749.html (aufgerufen am: 04.11.2018).

HPI – Hasso-Plattner-Institut, Digital Engineering, Universität Potsdam (2017): Die Top Ten deutscher Passwörter, Pressemitteilung vom 22.12.2017, in: HPI – Hasso-Plattner-Institut (online), 22.12.2017. Unter: https://hpi.de/pressemitteilungen/2017/die-top-ten-deutscher-passwoerter.html (aufgerufen am 01.02.2018).

Ilf (2016): Digital Eraser deletes Twitter account data, in: GitHub, 14.10.2016. Unter: https://github.com/ilf/twitter-eraser (aufgerufen am: 06.01.2018).

Innenministerium – Aufsichtsbehörde für den Datenschutz im nichtöffentlichen Bereich, Baden-Württemberg (2008): Datenschutzaufsichtsbehörden verhängen gegen Lidl-Vertriebsgesellschaften hohe Bußgelder wegen schwerwiegender Datenschutzverstöße, Pressemitteilung vom 11.09.2008. Unter: https://www.datenschutzzentrum.de/presse/20080911-bw-lidl-bussgeldverfahren.pdf

Jansen, Frank; Beikler, Sabine; Fiedler, Maria (2017): Was im Fall Anis Amri alles schief gelaufen ist, in: Der Tagesspiegel (online), 29.03.2017. https://www.tagesspiegel.de/politik/attentaeter-vom-breitscheidplatz-was-im-fall-anis-amri-alles-schief-gelaufen-ist/19588646.html (aufgerufen am 04.11.18).

Jarvis, Jeff (2010): The German Privacy Paradox, in: Buzz Machine, 11.02.2010. Unter: http://buzzmachine.com/2010/02/11/the-german-privacy-paradox/ (aufgerufen am: 30.12.2017).

Jurgenson, Nathan (2015): Facebook: Fair and Balanced, in: The Society Pages, Cyborgology, 07.05.2015. Unter: https://thesocietypages.org/cyborgology/2015/05/07/facebook-fair-and-balanced/ (aufgerufen am: 06.01.2018).

Kempmann, Antonius; Pinkert, Reiko (2018): BKA rüstet auf. Smartphone-Trojaner im Einsatz, in: tagesschau.de, 26.01.2018.
Unter: https://www.tagesschau.de/ausland/trojaner-101.html (aufgerufen am: 02.02.2018).

Kendzia, Ludwig (2017): Digitaler Wahlkampf: Datenschützer prüfen CDU-Wahlkampf-App, in: mdr Thüringen (online), 31.08.2017.
Unter: https://www.mdr.de/thueringen/cdu-app-wahlkampf-datenschutz-100.html (aufgerufen am: 01.02.2018).

Klasen, Oliver (2013): Geheimdienst in der Guardian-Redaktion – Szenen wie aus einem Spionagethriller, in: SZ.de, Süddeutsche Zeitung (online), 20.08.2013.
Unter: http://www.sueddeutsche.de/politik/geheimdienst-in-der-guardian-redaktion-szenen-wie-aus-einem-spionagethriller-1.1750231 (aufgerufen am: 12.01.2018).

Knight-Webb, Louis: Analysing the Audience Segments of the AfD, in: who targets me?, Stand: 03.01.2018.
Unter: https://whotargets.me/de/analysing-audience-segments-afd/ (aufgerufen am: 06.01.2018).

Kogel, Dennis (2018): Oops: App verrät Jogging-Routen von Bundeswehrsoldaten in Afghanistan, in: Vice – Motherboard (online), 29.01.2018.
Unter: https://motherboard.vice.com/de/article/d34may/oops-app-verrat-jogging-routen-von-bundeswehrsoldaten-in-afghanistan (aufgerufen am: 30.01.2018).

Koller, Daniel (2017): Datenschützer entsetzt: Gesichtsscanner in österreichischen Apotheken, in: Der Standard (online), 25.11.2017.
Unter: http://derstandard.at/2000068487316/Datenschuetzer-entsetzt-Gesichtsscanner-in-oesterreichischen-Apotheken (aufgerufen am: 10.01.2018).

Kosinski, Michal; Stillwell, David; Kohli, Pushmeet; Bachrach, Yoram; Graepel, Thore (2012): Personality and Website Choice, in: Proceedings of ACM Web Science Conference (WebSci '12), ACM New York, 2012.

Kosinski, Michal; Stillwell, David; Graepel, Thore (2013): Private traits and attributes are predictable from digital records of human behavior, in: Proceedings of the National Academy of Sciences of the United States of America, PNAS Band 110/15, S. 5802–8505, 09.04.2013.

Kosinski, Michal; Wang, Yilun (2017): Deep neural networks are more accurate than humans at detecting sexual orientation from facial images, in: PsyArXiv Preprints, 16.10.2017.
Unter: https://psyarxiv.com/hv28a/ (aufgerufen am: 30.01.2018).

Kosinski, Michal; Stillwell, David; Matz, Sandra; Nave, Gideon (2017): Psychological targeting as an effective approach to digital mass persuasion, in: Proceedings of the National Academy of Sciences of the United States of America, PNAS Band 114/48, S. 12714–12719, 28.11.2017.

Köster, Moritz; Rüth, Marco; Hamborg, Kai-Christoph; Kaspar, Kai (2015): Effects of Personalized Banner Ads on Visual Attention and Recognition Memory, in: Applied Cognitive Psychology, Band 29/2, S. 181–192, 2015.

Krafft, Tobias D.; Gamer, Michael; Laessing, Marcel; Zweig, Katharina A. (2017): Filterblase geplatzt? Kaum Raum für Personalisierung bei Google-Suchen zur Bundestagswahl 2017, in: Algorithm Watch (online), 08.09.2017.
Unter: https://algorithmwatch.org/de/filterblase-geplatzt-kaum-raum-fuer-personalisierung-bei-google-suchen-zur-bundestagswahl-2017/ (aufgerufen am: 01.02.2018).

Kramer, Adam D. I.; Guillory, Jamie E.; Hancock, Jeffrey T. (2014): Experimental evidence of massive-scale emotional contagion through social networks; in:, Proceedings of the National Academy of Sciences of the United States of America, PNAS Band 111/24, S. 8788–8790, 17.06.2014.

Krempl, Stefan (2009): Deutsche Bahn zahlt Rekordstrafe wegen Datenschutzverstößen, in: heise online, 23.10.2009.
Unter: https://www.heise.de/newsticker/meldung/Deutsche-Bahn-zahlt-Rekordstrafe-wegen-Datenschutzverstoessen-837477.html (aufgerufen am: 04.01.2018).

Krempl, Stefan (2018): Projekt gegen Rachepornos: Nutzer können Facebook ihre Nacktbilder schicken, in: heise online, 24.05.2018.
https://www.heise.de/newsticker/meldung/Projekt-gegen-Rachepornos-Nutzer-koennen-Facebook-ihre-Nacktbilder-schicken-4058151.html (aufgerufen am 04.11.18).

Krieg, Gregory (2015): No-fly nightmares: The program's most embarrassing mistakes, in: CNN politics (online), 07.12.2015.
Unter: http://edition.cnn.com/2015/12/07/politics/no-fly-mistakes-cat-stevens-ted-kennedy-john-lewis/index.html (aufgerufen am: 20.01.2018).

Kühl, Eike (2015): Die Verwertungskette nach dem Hack, in: Zeit Online, 25.08.2015.
Unter: http://www.zeit.de/digital/datenschutz/2015-08/ashley-madison-erpressung-hack-seitensprung (aufgerufen am: 05.01.2018).

Leinemann, Jürgen (2004): Höhenrausch. Die wirklichkeitsleere Welt der Politik. Karl Blessing Verlag. München.

Levin, Sam (2017): Facebook allowed advertisers to target ›Jew haters‹, in: The Guardian (online), 15.09.2017.
Unter: https://www.theguardian.com/technology/2017/sep/14/facebook-advertising-jew-hater-antisemitism (aufgerufen am: 06.01.2018).

Lewis, Paul (2017): ‚Our minds can be hijacked‘: the tech insiders who fear a smartphone dystopia, in: The Guardian, 06.10.2017.
Unter: https://www.theguardian.com/technology/2017/oct/05/smartphone-addiction-silicon-valley-dystopia (aufgerufen am 04.11.18).

Lischka, Konrad; Klingel, Anita (2017): Wenn Maschinen Menschen bewerten. Internationale Fallbeispiele für Prozesse algorithmischer Entscheidungsfindung – Arbeitspapier, in: Impuls Algorithmenethik #1, Bertelsmann Stiftung, 02.05.2017.

Lobe, Adrian (2016): Trend mit Makel: Wenn der Algorithmus den Mitarbeiter findet, in: Der Standard (online), 24.05.2016.
Unter: http://derstandard.at/2000037259645/Trend-mit-Makel-Wenn-der-Algorithmus-den-Mitarbeiter-findet (aufgerufen am: 04.01.2018).

Lobe, Adrian (2016): Taylorismus 2.0: Wie Unternehmen Mitarbeiter kontrollieren, in: Der Standard (online), 05.11.2016.
Unter: http://derstandard.at/2000046920244/Taylorismus-2-0-Wie-Unternehmen-Mitarbeiter-kontrollieren (aufgerufen am: 04.01.2018).

Luyken, Reiner (2007): Big Brother ist wirklich ein Brite, in: Zeit Online, 11.01.2007.
Unter: http://www.zeit.de/2007/03/Big-Brother/komplettansicht (aufgerufen am: 31.01.2018).

Maicher, Lutz (2016): Warum Daten nicht das neue Öl sind, in: Digital Present, Der Tagesspiegel (online), 21.03.2016.
Unter: http://digitalpresent.tagesspiegel.de/warum-daten-nicht-das-neue-oel-sind (aufgerufen am: 30.12.2017).

Manjoo, Farhad; Roose, Kevin (2017): How to Fix Facebook? We Asked 9 Experts, in: The New York Times (online), 31.10.2017.
Unter: https://www.nytimes.com/2017/10/31/technology/how-to-fix-facebook-we-asked-9-experts.html (aufgerufen am: 06.01.2018).

Mashal, Ibraheim (2016): I'm a Former Marine Who Was on the No Fly List for 4 Years – and I Still Don't Know Why, in: ACLU – American Civil Liberties Union (online), 01.07.2016.
Unter: https://www.aclu.org/blog/national-security/discriminatory-profiling/im-former-marine-who-was-no-fly-list-4-years-and-i (aufgerufen am: 20.01.2018).

Masnick, Mike (2005): Proof That (Almost) No One Reads End User License Agreements, in: techdirt, 23.02.2005.
Unter: https://www.techdirt.com/articles/20050223/1745244.shtml (aufgerufen am: 04.01.2018).

Matsa, Katerina Eva; Shearer, Elisa (2018): News Use Across Social Media Platforms 2018, in: journalism.org, 10.09.2018.
Unter: http://www.journalism.org/2018/09/10/news-use-across-social-media-platforms-2018/ (aufgerufen am 04.11.18).

Mayer, Jonathan; Mutchler, Patrick (2014): MetaPhone: The Sensitivity of Telephone Metadata, in: Web Policy, 12.03.2014.
Unter: http://webpolicy.org/2014/03/12/metaphone-the-sensitivity-of-telephone-metadata/ (aufgerufen am: 30.12.2017).

Mayer-Schönberger, Viktor (2011): Failing to Forget the »Drunken Pirate«, in: Delete: The Virtue of Forgetting in the Digital Age, Princeton University Press.
Unter: http://assets.press.princeton.edu/chapters/s9436.pdf

MDR Exakt (Redaktion) (2018): Sicherheitslücke in AOK Bonus-App entdeckt, in: MDR.de (online), 10.10.2018.
Unter: https://www.mdr.de/investigativ/exakt-sicherheitsluecke-aok-bonus-app-100.html (aufgerufen am: 04.11.2018).

Meedia Redaktion (2017): Eine Studie zeigt: Nicht einmal jeder zweite Jugendliche erkennt Native Advertising als Werbung, in: Meedia, 08.12.2017.
Unter: http://meedia.de/2017/12/08/eine-studie-zeigt-jugendliche-erkennen-native-advertising-nicht-als-werbung/ (aufgerufen am: 04.01.2018).

Meister, Andre (2017): Telefonüberwachung: Berliner Polizei hat letztes Jahr zwei Telefongespräche pro Minute abgehört, in: Netzpolitik.org, 08.08.2017.
Unter: https://netzpolitik.org/2017/telefonueberwachung-berliner-polizei-hat-letztes-jahr-zwei-telefongespraeche-pro-minute-abgehoert/ (aufgerufen am: 04.01.2018).

Mikians, Jakub; Gyarmati, László; Erramilli, Vijay; Laoutaris, Nikolaos (2013): Crowd-assisted Search for Price Discrimination in E-Commerce: First results, in: CoNEXT '13, Proceedings of the ninth ACM conference on Emerging networking experiments and technologies, S. 1-6, ACM New York, 09.12.2013.

Moll, R.; Schulze, A.; Rusch-Rodosthenous, M.; Kunke, C.; Scheibel, L. (2017): Wearables, Fitness-Apps und der Datenschutz: Alles unter Kontrolle?, Verbraucherzentrale NRW e.V. (Hrsg.), in: Marktwächter. Digitale Welt, 26.04.2017.

Unter: http://www.marktwaechter.de/digitale-welt/marktbeobachtung/
wearables-und-fitness-apps (aufgerufen am: 06.01.2018).

Moorstedt, Michael (2018): Alexa soll erkälteten Nutzern automatisch
Medikamente vorschlagen, in: Süddeutsche Zeitung (online), 15.10.2018.
Unter: https://www.sueddeutsche.de/digital/amazon-patent-alexa-soll-
erkaelteten-nutzern-automatisch-medikamente-vorschlagen-1.4169311
(aufgerufen am: 04.11.2018).

Mukherjee, SY (2017): It Might Soon Be Legal for Employers to Force You Into
a Genetic Test, in Fortune, 10.03.2017. Unter: http://fortune.com/2017/03/10/
genetic-testing-workplace-wellness-bill/ (aufgerufen am 01.01.2018)

NDR 1 Niedersachsen, Redaktion (2017): Post macht mit Video-
Gesichtserkennung weiter, in: NDR.de (online), 29.06.2017.
Unter: https://www.ndr.de/nachrichten/niedersachsen/hannover_
weser-leinegebiet/Post-macht-mit-Video-Gesichtserkennung-
weiter,gesichtserkennung112.html (aufgerufen am: 10.01.2018).

Niemann, Stefan (2017): Uber räumt Datendiebstahl ein, in: tagesschau.de,
29.11.2017.
Unter: http://www.tagesschau.de/ausland/uber-datenklau-101.html (aufgerufen
am: 02.01.2018).

Noah, Trevor (2017): Donald J. Trump Twitter Library, in: Comedy Central
Official Site.
Unter: http://www.cc.com/shows/the-daily-show-with-trevor-noah/trump-
twitter-library/tour (aufgerufen am: 01.01.2018)

ODC – Open Data City, Redaktion: Stasi versus NSA, in: opendatacity (online).
Unter: https://opendatacity.github.io/stasi-vs-nsa/ (aufgerufen am:
29.01.2018).

Ofcom (2015): Children and Parents: Media Use and Attitudes Report, in:
Ofcom/ Research and Data, 2015.
Unter:https://www.ofcom.org.uk/__data/assets/pdf_file/0024/78513/childrens_
parents_nov2015.pdf

OLMERA – Online Melderegisterauskünfte (Webseite): Auskunft aus dem
Berliner Melderegister: https://olmera.verwalt-berlin.de/std/Login/start.do
(aufgerufen am: 22.01.2018).

Panorama (2010): Kik: Jagd auf arme Mitarbeiter, in: ARD Mediathek,
22.07.2010.
Unter: http://www.ardmediathek.de/tv/Panorama/Kik-Jagd-auf-arme-Mitarbeiter/
Das-Erste/Video?bcastId=310918&documentId=10244194 (aufgerufen am:
04.01.2018).

Pariser, Eli (2011): The Filter Bubble. What the Internet Is Hinding from You.
Penguin Press HC.

Pariser, Eli (2015): Did Facebook's Big New Study Kill My Filter Bubble Thesis?,
in: Wired (online), 05.07.2015.
Unter: https://www.wired.com/2015/05/did-facebooks-big-study-kill-my-filter-
bubble-thesis/ (aufgerufen am: 04.01.2018).

Patalong, Frank (2013): Daten-Überwachungszentrum in Utah. Festung der
Cyberspione, in: Spiegel Online, 08.06.2013.
Unter: http://www.spiegel.de/netzwelt/netzpolitik/bluffdale-das-datensammel-
zentrum-der-nsa-a-904355.html (aufgerufen am: 30.12.2017).

Peitz, Dirk (2018): Krankenkassen-App Vivy hatte womöglich erhebliche
Sicherheitslücken, in: Zeit Online, 30.10.2018.
Unter: https://www.zeit.de/digital/datenschutz/2018-10/gesundheitsdaten-
sicherheit-medizin-app-vivy-datenschutz (aufgerufen am: 04.11.2018).

Petrich, Juliane (2015): Jedes zweite Unternehmen überprüft Bewerber in
Sozialen Netzwerken, in: bitkom (online), 02.06.2015.
Unter: https://www.bitkom.org/Presse/Presseinformation/Jedes-zweite-
Unternehmen-ueberprueft-Bewerber-in-Sozialen-Netzwerken.html (aufgerufen
am: 30.01.2018).

Posteo e.K. (2014): Dienstaufsichtsbeschwerde und Strafanzeige.
Unter: https://posteo.de/Dienstaufsichtsbeschwerde_Strafanzeige.pdf

Posteo e. K. (2018): Transparenzbericht 2017: Posteo fordert Verpflichtung für
TK-Anbieter, in: Posteo Info (online), 17.01.2018.
Unter: https://posteo.de/blog/transparenzbericht-2017-posteo-fordert-
verpflichtung-f%C3%BCr-tk-anbieter (aufgerufen am: 19.01.2018).

Prantl, Heribert (2018): Bayern macht aus der Polizei eine Darf-fast-alles-
Behörde, in: Süddeutsche Zeitung (online), 14.05.2018.
Unter: https://www.sueddeutsche.de/bayern/polizeiaufgabengesetz-heribert-
prantl-kommentar-1.3977434 (aufgerufen am 04.11.18).

Preuss, Susanne (2017): Sicherheitssystem bei Lidl. Die Rückkehr zur Überwachung, in: Frankfurter Allgemeine Zeitung (online), 17.06.2017. Unter: http://www.faz.net/aktuell/wirtschaft/unternehmen/neues-sicherheitssystem-lidl-fuehrt-die-videokameras-wieder-ein-15063745.html (aufgerufen am: 04.01.2018).

Princeton Survey Research Associates International (PSRAI) (2014): National Telephone Survey, in: Reason. Free minds and free markets, 03.04.2014. Unter: http://reason.com/poll/2014/04/03/april-2014-national-telephone-survey#privacy (aufgerufen am: 06.01.2018).

Quercia, Daniele; Kosinski, Michal; Stillwell, David; Crowcroft, Jon (2011): Our Twitter Profiles, Our Selves: Predicting Personality with Twitter, in: Proceedings of 2011 IEEE third International Conference on Privacy, Security, Risk & Trust and 2011 IEEE third International Conference on Social Computing (SocialCom), S. 180–185, IEEE, 2011.

Quintin, Cooper (2017): The Pregnangy Panopticon, in: eff.org, Juli 2017. Unter: https://www.eff.org/files/2017/07/27/the_pregnancy_panopticon.pdf (aufgerufen am 04.11.18).

Reece, Andrew G.; Danforth, Christopher M. (2016): Instagram photos reveal predictive markers of depression, in: EPJ Data Science, 6(1):15, Springer Open, 05.09.2016.

Reißmann, Ole (2014): Abgeordnete lehnen Snowden-Petitionen ab, in: Spiegel Online, 10.07.2014. Unter: http://www.spiegel.de/netzwelt/netzpolitik/bundestag-abgeordnete-lehnen-snowden-petitionen-ab-a-980301.html (aufgerufen am: 30.12.2017).

Richtel, Matt (2012): Young, in Love and Sharing Everything, Including a Password, in: The New York Times (online), 17.01.2012. Unter: http://www.nytimes.com/2012/01/18/us/teenagers-sharing-passwords-as-show-of-affection.html?pagewanted=1&_r=1&ref=technology (aufgerufen am: 09.01.2018).

Ricks, Rebecca (2018): How PayPal shares your Data, in: Rebecca Ricks, work in progress (online). Unter: http://rebecca-ricks.com/paypal-data/ (aufgerufen am: 30.01.2018).

Rieger, Frank (2010): Trojaner stuxnet: Der digitale Erstschlag ist erfolgt, in: Frankfurter Allgemeine Zeitung (online), 22.09.2010. Unter: http://www.faz.net/aktuell/feuilleton/debatten/digitales-denken/trojaner-stuxnet-der-digitale-erstschlag-ist-erfolgt-1578889.html?printPagedArticle=true#pageIndex_0 (aufgerufen am: 02.02.2018).

Rosenberg, Matthew; Confessore, Nicholas; Cadwalladr, Carole (2018): How Trump Consultants Exploited the Facebook Data of Millions, in The New York Times (online), 17.03.2018.
Unter: https://www.nytimes.com/2018/03/17/us/politics/cambridge-analytica-trump-campaign.html (aufgerufen am 04.11.18). Roth, Anna-Lena (2017): Hackerangriff von 2013. Alle drei Milliarden Yahoo-Accounts betroffen, in: Spiegel Online, 04.10.2017.
Unter: http://www.spiegel.de/netzwelt/netzpolitik/yahoo-alle-drei-milliarden-accounts-von-hackerangriff-2013-betroffen-a-1171101.html (aufgerufen am: 12.01.2018).

Rudder, Christian (2014): We Experiment On Human Beings! (So does everyone else.), in: The Okcupid Blog, 27.07.2014.
Unter: https://theblog.okcupid.com/we-experiment-on-human-beings-5dd9fe280cd5 (aufgerufen am: 05.01.2018).

Rühle, Alex (2010): Sao Paulo hängt Plakate ab – Werbepause, Interview mit Jorge Wilheim, in: SZ.de, Süddeutsche Zeitung (online), 17.05.2010.
Unter: http://www.sueddeutsche.de/kultur/sao-paulo-haengt-plakate-ab-werbepause-1.225638 (aufgerufen am: 30.12.2017).

Schmidt, Eric: Es gibt Probleme, die meine Welt nicht beheben kann. Interview im Stern Magazin, Teil 2, in: Stern (online), 21.05.2006.
Unter: http://www.stern.de/digital/online/interview-mit-google-chef-eric-schmidt--teil-2---es-gibt-probleme--die-meine-welt-nicht-beheben-kann--3598162.html (aufgerufen am: 31.12.2017).

Schmidt, Eric: The laws are written by Lobbyists. Interview beim Second Annual Washington Ideas Forum, in: The Atlantic (online), 01.10.2010.
Unter: https://www.theatlantic.com/technology/archive/2010/10/googles-ceo-the-laws-are-written-by-lobbyists/63908/ (aufgerufen am: 31.12.2017).

Schmidt, Eric: Google CEO Eric Schmidt on privacy, Interview mit CNBC, in: YouTube, Dezember 2009.
Unter: https://www.youtube.com/watch?v=A6e7wfDHzew (aufgerufen am: 31.12.2017).

Schmidt, Eric: Google and the Search for the Future. Interview mit dem Wall Street Journal, in: The Wallstreet Journal (online), 14.08.2010.
Unter: https://www.wsj.com/articles/SB10001424052748704901104575423294099527212 (aufgerufen am: 31.12.2017).

Schmidt, Markus (2013): USA: Totalüberwachung am Arbeitsplatz, in: Weltspiegel, Das Erste (online), 29.05.2013.
Unter: http://www.daserste.de/information/politik-weltgeschehen/weltspiegel/sendung/br/usa-arbeit-ueberwachung-100.html (aufgerufen am: 04.01.2018).

Schmitt-Tegge, Johannes (2014): Dragqueens wehren sich gegen Klarnamen-Zwang, in: Die Welt (online), 19.09.2014.
Unter: https://www.welt.de/vermischtes/article132413563/Dragqueens-wehren-sich-gegen-Klarnamen-Zwang.html (aufgerufen am 11.01.2018).

Schrems, Max (2014): Kämpf um deine Daten. Edition a. Wien.

Schrems, Max (2018): Facebook weiß, wer wie lange welchen Porno anschaut, Interview mit Simon Hurtz, in: SZ.de, Süddeutsche Zeitung (online), 24.01.2018.
Unter: http://www.sueddeutsche.de/digital/max-schrems-facebook-weiss-wer-wie-lange-welchen-porno-anschaut-1.3836444 (aufgerufen am: 25.01.2018).

Senat von Berlin (2017): Jahresbericht 2016 über die Praxis der Telefonüberwachung nach §§ 100a, 100 b StPO (Keine uferlose Telefonüberwachung (1) – Transparenz und Kontrolle in Berlin sicherstellen), Mitteilung an das Abgeordnetenhaus Berlin – zur Kenntnisnahme, Drucksache 18/0453, 28.06.2017.
Unter: https://www.parlament-berlin.de/ados/18/IIIPlen/vorgang/d18-0453.pdf

Shapiro, Emily (2015): How an Apple Watch May Have Saved a Teen's Life, in: ABC News (online), 22.09.2015.
Unter: http://abcnews.go.com/US/apple-watch-saved-teens-life/story?id=33944550 (aufgerufen am: 31.12.2017).

Sharp, Alastair (2015): Two people may have committed suicide after Ashley Madison hack: police, in: Reuters, 24.08.2015.
Unter: https://www.reuters.com/article/us-ashleymadison-cybersecurity/two-people-may-have-committed-suicide-after-ashley-madison-hack-police-idUSKCN0QT1O720150824 (aufgerufen am: 05.01.2018).

Siegmann, Marten (2017): Mit Gesichtserkennung gegen Klopapier-Diebe, in: heise online, 20.03.2017.
Unter: https://www.heise.de/newsticker/meldung/Mit-Gesichtserkennung-gegen-Klopapier-Diebe-3659126.html (aufgerufen am: 10.01.2018).

Simonite, Tom (2017): Facebook erkennt Gesichter, nur nicht unsere, in: Wired (online), 20.12.2017.
Unter: https://www.wired.de/collection/business/facebook-erkennt-gesichter-nur-nicht-unsere (aufgerufen am: 25.01.2018).

Sokolov, Daniel A) (2016): Florida: Gericht verpflichtet Angeklagten, iPhone zu entsperren, in: heise online, 14.12.2016.
Unter: https://www.heise.de/newsticker/meldung/Florida-Gericht-verpflichtet-Angeklagten-iPhone-zu-entsperren-3569806.html (aufgerufen am: 25.01.2018).

Spiegel Online, Redaktion (2009): Amazon löscht digitale Exemplare von »1984«, in: Spiegel Online, 20.07.2009.
Unter: http://www.spiegel.de/netzwelt/web/e-reader-kindle-amazon-loescht-digitale-exemplare-von-1984-a-637076.html (aufgerufen am: 02.01.2018).

Spiegel Online, Redaktion (2013): Immobiliendeal des Facebook-Gründers: Mark Zuckerberg mag es privat, in: Spiegel Online, 12.10.2013.
Unter: http://www.spiegel.de/wirtschaft/unternehmen/facebook-gruender-mark-zuckerberg-kauft-grundstuecke-um-sein-haus-a-927497.html (aufgerufen am: 01.02.2018).

Spiegel Online, Redaktion (2017): Zulassung in den USA. Tablette meldet, dass sie eingenommen wurde, in: Spiegel Online, 15.11.2017.
Unter: http://www.spiegel.de/gesundheit/diagnose/abilify-mycite-tablette-meldet-wenn-sie-eingenommen-wurde-a-1178049.html (aufgerufen am: 02.01.2018).

Spiegel Online, Redaktion (2018): Amri-Überwachung lieferte Hunderte Hinweise auf Straftaten, in: Spiegel Online, 14.04.2018.
Unter: http://www.spiegel.de/politik/deutschland/berlin-polizei-fehler-im-fall-anis-amri-hunderte-hinweise-auf-straftaten-a-1202819.html (aufgerufen am 04.11.18).

State, Bodgan (2014): Flings or Lifetimes? The Duration of Facebook Relationships, in: Facebook Data Science, 12.02.2014.
Unter: https://www.facebook.com/notes/facebook-data-science/flings-or-lifetimes-the-duration-of-facebook-relationships/10152060513428859/ (aufgerufen am: 18.01.2018).

Steel, Emily; Locke, Callum; Cadman, Emily; Freese, Ben (2013): How much is your personal data worth?, in: Financial Times (online), 12.06.2013.
Unter: http://ig.ft.com/how-much-is-your-personal-data-worth (aufgerufen am: 30.12.2017).

Stenstrom, Eric P.; Saad, Gad (2012): Calories, beauty, and ovulation: The effects of the menstrual cycle on food and appearance-related consumption, in: Journal of Consumer Psychology, JPC Band 22/1, S. 102–113, Society for Consumer Psychology, Elsevier, 09.01.2012.

Stenstrom, Eric P.; Saad, Gad; Hingston, Sean T. (2017): Menstrual cycle effects on prosocial orientation, gift giving, and charitable giving, in: Research Gate, 15.11.2017.
Unter: https://www.researchgate.net/publication/321084917_Menstrual_cycle_effects_on_prosocial_orientation_gift_giving_and_charitable_giving (aufgerufen am: 02.01.2018).

Stephenson, Hayley (2017): 22,000 people willingly agree to community service in return for free WiFi, in: Purple, 13.07.2017.
Unter: https://purple.ai/purple-community-service/ (aufgerufen am: 02.01.2018).

Strava Labs – Global Heatmap (Webseite): https://labs.strava.com/heatmap/ (aufgerufen am: 30.01.2018).

Strittmatter, Kai (2017): Chinas digitaler Plan für den besseren Menschen, in: SZ.de, Süddeutsche Zeitung (online), 22.05.2017.
Unter: http://www.sueddeutsche.de/politik/neuer-ueberwachungsstaat-chinas-digitaler-plan-fuer-den-besseren-menschen-1.3517017 (aufgerufen am: 02.01.2018).

Swichkow, Brian (2014): The Ultimate Retaliation: Pranking My Roommate With Targeted Facebook Ads, in: Ghostinfluence, 06.09.2014.
Unter: http://ghostinfluence.com/the-ultimate-retaliation-pranking-my-roommate-with-targeted-facebook-ads/ (aufgerufen am: 02.01.2018).

Teevs, Christian (2010): Creditreform-Daten. Textildiscounter KiK spähte Personal-Finanzen aus; in: Spiegel Online, 22.07.2010.
Unter: http://www.spiegel.de/wirtschaft/unternehmen/creditreform-daten-textildiscounter-kik-spaehte-personal-finanzen-aus-a-707783.html (aufgerufen am: 04.01.2018).

Transparent Business (Webseite): https://transparentbusiness.com/ (aufgerufen am: 06.01.2018).

Traufetter, Gerald (2003): Geisel der eigenen Gene, in: Der Spiegel 43/2003, online: 20.10.2003.
Unter: http://www.spiegel.de/spiegel/print/d-28921844.html (aufgerufen am: 02.01.2018).

Twain, Mark (1897): Following the Equator, chapter LXVI.

uFaFo, Redaktion (2009): AStA will NRW-Gesinnungstest nicht von Homepage nehmen, in: ufafo – Das unabhängige Fachschaftenforum der Uni Münster, 11.10.2009.

Unter: http://ufafo.de/blog/2009/10/asta-will-nrw-gesinnungstest-nicht-von-homepage-nehmen/ (aufgerufen am 30.01.2018).

Verbraucherzentrale Bundesverband, Redaktion (2011): Verbraucherpolitik neu denken, in: Verbraucherzentrale Bundesverband (online), 29.12.2011.
Unter: https://www.vzbv.de/meldung/verbraucherpolitik-neu-denken (aufgerufen am: 16.01.2018).

Verbraucherzentrale NRW (2018): Wish-App – wenn billig einkaufen teuer werden kann, in: Verbraucherzentrale.de, 27.08.2018.
Unter: https://www.verbraucherzentrale.de/aktuelle-meldungen/digitale-welt/wishapp-wenn-billig-einkaufen-teuer-werden-kann-28990 (aufgerufen am 04.11.18).

Verrochi Coleman, Nicole; Williams, Patti; Morales, Andrea C.; White, Andrew Edward (2017): Attention, Attitudes, and Action: When and Why Incidental Fear Increases Consumer Choice, in: Journal of Consumer Research, JCR Band 44/2, S. 283–312, Oxford University Press, 01.08.2017.

Vice, Redaktion (2012): We Are with John McAfee Right Now, Suckers, in Vice (online), 03.12.2012.
Unter: https://www.vice.com/en_us/article/yv5kyv/we-are-with-john-mcafee-right-now-suckers (aufgerufen am: 12.01.2018).

Viciano, Astrid (2017): US-Vorstoß. Amerikas Einbruch in die Privatsphäre, in: SZ.de, Süddeutsche Zeitung (online), 18.03.2017.
Unter: http://www.sueddeutsche.de/gesundheit/us-vorstoss-amerikas-einbruch-in-die-privatsphaere-1.3423395 (aufgerufen am: 05.01.2018).

Vitality – Health and Life insurance (Webseite): https://www.vitality.co.uk/legal/ (aufgerufen am: 06.01.2018).

Vodafone Institut für Gesellschaft und Kommunikation (2016): Big Data – A European Survey on the Opportunities and Risks of Data Analytics, in: Vodafone-Institut (online), S. 53, 2016.
Unter: http://www.vodafone-institut.de/wp-content/uploads/2016/01/VodafoneInstitute-Survey-BigData-en.pdf

Wakabayashi, Daisuke (2017): Freed From the iPhone, the Apple Watch Finds a Medical Purpose, in: The New York Times (online), 26.12.2017.
Unter: https://mobile.nytimes.com/2017/12/26/technology/apple-watch-medical-purpose.html (aufgerufen am: 02.01.2018).

Wakabayashi, Daisuke (2017): Freed From the iPhone, the Apple Watch Finds a Medical Purpose, in: The New York Times (online), 26.12.2017.
Unter: https://www.nytimes.com/2017/12/26/technology/apple-watch-medical-purpose.html (aufgerufen am: 04.11.2018).

Waschinski, Gregor (2018): Krankenkassen, Ärzte und Ministerium erzielen Durchbruch bei digitaler Patientenakte, in: Handelsblatt (online), 14.10.2018.
Unter: https://www.handelsblatt.com/politik/deutschland/gesundheitswesen-krankenkassen-aerzte-und-ministerium-erzielen-durchbruch-bei-digitaler-patientenakte/23180776.html (aufgerufen am 04.11.18).

Watkins, James (2017): Soon, Your Boss Will Be Watching Your Every Eye Movement – Get Ready, in: Ozy – welcome to the new News, 30.05.2017.
Unter: http://www.ozy.com/fast-forward/soon-your-boss-will-be-watching-your-every-eye-movement-get-ready/77271 (aufgerufen am: 05.01.2018).

Weigner, Leonie (2016): Wie das Hotelportal HRS seine Kunden manipuliert, in: Correct!v – Recherchen für die Gesellschaft, 21.09.2016.
Unter: https://correctiv.org/blog/2016/09/21/wie-das-hotelportal-hrs-seine-kunden-manipuliert/ (aufgerufen am: 06.01.2018).

Wilkens, Andre (2015): Analog ist das neue Bio: Eine Navigationshilfe durch unsere digitale Welt. Metrolit Verlag. Berlin.

Zeit Online, Redaktion (2017): Facebook muss 110 Millionen Euro Strafe zahlen, in: Zeit Online, 18.05.2017.
Unter: http://www.zeit.de/digital/datenschutz/2017-05/datenschutz-facebook-whatsapp-uebernahme-eu-kommission-strafe (aufgerufen am: 02.01.2018).

Zeit Online, Redaktion (2017): Facebook zeigte 126 Millionen Nutzern russische Propaganda, in: Zeit Online, 31.10.2017.
Unter: http://www.zeit.de/politik/ausland/2017-10/us-wahlkampf-facebook-russland-polit-werbung-einflussnahme (aufgerufen am: 02.01.2018).